ŒUVRES
DE
DENIS DIDEROT.
TOME XII.

LA RELIGIEUSE.

LES DEUX AMIS DE BOURBONNE.

CECI N'EST PAS UN CONTE.

SUR L'INCONSÉQUENCE DU JUGEMENT PUBLIC
 DE NOS ACTIONS PARTICULIÈRES.

SUR LES FEMMES.

ŒUVRES
DE
DENIS DIDEROT,

publiées sur les manuscrits de l'Auteur,

PAR JACQUES-ANDRÉ NAIGEON,

de l'Institut national des sciences, etc.

TOME DOUZIÈME.

A PARIS,

Chez DETERVILLE, Libraire, rue du Battoir, N.º 16.

AN VIII.

LA RELIGIEUSE.

LA RELIGIEUSE.

La réponse de M. le marquis de Croismare, s'il m'en fait une, me fournira les premières lignes de ce récit. Avant que de lui écrire, j'ai voulu le connoître. C'est un homme du monde ; il s'est illustré au service ; il est âgé, il a été marié ; il a une fille et deux fils qu'il aime et dont il est chéri. Il a de la naissance, des lumières, de l'esprit, de la gaîté, du goût pour les beaux-arts, et sur-tout de l'originalité. On m'a fait l'éloge de sa sensibilité, de son honneur et de sa probité ; et j'ai jugé par le vif intérêt qu'il a pris à mon affaire, et par tout ce qu'on m'en a dit, que je ne m'étois point compromise en m'adressant à lui : mais il n'est pas à présumer qu'il se détermine à changer mon sort sans savoir qui je suis ; et c'est ce motif qui me résout à vaincre mon amour-propre et ma répugnance, en entreprenant ces mémoires, où je peins une partie de mes malheurs, sans talent et sans art, avec la naïveté d'un enfant de mon âge et la franchise de mon caractère. Comme mon protecteur pourroit exiger, ou que peut-être la fantaisie me prendroit de les achever dans un temps où des faits éloignés auroient cessé d'être présens à ma mémoire, j'ai pensé que l'abrégé qui les termine, et la profonde impression qui m'en restera tant que je vivrai, suffiroient pour me les rappeler avec exactitude.

Mon père étoit avocat. Il avoit épousé ma mère dans un âge assez avancé ; il en eut trois filles. Il avoit plus de fortune qu'il n'en falloit pour les établir solidement ; mais pour cela il falloit au-moins que sa tendresse fût également partagée ; et il s'en manque bien que j'en puisse faire cet éloge. Certainement je valois mieux que mes sœurs par les agrémens de l'esprit et de la figure, le caractère et les talens ; et il sembloit que mes parens en fussent affligés. Ce que la nature et l'application m'avoient accordé d'avantages sur elles devenant pour moi une source de chagrins, afin d'être aimée, chérie, fêtée, excusée toujours comme elles l'étoient, dès mes plus jeunes ans j'ai desiré de leur ressembler. S'il arrivoit qu'on dît à ma mère: Vous avez des enfans charmans, jamais cela ne s'entendoit de moi. J'étois quelquefois bien vengée de cette injustice ; mais les louanges que j'avois reçues me coûtoient si cher quand nous étions seuls, que j'aurois autant aimé de l'indifférence ou même des injures ; plus les étrangers m'avoient marqué de prédilection, plus on avoit d'humeur lorsqu'ils étoient sortis. O combien j'ai pleuré de fois de n'être pas née laide, bête, sotte, orgueilleuse, en un mot, avec tous les travers qui leur réussissoient auprès de nos parens ! Je me suis demandé d'où venoit cette bizarrerie dans un père, une mère d'ailleurs honnêtes, justes et pieux. Vous l'avouerai-je, monsieur? Quelques discours échappés à mon père dans sa colère, car il étoit violent; quelques circonstances rassemblées à différens intervalles, des mots de voisins, des propos de valets m'en ont fait soupçonner une raison qui les excuseroit un peu. Peut-être mon père avoit-il quelqu'incertitude sur ma naissance; peut-être rappelois-je à ma mère une faute qu'elle avoit commise, et l'ingratitude d'un homme qu'elle avoit trop écouté; que sais-je? Mais quand ces soupçons seroient mal fondés, que risquerois-je à vous les confier? Vous brûlerez cet écrit, et je vous promets de brûler vos réponses. Comme nous étions venues au monde à peu de distance les unes des autres, nous devinmes grandes toutes les trois ensemble. Il se présenta des partis. Ma sœur aînée fut recherchée par un jeune homme charmant; je m'apperçus qu'il me distinguoit, et qu'elle ne seroit incessamment que le prétexte de ses assiduités. Je pressentis tout ce que ses attentions pourroient m'attirer de chagrins; et j'en avertis ma mère. C'est peut-être la seule chose que j'aie faite en ma vie qui lui ait été agréable; et voici comment j'en fus récompensée. Quatre jours après, ou du-moins à peu de jours, on me dit qu'on avoit arrêté ma place dans un couvent; et dès le lendemain j'y fus conduite. J'étois si mal à la maison, que cet événement ne m'affligea point; et j'allai à

Sainte-Marie, c'est mon premier couvent, avec beaucoup de gaîté. Cependant l'amant de ma sœur ne me voyant plus, m'oublia, et devint son époux. Il s'appelle M. K***; il est notaire, et demeure à Corbeil, où il fait un assez mauvais ménage. Ma seconde sœur fut mariée à un M. Bauchon, marchand de soieries à Paris, rue Quincampoix, et vit bien avec lui.

Mes deux sœurs établies, je crus qu'on penseroit à moi, et que je ne tarderois pas à sortir du couvent. J'avois alors seize ans et demi. On avoit fait des dots considérables à mes sœurs; je me promettois un sort égal au leur; et ma tête s'étoit remplie de projets séduisans, lorsqu'on me fit demander au parloir. C'étoit le père Séraphin, directeur de ma mère; il avoit été aussi le mien; ainsi il n'eut pas d'embarras à m'expliquer le motif de sa visite: il s'agissoit de m'engager à prendre l'habit. Je me récriai sur cette étrange proposition; et je lui déclarai nettement que je ne me sentois aucun goût pour l'état religieux. Tant pis, me dit-il, car vos parens se sont dépouillés pour vos sœurs, et je ne vois plus ce qu'ils pourroient pour vous dans la situation étroite où ils se sont réduits. Réfléchissez-y, mademoiselle; il faut ou entrer pour toujours dans cette maison, ou s'en aller dans quelque couvent de province où l'on vous recevra pour une modique pension, et d'où vous ne sortirez qu'à la mort de vos parens, qui peut se faire attendre encore long-temps.... Je me plaignis avec amertume, et je versai un torrent de larmes. La supérieure étoit prévenue; elle m'attendoit au retour du parloir. J'étois dans un désordre qui ne se peut expliquer. Elle me dit : Et qu'avez-vous, ma chère enfant ? (Elle savoit mieux que moi ce que j'avois.) Comme vous voilà ! Mais on n'a jamais vu un désespoir pareil au vôtre ; vous me faites trembler. Est-ce que vous avez perdu monsieur votre père ou madame votre mère ? = Je pensai lui répondre, en me jetant entre ses bras, eh ! plût à Dieu !... Je me contentai de m'écrier : Hélas ! je n'ai ni père ni mère ; je suis une malheureuse qu'on déteste et qu'on veut enterrer ici toute vive. = Elle laissa passer le torrent; elle attendit le moment de la tranquillité. Je lui expliquai plus clairement ce qu'on venoit de m'annoncer. Elle parut avoir pitié de moi ; elle me plaignit ; elle m'encouragea à ne point embrasser un état pour lequel je n'avois aucun goût ; elle me promit de prier, de remontrer, de solliciter. Oh monsieur ! combien ces supérieures de couvent sont artificieuses ! vous n'en avez point d'idée. Elle écrivit en effet. Elle n'ignoroit pas les réponses qu'on lui feroit ; elle me les communiqua ; et ce n'est qu'après bien du temps que j'ai appris à douter de sa bonne-foi. Cependant le terme qu'on avoit mis à ma résolution arriva ; elle vint m'en instruire avec la tristesse la mieux étudiée. D'abord elle demeura sans parler, ensuite elle me jeta quelques mots de commisération, d'après lesquels je compris le reste. Ce fut encore une scène de désespoir; je n'en aurai guère d'autres à vous peindre. Savoir se contenir est leur grand art. Ensuite elle me dit, en vérité je crois que ce fut en pleurant : Eh bien! mon enfant, vous allez donc nous quitter! chère enfant, nous ne nous reverrons plus!... et d'autres propos que je n'entendis pas. J'étois renversée sur une chaise, ou je gardois le silence, ou je sanglotois, ou j'étois immobile, ou je me levois, ou j'allois tantôt m'appuyer contre les murs, tantôt exhaler ma douleur sur son sein. Voilà ce qui s'étoit passé lorsqu'elle ajouta : Mais que ne faites-vous une chose? Écoutez, et n'allez pas dire au-moins que je vous en ai donné le conseil; je compte sur une discrétion inviolable de votre part : car pour toute chose au monde, je ne voudrois pas qu'on eût un reproche à me faire. Qu'est-ce qu'on demande de vous? Que vous preniez le voile? Eh bien! que ne le prenez-vous? A quoi cela vous engage-t-il? A rien, à demeurer encore deux ans avec nous. On ne sait ni qui meurt ni qui vit; deux ans, c'est du temps; il peut arriver bien des choses en deux ans.... Elle joignit à ces propos insidieux tant de caresses, tant de protestations d'amitié, tant de faussetés douces : je savois où j'étois, je ne savois pas où l'on me mèneroit, et je me laissai persuader. Elle écrivit donc à mon père; sa lettre étoit très-bien, oh! pour cela on ne peut mieux : ma peine, ma douleur, mes réclamations n'y étoient point dissimulées; je vous assure qu'une fille plus fine que moi y auroit été trompée; cependant on finissoit par donner mon consentement. Avec quelle célérité tout fut préparé ! Le jour fut pris, mes habits faits, le moment de la cérémonie arrivé, sans que j'apperçoive aujourd'hui le moindre intervalle entre ces choses. J'oubliois de vous dire que je vis mon père et ma mère, que je n'épargnai rien pour les toucher, et que je les trouvai inflexibles. Ce fut un M. l'abbé Blin, docteur de Sorbonne, qui m'exhorta, et M. l'évêque d'Alep qui me donna l'habit. Cette cérémonie n'est pas gaie par elle-même; ce jour-là elle fut des plus tristes. Quoique les religieuses s'empressassent autour de moi pour me soutenir, vingt fois je sentis mes genoux se dérober, et je me vis prête à tomber sur les marches de l'autel. Je n'entendois rien, je ne voyois rien, j'étois stupide; on me menoit, et j'allois; on m'interrogeoit, et l'on répondoit pour moi. Cependant cette cruelle cérémonie prit fin; tout le monde se retira, et je restai au milieu du troupeau auquel on venoit de m'associer. Mes compagnes m'ont entourée; elles m'embrassent, et se disent : Mais voyez donc, ma sœur, comme elle est belle ! comme ce voile relève la blancheur de son teint ! comme ce bandeau lui sied ! comme il lui arrondit le visage ! comme il étend ses joues ! comme cet habit fait valoir sa taille et ses bras !.... Je les écoutois à-peine ; j'étois désolée ; cependant, il faut que j'en convienne, quand je fus seule dans ma cellule, je me ressouvins de leurs flatteries ; je ne pus m'empêcher de les vérifier à mon petit miroir ; et il me sembla qu'elles n'étoient pas tout-à-fait déplacées. Il y a des honneurs attachés à ce jour ; on les exagéra pour moi : mais j'y fus peu sensible ; et l'on affecta de croire le contraire et de me le dire, quoiqu'il fût clair qu'il n'en étoit rien. Le soir, au sortir de la prière, la supérieure se rendit dans ma cellule. En vérité, me dit-elle après m'avoir un peu considérée, je ne sais pourquoi vous avez tant de répugnance pour cet habit ; il vous fait à merveille, et vous êtes charmante ; sœur Suzanne est une très-belle religieuse, on vous en aimera davantage. Çà, voyons un peu, marchez... Vous ne vous tenez pas assez droite ; il ne faut pas être courbée comme cela.... Elle me composa la tête, les pieds, les mains, la taille, les bras ; ce fut presque une leçon de Marcel sur les graces monastiques ; car chaque état a les siennes. Ensuite elle s'assit, et me dit : C'est bien ; mais à-présent parlons un peu sérieusement. Voilà donc deux ans de gagnés ; vos parens peuvent changer de résolution ; *vous-même, vous voudrez peut-être rester ici quand ils voudront vous en tirer* ; cela ne seroit point du tout impossible. = Madame, ne le croyez pas. = Vous avez été long-temps parmi nous, mais vous ne connoissez pas encore notre vie ; elle a ses peines sans-doute, mais elle a aussi ses douceurs.... = Vous vous doutez bien de tout ce qu'elle put ajouter du monde et du cloître, cela est écrit par-tout, et par-tout de la même manière ; car, graces à Dieu ! on m'a fait lire le nombreux fatras de ce que les religieux ont débité de leur état, qu'ils connoissent bien et qu'ils détestent, contre le monde qu'ils aiment, qu'ils déchirent et qu'ils ne connoissent pas.

Je ne vous ferai pas le détail de mon noviciat ; si l'on observoit toute son austérité, on n'y résisteroit pas ; mais c'est le temps le plus doux de la vie monastique. Une mère des novices est la sœur la plus indulgente qu'on a pu trouver. Son étude est de vous dérober toutes les épines de l'état ; c'est un cours de séduction la plus subtile et la mieux apprêtée. C'est elle qui épaissit les ténèbres qui vous environnent, qui vous berce, qui vous endort, qui vous en impose, qui vous fascine ; la nôtre s'attacha à moi particulièrement. Je ne pense pas qu'il y ait aucune ame jeune et sans expérience, à l'épreuve de cet art funeste. Le monde a ses précipices ; mais je n'imagine pas qu'on y arrive par une pente aussi facile. Si j'avois éternué deux fois de suite, j'étois dispensée de l'office, du travail, de la prière ; je me couchois de meilleure heure, je me levois plus tard ; la règle cessoit pour moi. Imaginez, monsieur, qu'il y avoit des jours où je soupirois après l'instant de me sacrifier. Il ne se passe pas une histoire fâcheuse dans le monde qu'on ne vous en parle ; on arrange les vraies, on en fait de fausses, et puis ce sont des louanges sans fin et des actions de graces à Dieu qui nous met à couvert de ces humiliantes aventures. Cependant il approchoit, ce temps que j'avois quelquefois hâté par mes desirs. Alors je devins rêveuse, je sentis mes répugnances se réveiller et s'accroître. Je les allois confier à la supérieure, ou à notre mère des novices. Ces femmes se vengent bien de l'ennui que vous leur portez ; car il ne faut pas croire qu'elles s'amusent du rôle hypocrite qu'elles jouent, et des sottises qu'elles sont forcées de vous répéter ; cela devient à la fin si usé et si maussade pour elles : mais elles s'y déterminent, et cela pour un millier d'écus qu'il en revient à leur maison. Voilà l'objet important pour lequel elles mentent toute leur vie, et préparent à de jeunes innocentes un désespoir de quarante, de cinquante années, et peut-être un malheur éternel ; car il est sûr, monsieur, que, sur cent religieuses qui meurent avant cinquante ans, il y en a cent tout juste de damnées, sans compter celles qui deviennent folles, stupides ou furieuses en attendant.

Il arriva un jour qu'il s'en échappa une de ces dernières de la cellule où on la tenoit renfermée. Je la vis. Voilà l'époque de mon bonheur ou de mon malheur, selon, monsieur, la manière dont vous en userez avec moi. Je n'ai jamais rien vu de si hideux. Elle étoit échevelée et presque sans vêtement ; elle traînoit des chaînes de fer ; ses yeux étoient égarés ; elle s'arrachoit les cheveux ; elle se frappoit la poitrine avec les poings ; elle couroit, elle hurloit ; elle se chargeoit elle-même, et les autres, des plus terribles imprécations ; elle cherchoit une fenêtre pour se précipiter. La frayeur me saisit, je tremblai de tous mes membres, je vis mon sort dans celui de cette infortunée, et sur-le-champ il fut décidé, dans mon cœur, que je mourrois mille fois plutôt que de m'y exposer. On pressentit l'effet que cet événement pourroit faire sur mon esprit ; on crut devoir le prévenir. On me dit de cette religieuse, je ne sais combien de mensonges ridicules qui se contredisoient : qu'elle avoit déjà l'esprit dérangé quand on l'avoit reçue ; qu'elle avoit eu un grand effroi dans un temps critique ; qu'elle étoit devenue sujette à des visions ; qu'elle se croyoit en commerce avec les anges ; qu'elle avoit fait des lectures pernicieuses, qui lui avoient gâté l'esprit ; qu'elle avoit entendu des novateurs d'une morale outrée, qui l'avoient si fort épouvantée des jugemens de Dieu, que sa tête ébranlée en avoit été renversée ; qu'elle ne voyoit plus que des démons, l'enfer et des gouffres de feu ; qu'elles étoient bien malheureuses ; qu'il étoit inouï qu'il y eût jamais eu un pareil sujet dans la maison ; que sais-je encore quoi ? Cela ne prit point auprès de moi. A tout moment ma religieuse folle me revenoit à l'esprit, et je me renouvellois le serment de ne faire aucun vœu.

Le voici pourtant arrivé ce moment où il s'agissoit de montrer si je savois me tenir parole. Un matin, après l'office, je vis entrer la supérieure chez moi. Elle tenoit une lettre. Son visage étoit celui de la tristesse et de l'abattement ; les bras lui tomboient ; il sembloit que sa main n'eût pas la force de soulever cette lettre ; elle me regardoit ; des larmes sembloient rouler dans ses yeux ; elle se taisoit et moi aussi : elle attendoit que je parlasse la première ; j'en fus tentée, mais je me retins. Elle me demanda comment je me portois ; que l'office avoit été bien long aujourd'hui ; que j'avois un peu toussé ; que je lui paroissois indisposée. A tout cela je répondis : Non, ma chère mère. Elle tenoit toujours sa lettre d'une main pendante ; au milieu de ces questions, elle la posa sur ses genoux, et sa main la cachoit en partie ; enfin, après avoir tourné autour de quelques questions sur mon père, sur ma mère, voyant que je ne lui demandois point ce que c'étoit que ce papier, elle me dit : Voilà une lettre.... A ce mot je sentis mon cœur se troubler, et j'ajoutai d'une voix entrecoupée et avec des lèvres tremblantes : Elle est de ma mère. = Vous l'avez dit ; tenez, lisez.... = Je me remis un peu, je pris la lettre, je la lus d'abord avec assez de fermeté ; mais à mesure que j'avançois, la frayeur, l'indignation, la colère, le dépit, différentes passions se succédant en moi, j'avois différentes voix, je prenois différens visages, et je faisois différens mouvemens. Quelquefois je tenois à-peine ce papier, ou je le tenois comme si j'eusse voulu le déchirer, ou je le serrois violemment comme si j'avois été tentée de le froisser et de le jeter loin de moi. = Eh bien ! mon enfant, que répondrons-nous à cela ? = Madame, vous le savez. = Mais non, je ne le sais pas. Les temps sont malheureux, votre famille a souffert des pertes ; les affaires de vos sœurs sont dérangées ; elles ont l'une et l'autre beaucoup d'enfans ; on s'est épuisé pour elles en les mariant ; on se ruine pour les soutenir. Il est impossible qu'on vous fasse un certain sort ; vous avez pris l'habit ; on s'est constitué en dépenses ; par cette démarche vous avez donné des espérances ; le bruit de votre profession prochaine s'est répandu dans le monde. Au reste, comptez toujours sur tous mes secours. Je n'ai jamais attiré personne en religion, c'est un état où Dieu nous appelle, et il est très-dangereux de mêler sa voix à la sienne. Je n'entreprendrai point de parler à votre cœur, si la grace ne lui dit rien ; jusqu'à-présent je n'ai point à me reprocher le malheur d'une autre ; voudrois-je commencer par vous, mon enfant, qui m'êtes si chère ? Je n'ai point oublié que c'est à ma persuasion que vous avez fait les premières démarches ; et je ne souffrirai point qu'on en abuse pour vous engager au-delà de votre volonté. Voyons donc ensemble, concertons-nous. Voulez-vous faire profession ? = Non, madame. = Vous ne vous sentez aucun goût pour l'état religieux? = Non, madame. = Vous n'obéirez point à vos parens ? = Non, madame. = Que voulez-vous donc devenir ? = Tout, excepté religieuse. Je ne le veux pas être, je ne le serai pas. = Eh bien ! vous ne le serez pas. Mais, arrangeons une réponse à votre mère. . . . = Nous convînmes de quelques idées. Elle écrivit, et me montra sa lettre qui me parut encore très-bien. Cependant on me dépêcha le directeur de la maison ; on m'envoya le docteur qui m'avoit prêchée à ma prise d'habit ; on me recommanda à la mère des novices ; je vis M. l'évêque d'Alep ; j'eus des lances à rompre avec des femmes pieuses qui se mêlèrent de mon affaire sans que je les connusse ; c'étoient des conférences continuelles avec des moines et des prêtres ; mon père vint, mes sœurs m'écrivirent ; ma mère parut la dernière : je résistai à tout. Cependant le jour fut pris pour ma profession ; on ne négligea rien pour obtenir mon consentement ; mais quand on vit qu'il étoit inutile de le solliciter, on prit le parti de s'en passer.

De ce moment, je fus renfermée dans ma cellule, on m'imposa le silence ; je fus séparée de

tout le monde, abandonnée à moi-même; et je vis clairement qu'on étoit résolu à disposer de moi sans moi. Je ne voulois point m'engager; c'étoit un point décidé : et toutes les terreurs vraies ou fausses qu'on me jetoit sans cesse, ne m'ébranloient pas. Cependant j'étois dans un état déplorable; je ne savois point ce qu'il pouvoit durer; et s'il venoit à cesser, je savois encore moins ce qui pouvoit m'arriver. Au milieu de ces incertitudes, je pris un parti dont vous jugerez, monsieur, comme il vous plaira; je ne voyois plus personne, ni la supérieure, ni la mère des novices, ni mes compagnes; je fis avertir la première, et je feignis de me rapprocher de la volonté de mes parens; mais mon dessein étoit de finir cette persécution avec éclat, et de protester publiquement contre la violence qu'on méditoit : je dis donc qu'on étoit maître de mon sort, qu'on en pouvoit disposer comme on voudroit; qu'on exigeoit que je fisse profession, et que je la ferois. Voilà la joie répandue dans toute la maison, les caresses revenues avec toutes les flatteries et toute la séduction. « Dieu
» avoit parlé à mon cœur; personne n'étoit plus
» faite pour l'état de perfection que moi. Il étoit
» impossible que cela ne fût pas, on s'y étoit tou-
» jours attendu. On ne remplit pas ses devoirs avec
» tant d'édification et de constance, quand on n'y
» est pas vraiment destinée. La mère des novices
» n'avoit jamais vu dans aucune de ses élèves, de

» vocation mieux caractérisée ; elle étoit toute sur-
» prise du travers que j'avois pris, mais elle avoit
» toujours bien dit à notre mère supérieure qu'il
» falloit tenir bon, et que cela passeroit ; que les
» meilleures religieuses avoient eu de ces momens-
» là ; que c'étoient des suggestions du mauvais
» esprit qui redoubloit ses efforts lorsqu'il étoit
» sur-le-point de perdre sa proie ; que j'allois lui
» échapper ; qu'il n'y avoit plus que des roses pour
» moi ; que les obligations de la vie religieuse me
» paroîtroient d'autant plus supportables, que je
» me les étois plus fortement exagérées ; que cet
» appésantissement subit du joug étoit une grace
» du ciel, qui se servoit de ce moyen pour l'allé-
» ger »…. Il me paroissoit assez singulier que la
même chose vînt de Dieu ou du Diable, selon
qu'il leur plaisoit de l'envisager. Il y a beaucoup
de circonstances pareilles dans la religion ; et ceux
qui m'ont consolée, m'ont souvent dit de mes pensées, les uns que c'étoient autant d'instigations de
Satan, et les autres, autant d'inspirations de Dieu.
Le même mal vient, ou de Dieu qui nous éprouve,
ou du Diable qui nous tente.

Je me conduisis avec discrétion ; je crus pouvoir me répondre de moi. Je vis mon père ; il me
parla froidement : je vis ma mère ; elle m'embrassa ;
je reçus des lettres de congratulation de mes sœurs
et de beaucoup d'autres. Je sus que ce seroit un
M. Sornin, vicaire de Saint-Roch, qui feroit le

sermon, et M. Thierry, chancelier de l'Université, qui recevroit mes vœux. Tout alla bien jusqu'à la veille du grand jour, excepté qu'ayant appris que la cérémonie seroit clandestine, qu'il y auroit très-peu de monde, et que la porte de l'église ne seroit ouverte qu'aux parens, j'appelai par la tourrière toutes les personnes de notre voisinage, mes amis, mes amies; j'eus la permission d'écrire à quelques-unes de mes connoissances. Tout ce concours auquel on ne s'attendoit guère se présenta; il fallut le laisser entrer; et l'assemblée fut telle à-peu-près qu'il la falloit pour mon projet. Oh monsieur! quelle nuit que celle qui précéda! Je ne me couchai point; j'étois assise sur mon lit; j'appelois Dieu à mon secours; j'élevois mes mains au ciel; je le prenois à témoin de la violence qu'on me faisoit; je me représentois mon rôle au pied des autels, une jeune fille protestant à haute voix contre une action à laquelle elle paroît avoir consenti, le scandale des assistans, le désespoir des religieuses, la fureur de mes parens. O Dieu! que vais-je devenir?.... En prononçant ces mots il me prit une défaillance générale, je tombai évanouie sur mon traversin; un frisson dans lequel mes genoux se battoient et mes dents se frappoient avec bruit, succéda à cette défaillance; à ce frisson, une chaleur terrible: mon esprit se troubla. Je ne me souviens ni de m'être déshabillée, ni d'être sortie de ma cellule; cependant on me trouva nue en chemise, étendue par terre à la porte de la supérieure, sans mouvement et presque sans vie. J'ai appris ces choses depuis. On m'avoit rapporté dans ma cellule; et le matin mon lit fut environné de la supérieure, de la mère des novices, et de celles qu'on appelle les assistantes. J'étois fort abattue; on me fit quelques questions; on vit par mes réponses que je n'avois aucune connoissance de ce qui s'étoit passé; et l'on ne m'en parla pas. On me demanda comment je me portois, si je persistois dans ma sainte résolution, et si je me sentois en état de supporter la fatigue du jour. Je répondis qu'oui; et contre leur attente rien ne fut dérangé.

On avoit tout disposé dès la veille. On sonna les cloches pour apprendre à tout le monde qu'on alloit faire une malheureuse. Le cœur me battit encore. On vint me parer; ce jour est un jour de toilette; à-présent que je me rappelle toutes ces cérémonies, il me semble qu'elles avoient quelque chose de solemnel et de bien touchant pour une jeune innocente que son penchant n'entraîneroit point ailleurs. On me conduisit à l'église; on célébra la sainte messe: le bon vicaire, qui me soupçonnoit une résignation que je n'avois point, me fit un long sermon où il n'y avoit pas un mot qui ne fût à contre-sens; c'étoit quelque chose de bien ridicule que tout ce qu'il me disoit de mon bonheur, de la grace, de mon courage, de mon zèle, de ma ferveur et de tous les beaux sentimens qu'il me supposoit. Ce contraste de son éloge et de la démarche que j'allois faire me troubla ; j'eus des momens d'incertitude, mais qui durèrent peu. Je n'en sentis que mieux que je manquois de tout ce qu'il falloit avoir pour être une bonne religieuse. Cependant le moment terrible arriva. Lorsqu'il fallut entrer dans le lieu où je devois prononcer le vœu de mon engagement, je ne me trouvai plus de jambes ; deux de mes compagnes me prirent sous les bras ; j'avois la tête renversée sur une d'elles, et je me traînois. Je ne sais ce qui se passoit dans l'ame des assistans, mais ils voyoient une jeune victime mourante qu'on portoit à l'autel, et il s'échappoit de toutes parts des soupirs et des sanglots, au milieu desquels je suis bien sûre que ceux de mon père et de ma mère ne se firent point entendre. Tout le monde étoit debout ; il y avoit de jeunes personnes montées sur des chaises, et attachées aux barreaux de la grille ; et il se faisoit un profond silence, lorsque celui qui présidoit à ma profession me dit : Marie-Suzanne Simonin, promettez-vous de dire la vérité ? = Je le promets. = Est-ce de votre plein gré et de votre libre volonté que vous êtes ici ? = Je répondis, Non ; mais celles qui m'accompagnoient répondirent pour moi, Oui. = Marie-Suzanne Simonin, promettez-vous à Dieu chasteté, pauvreté et obéissance ? = J'hésitai un moment ;

le prêtre attendit; et je répondis : Non, Monsieur. = Il recommença : Marie-Suzanne Simonin, promettez-vous à Dieu chasteté, pauvreté et obéissance ? = Je lui répondis d'une voix plus ferme : Non, monsieur, non. = Il s'arrêta et me dit : Mon enfant, remettez-vous, et écoutez-moi. = Monsieur, lui dis-je, vous me demandez si je promets à Dieu chasteté, pauvreté et obéissance; je vous ai bien entendu, et je vous réponds que non... Et me tournant ensuite vers les assistans, entre lesquels il s'étoit élevé un assez grand murmure, je fis signe que je voulois parler; le murmure cessa, et je dis : « Messieurs, et vous surtout mon père et ma mère, je vous prends tous à témoins »... A ces mots une des sœurs laissa tomber le voile de la grille, et je vis qu'il étoit inutile de continuer. Les religieuses m'entourèrent, m'accablèrent de reproches; je les écoutai sans mot dire. On me conduisit dans ma cellule, où l'on m'enferma sous la clef.

Là, seule, livrée à mes réflexions, je commençai à rassurer mon ame; je revins sur ma démarche, et je ne m'en repentis point. Je vis qu'après l'éclat que j'avois fait, il étoit impossible que je restasse ici long-temps, et que peut-être on n'oseroit pas me mettre en couvent. Je ne savois ce qu'on feroit de moi; mais je ne voyois rien de pis que d'être religieuse malgré soi. Je demeurai assez long-temps sans entendre parler de qui que ce fût.

Celles qui m'apportoient à manger entroient, mettoient mon dîner à terre et s'en alloient en silence. Au bout d'un mois on me donna des habits de séculière ; je quittai ceux de la maison ; la supérieure vint et me dit de la suivre. Je la suivis jusqu'à la porte conventuelle; là je montai dans une voiture où je trouvai ma mère seule qui m'attendoit ; je m'assis sur le devant; et le carosse partit. Nous restâmes l'une vis-à-vis de l'autre quelque temps sans mot dire ; j'avois les yeux baissés, et je n'osais la regarder. Je ne sais ce qui se passoit dans mon ame; mais tout-à-coup je me jetai à ses pieds, et je penchai ma tête sur ses genoux; je ne lui parlois pas, mais je sanglottois et j'étouffois. Elle me repoussa durement. Je ne me relevai pas ; le sang me vint au nez ; je saisis une de ses mains malgré qu'elle en eût ; et l'arrosant de mes larmes et de mon sang qui couloit, appuyant ma bouche sur cette main, je la baisois et je lui disois : Vous êtes toujours ma mère, je suis toujours votre enfant.... = Et elle me répondit (en me poussant encore plus rudement, et en arrachant sa main d'entre les miennes) : Relevez-vous, malheureuse, relevez-vous. = Je lui obéis ; je me rassis, et je tirai ma coîfe sur mon visage. Elle avoit mis tant d'autorité et de fermeté dans le son de sa voix, que je crus devoir me dérober à ses yeux. Mes larmes et le sang qui couloit de mon nez se mêloient ensemble, descendoient le long de mes bras, et j'en étois toute couverte sans que je m'en apperçusse. A quelques mots qu'elle dit, je conçus que sa robe et son linge en avoient été tachés, et que cela lui déplaisoit. Nous arrivâmes à la maison, où l'on me conduisit tout de suite à une petite chambre qu'on m'avoit préparée. Je me jetai encore à ses genoux sur l'escalier; je la retins par son vêtement; mais tout ce que j'en obtins, ce fut de se retourner de mon côté et de me regarder avec un mouvement d'indignation de la tête, de la bouche et des yeux, que vous concevez mieux que je ne puis vous le rendre.

J'entrai dans ma nouvelle prison, où je passai six mois, sollicitant tous les jours inutilement la grace de lui parler, de voir mon père ou de leur écrire. On m'apportoit à manger, on me servoit; une domestique m'accompagnoit à la messe les jours de fête, et me renfermoit. Je lisois, je travaillois, je pleurois, je chantois quelquefois; et c'est ainsi que mes journées se passoient. Un sentiment secret me soutenoit, c'est que j'étois libre, et que mon sort, quelque dur qu'il fût, pouvoit changer. Mais il étoit décidé que je serois religieuse, et je le fus.

Tant d'inhumanité, tant d'opiniâtreté de la part de mes parens ont achevé de me confirmer ce que je soupçonnois de ma naissance; je n'ai jamais pu trouver d'autres moyens de les excuser. Ma mère craignoit apparemment que je ne revinsse un jour sur le partage des biens; que je ne redemandasse ma légitime, et que je n'associasse un enfant naturel à des enfans légitimes. Mais ce qui n'étoit qu'une conjecture va se tourner en certitude.

Tandis que j'étois enfermée à la maison, je faisois peu d'exercices extérieurs de religion; cependant on m'envoyoit à confesse la veille des grandes fêtes. Je vous ai dit que j'avois le même directeur que ma mère ; je lui parlai, je lui exposai toute la dureté de la conduite qu'on avoit tenue avec moi depuis environ trois ans. Il la savoit. Je me plaignis de ma mère sur-tout avec amertume et ressentiment. Ce prêtre étoit entré tard dans l'état religieux ; il avoit de l'humanité ; il m'écouta tranquillement, et me dit : Mon enfant, plaignez votre mère, plaignez-la plus encore que vous ne la blâmez. Elle a l'âme bonne ; soyez sûre que c'est malgré elle qu'elle en use ainsi. = Malgré elle, monsieur ! Et qu'est-ce qui peut l'y contraindre ? Ne m'a-t-elle pas mise au monde ? Et quelle différence y a-t-il entre mes sœurs et moi ? = Beaucoup. = Beaucoup ! Je n'entends rien à votre réponse.... J'allois entrer dans la comparaison de mes sœurs et de moi, lorsqu'il m'arrêta et me dit: Allez, allez, l'inhumanité n'est pas le vice de vos parens ; tâchez de prendre votre sort en patience, et de vous en faire du-moins un mérite devant Dieu. Je verrai votre mère, et soyez sûre que j'emploirai pour vous servir tout ce que je puis avoir d'ascendant sur son esprit.... = Ce *beaucoup*, qu'il m'avoit répondu, fut un trait de lumière pour moi ; je ne doutai plus de la vérité de ce que j'avois pensé sur ma naissance.

Le samedi suivant, vers les cinq heures et demie du soir, à la chûte jour, la servante qui m'étoit attachée monta, et me dit : Madame votre mère ordonne que vous vous habilliez.... Une heure après : Madame veut que vous descendiez avec moi.... Je trouvai à la porte un carosse où nous montâmes la domestique et moi ; et j'appris que nous allions aux Feuillans, chez le père Séraphin. Il nous attendoit ; il étoit seul. La domestique s'éloigna ; et moi, j'entrai dans le parloir. Je m'assis inquiète et curieuse de ce qu'il avoit à me dire. Voici comme il me parla : Mademoiselle, l'énigme de la conduite sévère de vos parens va s'expliquer pour vous ; j'en ai obtenu la permission de madame votre mère. Vous êtes sage ; vous avez de l'esprit, de la fermeté ; vous êtes dans un âge où l'on pourroit vous confier un secret, même qui ne vous concerneroit point. Il y a long-temps que j'ai exhorté pour la première fois madame votre mère à vous révéler celui que vous allez apprendre ; elle n'a jamais pu s'y résoudre : il est dur pour une mère d'avouer une faute grave à son enfant : vous connoissez son caractère ; il ne va guère avec la sorte d'humiliation d'un certain aveu. Elle a cru pouvoir sans cette ressource vous amener à ses desseins ; elle s'est trompée ; elle en est fâchée : elle revient aujourd'hui à mon conseil ; et c'est elle qui m'a chargé de vous annoncer que vous n'étiez pas la fille de M. Simonin. = Je lui répondis sur-le-champ : Je m'en étois doutée. = Voyez à-présent, mademoiselle, considérez, pesez, jugez si madame votre mère peut sans le consentement, même avec le consentement de monsieur votre père, vous unir à des enfans dont vous n'êtes point la sœur ; si elle peut avouer à monsieur votre père un fait sur lequel il n'a déjà que trop de soupçons. = Mais, monsieur, qui est mon père ? = Mademoiselle, c'est ce qu'on ne m'a pas confié. Il n'est que trop certain, mademoiselle, ajouta-t-il, qu'on a prodigieusement avantagé vos sœurs, et qu'on a pris toutes les précautions imaginables par les contrats de mariage, par le dénaturer des biens, par les stipulations, par les fidei-commis et autres moyens de réduire à rien votre légitime, dans le cas que vous puissiez un jour vous adresser aux loix pour la redemander. Si vous perdez vos parens, vous trouverez peu de chose ; vous refusez un couvent, peut-être regretterez-vous de n'y pas être. = Cela ne se peut, monsieur ; je ne demande rien. = Vous ne savez pas ce que c'est que la peine, le travail, l'indigence. = Je connois du-moins le prix de la liberté, et le poids d'un état auquel on n'est point appelée. = Je vous ai dit ce que j'avois à vous dire ; c'est à vous, mademoiselle, à faire vos réflexions.... Ensuite il se leva. = Mais, monsieur, encore une question. = Tant qu'il vous plaira. = Mes sœurs savent-elles ce que vous m'avez appris. ? = Non, mademoiselle. = Comment ont-elles donc pu se résoudre à dépouiller leur sœur ? car c'est ce qu'elles me croyent. = Ah ! mademoiselle, l'intérêt ! l'intérêt ! elles n'auroient point obtenu les partis considérables qu'elles ont trouvés. Chacun songe à soi dans ce monde ; et je ne vous conseille pas de compter sur elles si vous venez à perdre vos parens ; soyez sûre qu'on vous disputera, jusqu'à une obole, la petite portion que vous aurez à partager avec elles. Elles ont beaucoup d'enfans ; ce prétexte sera trop honnête pour vous réduire à la mendicité. Et puis elles ne peuvent plus rien ; ce sont les maris qui font tout : si elles avoient quelques sentimens de commisération, les secours qu'elles vous donneroient à l'insu de leurs maris deviendroient une source de divisions domestiques. Je ne vois que de ces choses-là; ou des enfans abandonnés, ou des enfans même légitimes, secourus aux dépens de la paix domestique. Et puis, mademoiselle, le pain qu'on reçoit est bien dur. Si vous m'en croyez, vous vous reconcilierez avec vos parens ; vous ferez ce que votre mère doit attendre de vous ; vous entrerez en religion ; on vous fera une petite pension avec laquelle vous passerez des jours, si-non heureux, du-moins supportables. Au reste, je ne vous célerai pas que l'abandon apparent de votre mère, son opiniâtreté à vous renfermer, et quelques autres circonstances qui ne me reviennent plus, mais que j'ai sues dans le temps, ont produit exactement sur votre père le même effet que sur vous : votre naissance lui étoit suspecte ; elle ne le lui est plus : et sans être dans la confidence, il ne doute point que vous ne lui apparteniez comme enfant, que par la loi qui les attribue à celui qui porte le titre d'époux. Allez, mademoiselle, vous êtes bonne et sage ; pensez à ce que vous venez d'apprendre.

Je me levai, je me mis à pleurer. Je vis qu'il étoit lui-même attendri ; il leva doucement les yeux au ciel, et me reconduisit. Je repris la domestique qui m'avoit accompagnée ; nous remontâmes en voiture, et nous rentrâmes à la maison.

Il étoit tard. Je rêvai une partie de la nuit à ce qu'on venoit de me révéler ; j'y rêvai encore le lendemain. Je n'avois point de père ; le scrupule m'avoit ôté ma mère ; des précautions prises, pour que je ne pusse prétendre aux droits de ma naissance légale ; une captivité domestique fort dure ; nulle espérance, nulle ressource. Peut-être que, si l'on se fût expliqué plus-tôt avec moi, après l'établissement de mes sœurs, on m'eût gardée à la maison qui ne laissoit pas que d'être fréquentée ; il se seroit trouvé quelqu'un à qui mon caractère, mon esprit, ma figure et mes talens auroient paru une dot suffisante ; la chose n'étoit pas encore impossible ; mais l'éclat que j'avois fait en couvent la rendoit plus difficile : on ne conçoit guère comment une fille de dix-sept à dix-huit ans a pu se porter à cette extrémité, sans une fermeté peu commune ; les hommes louent beaucoup cette qualité ; mais il me semble qu'ils s'en passent volontiers dans celles dont ils se proposent de faire leurs épouses. C'étoit pourtant une ressource à tenter avant que de songer à un autre parti ; je pris celui de m'en ouvrir à ma mère, et je lui fis demander un entretien qui me fut accordé.

C'étoit dans l'hiver. Elle étoit assise dans un fauteuil devant le feu ; elle avoit le visage sévère, le regard fixe et les traits immobiles. Je m'approchai d'elle, je me jetai à ses pieds, et je lui demandai pardon de tous les torts que j'avois. C'est, me répondit-elle, par ce que vous m'allez dire que vous le mériterez. Levez-vous ; votre père est absent, vous avez tout le temps de vous expliquer. Vous avez vu le père Séraphin, vous savez enfin qui vous êtes, et ce que vous pouvez attendre de moi, si votre projet n'est pas de me punir toute ma vie d'une faute que je n'ai déjà que trop expiée. Eh bien ! mademoiselle, que me voulez-vous ? Qu'avez-vous résolu ? = Maman, lui répondis-je, je sais que je n'ai rien, et que je ne dois prétendre à rien. Je suis bien éloignée d'ajouter à vos peines, de quelque nature qu'elles soient ; peut-être m'auriez-vous trouvée plus soumise à vos volontés, si vous m'eussiez instruite plus-tôt de quelques circonstances qu'il étoit difficile que je soupçonnasse ; mais enfin je sais, je me connois, et il ne me reste qu'à me conduire en conséquence de mon état. Je ne suis plus surprise des distinctions qu'on a mises entre mes sœurs et moi; j'en reconnois la justice, j'y souscris; mais je suis toujours votre enfant; vous m'avez portée dans votre sein; et j'espère que vous ne l'oublierez pas. = Malheur à moi, ajouta-t-elle vivement, si je ne vous avouois pas autant qu'il est en mon pouvoir ! = Eh bien ! maman, lui dis-je, rendez-moi vos bontés; rendez-moi votre présence; rendez-moi la tendresse de celui qui se croit mon père. = Peu s'en faut, ajouta-t-elle, qu'il ne soit aussi certain de votre naissance que vous et moi. Je ne vous vois jamais à côté de lui, sans entendre ses reproches; il me les adresse, par la dureté dont il en use avec vous; n'espérez point de lui les sentimens d'un père tendre. Et puis, vous l'avouerai-je ? vous me rappelez une trahison, une ingratitude si odieuse de la part d'un autre, que je n'en puis supporter l'idée; cet homme se montre sans cesse entre vous et moi; il me repousse : et la haine que je lui dois se répand sur vous. = Quoi ! lui dis-je, ne puis-je espérer que vous me traitiez, vous et M. Simonin, comme une étrangère, une inconnue que vous auriez accueillie par humanité ? = Nous ne le pouvons ni l'un ni l'autre. Ma fille, n'empoisonnez pas ma vie plus long-temps. Si vous n'aviez point de sœurs, je sais ce que j'aurois à faire : mais vous en avez deux ; et elles ont l'une et l'autre une famille nombreuse. Il y a long-temps que la passion qui me soutenoit s'est éteinte ; la conscience a repris ses droits. = Mais celui à qui je dois la vie... = Il n'est plus ; il est mort sans se ressouvenir de vous ; et c'est le moindre de ses forfaits.... En cet endroit sa figure s'altéra, ses yeux s'allumèrent, l'indignation s'empara de son visage ; elle vouloit parler, mais elle n'articula plus ; le tremblement de ses lèvres l'en empêchoit. Elle étoit assise ; elle pencha sa tête sur ses mains, pour me dérober les mouvemens violens qui se passoient en elle. Elle demeura quelque temps dans cet état ; puis elle se leva, fit quelques tours dans la chambre sans mot dire ; elle contraignoit ses larmes qui couloient avec peine, et elle disoit : Le monstre ! il n'a pas dépendu de lui, qu'il ne vous ait étouffé dans mon sein par toutes les peines qu'il m'a causées ; mais Dieu nous a conservées l'une et l'autre, pour que la mère expiât sa faute par l'enfant. Ma fille, vous n'avez rien, et vous n'aurez jamais rien. Le peu que je puis faire pour vous, je le dérobe à vos sœurs ; voilà les suites d'une foiblesse. Cependant j'espère n'avoir rien à me reprocher en mourant ; j'aurai gagné votre dot par mon économie. Je n'abuse point de la facilité de mon époux; mais je mets tous les jours à part ce que j'obtiens de temps en temps de sa libéralité. J'ai vendu ce que j'avois de bijoux; et j'ai obtenu de lui de disposer à mon gré du prix qui m'en est revenu. J'aimois le jeu, je ne joue plus; j'aimois les spectacles, je m'en suis privée; j'aimois la compagnie, je vis retirée; j'aimois le faste, j'y ai renoncé. Si vous entrez en religion, comme c'est ma volonté et celle de M. Simonin, votre dot sera le fruit de ce que je prends sur moi tous les jours. == Mais, maman, lui dis-je, il vient encore ici quelques gens de bien; peut-être s'en trouvera-t-il un qui, satisfait de ma personne, n'exigera pas même les épargnes que vous avez destinées à mon établissement. == Il n'y faut plus penser, votre éclat vous a perdue. == Le mal est-il sans ressource? == Sans ressource. == Mais, si je ne trouve point un époux, est-il nécessaire que je m'enferme dans un couvent? == A-moins que vous ne veuillez perpétuer ma douleur et mes remords, jusqu'à ce que j'aye les yeux fermés. Il faut que j'y vienne; vos sœurs, dans ce moment terrible, seront autour de mon lit; voyez si je pourrai vous voir au milieu d'elles; quel seroit l'effet de votre présence dans ces derniers momens! Ma fille, car vous l'êtes malgré moi, vos sœurs ont obtenu des loix un nom que vous tenez du crime; n'affligez pas une mère qui expire; laissez-la descendre paisiblement au tombeau : qu'elle puisse se dire à elle-même, lorsqu'elle sera sur-le-point de paroître devant le grand juge, qu'elle a réparé sa faute autant qu'il étoit en elle ; qu'elle puisse se flatter qu'après sa mort vous ne porterez point le trouble dans la maison, et que vous ne révendiquerez pas des droits que vous n'avez point. = Maman, lui dis-je, soyez tranquille là-dessus ; faites venir un homme de loi : qu'il dresse un acte de renonciation ; et je souscrirai à tout ce qu'il vous plaira. = Cela ne se peut : un enfant ne se déshérite pas lui-même ; c'est le châtiment d'un père et d'une mère justement irrités. S'il plaisoit à Dieu de m'appeler demain, demain il faudroit que j'en vinsse à cette extrémité, et que je m'ouvrisse à mon mari, afin de prendre de concert les mêmes mesures. Ne m'exposez point à une indiscrétion qui me rendroit odieuse à ses yeux, et qui entraîneroit des suites qui vous déshonoreroient. Si vous me survivez, vous resterez sans nom, sans fortune et sans état ; malheureuse ! dites-moi ce que vous deviendrez ; quelles idées voulez-vous que j'emporte en mourant ? Il faudra donc que je dise à votre père... Que lui dirai-je ? Que vous n'êtes pas son enfant !... Ma fille, s'il ne falloit que se jeter à vos pieds pour obtenir de vous... Mais vous ne sentez rien ; vous avez l'ame inflexible de votre père..... En ce moment M. Simonin entra ; il vit le désordre de sa femme ; il l'aimoit ;

il étoit violent ; il s'arrêta tout court, et tournant sur moi des regards terribles, il me dit : Sortez. S'il eût été mon père, je ne lui aurois pas obéi ; mais il ne l'étoit pas. Il ajouta, en parlant au domestique qui m'éclairoit : Dites-lui qu'elle ne reparoisse plus.

Je me renfermai dans ma petite prison. Je rêvai à ce que ma mère m'avoit dit ; je me jetai à genoux, je priai Dieu qu'il m'inspirât ; je priai long-temps; je demeurai le visage collé contre terre; on n'invoque presque jamais la voix du ciel, que quand on ne sait à quoi se résoudre; et il est rare qu'alors elle ne nous conseille pas d'obéir. Ce fut le parti que je pris. On veut que je sois religieuse; peut-être est-ce aussi la volonté de Dieu. Eh bien ! je le serai; puisqu'il faut que je sois malheureuse, qu'importe où je le sois !.... Je recommandai à celle qui me servoit de m'avertir quand mon père seroit sorti. Dès le lendemain je sollicitai un entretien avec ma mère; elle me fit répondre qu'elle avoit promis le contraire à M. Simonin, mais que je pouvois lui écrire avec un crayon qu'on me donna. J'écrivis donc sur un bout de papier (ce fatal papier s'est retrouvé, et l'on ne s'en est que trop bien servi contre moi) : « Maman, je suis
» fâchée de toutes les peines que je vous ai cau-
» sées; je vous en demande pardon : mon dessein
» est de les finir. Ordonnez de moi tout ce qu'il
» vous plaira; si c'est votre volonté que j'entre en

» religion, je souhaite que ce soit aussi celle de » Dieu....». La servante prit cet écrit, et le porta à ma mère. Elle remonta un moment après, et elle me dit avec transport : Mademoiselle, puisqu'il ne falloit qu'un mot pour faire le bonheur de votre père, de votre mère et le vôtre, pourquoi l'avoir différé si long-temps ? Monsieur et madame ont un visage que je ne leur ai jamais vu depuis que je suis ici; ils se querelloient sans cesse à votre sujet; Dieu merci, je ne verrai plus cela... Tandis qu'elle me parloit, je pensois que je venois de signer mon arrêt de mort : et ce pressentiment, monsieur, se vérifiera, si vous m'abandonnez. Quelques jours se passèrent, sans que j'entendisse parler de rien; mais un matin, sur les neuf heures, ma porte s'ouvrit brusquement ; c'étoit M. Simonin qui entroit en robe-de-chambre et en bonnet de nuit. Depuis que je savois qu'il n'étoit pas mon père, sa présence ne me causoit que de l'effroi. Je me levai, je lui fis la révérence. Il me sembla que j'avois deux cœurs : je ne pouvois penser à ma mère sans m'attendrir, sans avoir envie de pleurer; il n'en étoit pas ainsi de M. Simonin. Il est sûr qu'un père inspire une sorte de sentimens qu'on n'a pour personne au monde que lui : on ne sait pas cela, sans s'être trouvé comme moi vis-à-vis d'un homme qui a porté long-temps, et qui vient de perdre cet auguste caractère; les autres l'ignoreront toujours. Si je passois de sa présence à celle de ma mère, il me sembloit que j'étois une autre. Il me dit : Suzanne, reconnoissez-vous ce billet ? Oui, monsieur. = L'avez-vous écrit librement ? = Je ne saurois dire qu'oui. = Etes-vous du-moins résolue à exécuter ce qu'il promet ? = Je le suis. = N'avez-vous de prédilection pour aucun couvent ? = Non, ils me sont indifférens. = Il suffit.

Voilà ce que je répondis; mais malheureusement cela ne fut point écrit. Pendant une quinzaine d'une entière ignorance de ce qui se passoit, il me parut qu'on s'étoit adressé à différentes maisons religieuses, et que le scandale de ma première démarche avoit empêché qu'on ne me reçût postulante. On fut moins difficile à Longchamp; et cela, sans-doute, parce qu'on insinua que j'étois musicienne, et que j'avois de la voix. On m'exagéra bien les difficultés qu'on avoit eues, et la grace qu'on me faisoit de m'accepter dans cette maison; on m'engagea même à écrire à la supérieure. Je ne sentois pas les suites de ce témoignage écrit qu'on exigeoit; on craignoit apparemment qu'un jour je ne revinsse contre mes vœux; on vouloit avoir une attestation de ma propre main qu'ils avoient été libres. Sans ce motif, comment cette lettre, qui devoit rester entre les mains de la supérieure, auroit-elle passé dans la suite entre les mains de mes beaux-frères ? Mais fermons vîte les yeux là-dessus; ils me montrent M. Simonin comme je ne veux pas le voir : il n'est plus.

Je fus conduite à Longchamp; ce fut ma mère qui m'accompagna. Je ne demandai point à dire adieu à M. Simonin; j'avoue que la pensée ne m'en vint qu'en chemin. On m'attendoit; j'étois annoncée, et par mon histoire et par mes talens : on ne me dit rien de l'une; mais on fut très-pressé de voir si l'acquisition qu'on faisoit en valoit la peine. Lorsqu'on se fut entretenu de beaucoup de choses indifférentes, car après ce qui m'étoit arrivé, vous pensez bien qu'on ne parla ni de Dieu, ni de vocation, ni des dangers du monde, ni de la douceur de la vie religieuse, et qu'on ne hazarda pas un mot des pieuses fadaises dont on remplit ces premiers momens, la supérieure dit : Mademoiselle, vous savez la musique, vous chantez; nous avons un clavecin; si vous vouliez nous irions dans notre parloir... J'avois l'ame serrée, mais ce n'étoit pas le moment de marquer de la répugnance; ma mère passa, je la suivis; la supérieure ferma la marche avec quelques religieuses que la curiosité avoit attirées. C'étoit le soir; on m'apporta des bougies; je m'assis, je me mis au clavecin; je préludai long-temps, cherchant un morceau de musique dans la tête, que j'en ai pleine, et n'en trouvant point; cependant la supérieure me pressa, et je chantai sans y entendre finesse, par habitude, parce que le morceau m'étoit familier : *Tristes apprêts, pâles flambeaux, jours plus affreux que les ténèbres,* etc. Je ne sais ce que cela produisit ; mais on ne m'écouta pas long-temps : on m'interrompit par des éloges, que je fus bien surprise d'avoir mérités si promptement et à si peu de frais. Ma mère me remit entre les mains de la supérieure, me donna sa main à baiser, et s'en retourna.

Me voilà donc dans une autre maison religieuse, et postulante, et avec toutes les apparences de postuler de mon plein gré. Mais vous, monsieur, qui connoissez jusqu'à ce moment tout ce qui s'est passé, qu'en pensez-vous ? La plûpart de ces choses ne furent point alléguées, lorsque je voulus revenir contre mes vœux; les unes, parce que c'étoient des vérités destituées de preuves ; les autres, parce qu'elles m'auroient rendue odieuse sans me servir; on n'auroit vu en moi qu'un enfant dénaturé, qui flétrissoit la mémoire de ses parens pour obtenir sa liberté. On avoit la preuve de ce qui étoit *contre* moi; ce qui étoit *pour* ne pouvoit ni s'alléguer ni se prouver. Je ne voulus pas même qu'on insinuât aux juges le soupçon de ma naissance; quelques personnes, étrangères aux loix, me conseillèrent de mettre en cause le directeur de ma mère et le mien ; cela ne se pouvoit ; et quand la chose auroit été possible, je ne l'aurois pas soufferte. Mais à propos, de peur que je ne l'oublie, et que l'envie de me servir ne vous empêche d'en faire la réflexion, sauf votre meilleur avis, je crois qu'il faut taire que je sais la musique et que je touche du clavecin : il n'en faudroit pas davantage pour me déceler; l'ostentation de ces talens ne va point avec l'obscurité et la sécurité que je cherche ; celles de mon état ne savent point ces choses, et il faut que je les ignore. Si je suis contrainte de m'expatrier, j'en ferai ma ressource. M'expatrier ! mais dites-moi pourquoi cette idée m'épouvante ? C'est que je ne sais où aller; c'est que je suis jeune et sans expérience; c'est que je crains la misère, les hommes et le vice; c'est que j'ai toujours vécu renfermée, et que si j'étois hors de Paris je me croirois perdue dans le monde. Tout cela n'est peut-être pas vrai ; mais c'est ce que je sens. Monsieur, que je ne sache pas où aller, ni que devenir, cela dépend de vous.

Les supérieures à Longchamp, ainsi que dans la plûpart des maisons religieuses, changent de trois ans en trois ans. C'étoit une madame de Moni qui entroit en charge, lorsque je fus conduite dans la maison : je ne puis vous en dire trop de bien ; c'est pourtant sa bonté qui m'a perdue. C'étoit une femme de sens, qui connoissoit le cœur humain ; elle avoit de l'indulgence, quoique personne n'en eût moins besoin; nous étions toutes ses enfans. Elle ne voyoit jamais que les fautes qu'elle ne pouvoit s'empêcher d'appercevoir, ou dont l'importance ne lui permettoit pas de fermer les yeux. J'en parle sans intérêt ; j'ai fait mon devoir avec exactitude; et elle me rendroit la justice que je n'en commis aucune dont elle eût à me punir ou qu'elle eût à me pardonner. Si elle avoit de la prédilection, elle lui étoit inspirée par le mérite; après cela je ne sais s'il me convient de vous dire qu'elle m'aima tendrement et que je ne fus pas des dernières entre ses favorites. Je sais que c'est un grand éloge que je me donne, plus grand que vous ne pouvez l'imaginer, ne l'ayant point connue. Le nom de favorites est celui que les autres donnent par envie aux bien-aimées de la supérieure. Si j'avois quelque défaut à reprocher à madame de Moni, c'est que son goût pour la vertu, la piété, la franchise, la douceur, les talens, l'honnêteté, l'entraînoit ouvertement; et qu'elle n'ignoroit pas que celles qui n'y pouvoient prétendre, n'en étoient que plus humiliées. Elle avoit aussi le don, qui est peut-être plus commun en couvent que dans le monde, de discerner promptement les esprits. Il étoit rare qu'une religieuse qui ne lui plaisoit pas d'abord, lui plût jamais. Elle ne tarda pas à me prendre en gré; et j'eus tout d'abord la dernière confiance en elle. Malheur à celles dont elle ne l'attiroit pas sans effort! il falloit qu'elles fussent mauvaises, sans ressource, et qu'elles se l'avouassent. Elle m'entretint de mon aventure à Sainte-Marie; je la lui racontai sans déguisement comme à vous; je lui dis tout ce que je viens de vous écrire; et ce qui regardoit ma nais-

B *

sance et ce qui tenoit à mes peines, rien ne fut oublié. Elle me plaignit, me consola, me fit espérer un avenir plus doux.

Cependant le temps du postulat se passa ; celui de prendre l'habit arriva, et je le pris. Je fis mon noviciat sans dégoût ; je passe rapidement sur ces deux années, parce qu'elles n'eurent rien de triste pour moi que le sentiment secret que je m'avançois pas à pas vers l'entrée d'un état pour lequel je n'étois point faite. Quelquefois il se renouveloit avec force ; mais aussi-tôt je recourois à ma bonne supérieure, qui m'embrassoit, qui développoit mon âme, qui m'exposoit fortement ses raisons, et qui finissoit toujours par me dire : Et les autres états n'ont-ils pas aussi leurs épines ? On ne sent que les siennes. Allons, mon enfant, mettons-nous à genoux, et prions.... = Alors elle se prosternoit et prioit haut, mais avec tant d'onction, d'éloquence, de douceur, d'élévation et de force, qu'on eût dit que l'esprit de Dieu l'inspiroit. Ses pensées, ses expressions, ses images pénétroient jusqu'au fond du cœur ; d'abord on l'écoutoit ; peu à peu on étoit entraîné, on s'unissoit à elle ; l'ame tressailloit, et l'on partageoit ses transports. Son dessein n'étoit pas de séduire ; mais certainement c'est ce qu'elle faisoit : on sortoit de chez elle avec un cœur ardent, la joie et l'extase étoient peintes sur le visage ; on versoit des larmes si douces ! c'étoit une impression qu'elle prenoit elle-même, qu'elle gardoit long-temps, et qu'on conservoit. Ce n'est pas à ma seule expérience que je m'en rapporte, c'est à celle de toutes les religieuses. Quelques-unes m'ont dit qu'elles sentoient naître en elles le besoin d'être consolées comme celui d'un très-grand plaisir ; et je crois qu'il ne m'a manqué qu'un peu plus d'habitude, pour en venir là. J'éprouvai cependant, à l'approche de ma profession, une mélancolie si profonde, qu'elle mit ma bonne supérieure à de terribles épreuves ; son talent l'abandonna, elle me l'avoua elle-même. Je ne sais, me dit-elle, ce qui se passe en moi ; il me semble, quand vous venez, que Dieu se retire et que son esprit se taise ; c'est inutilement que je m'excite, que je cherche des idées, que je veux exalter mon ame ; je me trouve une femme ordinaire et bornée ; je crains de parler.... Ah ! chère mère, lui dis-je, quel pressentiment ! Si c'étoit Dieu qui vous rendît muette !... Un jour que je me sentois plus incertaine et plus abattue que jamais, j'allai dans sa cellule ; ma présence l'interdit d'abord : elle lut apparemment dans mes yeux, dans toute ma personne, que le sentiment profond que je portois en moi étoit au-dessus de ses forces ; et elle ne vouloit pas lutter sans la certitude d'être victorieuse. Cependant elle m'entreprit, elle s'échauffa peu à peu ; à mesure que ma douleur tomboit, son enthousiasme croissoit : elle se jeta subitement à genoux, je l'imitai. Je crus que j'allois partager son transport, je le souhaitois ; elle prononça quelques mots, puis tout-à-coup elle se tut. J'attendis inutilement : elle ne parla plus, elle se releva, elle fondoit en larmes, elle me prit par la main, et me serrant entre ses bras : Ah ! chère enfant, me dit-elle, quel effet cruel vous avez opéré sur moi ! Voilà qui est fait, l'esprit s'est retiré, je le sens : allez, que Dieu vous parle lui-même, puisqu'il ne lui plaît pas de se faire entendre par ma bouche.... En effet, je ne sais ce qui s'étoit passé en elle, si je lui avois inspiré une méfiance de ses forces qui ne s'est plus dissipée, si je l'avois rendue timide, ou si j'avois vraiment rompu son commerce avec le ciel ; mais le talent de consoler ne lui revint plus. La veille de ma profession, j'allai la voir ; elle étoit d'une mélancolie égale à la mienne. Je me mis à pleurer, elle aussi ; je me jetai à ses pieds, elle me bénit, me releva, m'embrassa, et me renvoya en me disant : Je suis lasse de vivre, je souhaite de mourir ; j'ai demandé à Dieu de ne point voir ce jour, mais ce n'est pas sa volonté. Allez, je parlerai à votre mère, je passerai la nuit en prières, priez aussi ; mais couchez-vous, je vous l'ordonne.... Permettez, lui répondis-je, que je m'unisse à vous.... Je vous le permets depuis neuf heures jusqu'à onze, pas davantage. A neuf heures et demie je commencerai à prier et vous aussi ; mais à onze heures vous me laisserez prier seule, et vous vous reposerez. Allez, chère enfant, je veillerai devant Dieu le reste de la nuit.

Elle voulut prier, mais elle ne le put pas. Je dormois; et cependant cette sainte femme alloit dans les corridors frappant à chaque porte, éveilloit les religieuses et les faisoit descendre sans bruit dans l'église. Toutes s'y rendirent; et lorsqu'elles y furent, elle les invita à s'adresser au ciel pour moi. Cette prière se fit d'abord en silence; ensuite elle éteignit les lumières; toutes récitèrent ensemble le *Miserere*, excepté la supérieure qui, prosternée au pied des autels, se macéroit cruellement en disant : O Dieu! si c'est par quelque faute que j'ai commise que vous vous êtes retiré de moi, accordez-m'en le pardon. Je ne demande pas que vous me rendiez le don que vous m'avez ôté, mais que vous vous adressiez vous-même à cette innocente qui dort tandis que je vous invoque ici pour elle. Mon Dieu, parlez-lui, parlez à ses parens, et pardonnez-moi.

Le lendemain elle entra de bonne heure dans ma cellule; je ne l'entendis point; je n'étois pas encore éveillée. Elle s'assit à côté de mon lit; elle avoit posé légèrement une de ses mains sur mon front; elle me regardoit : l'inquiétude, le trouble et la douleur se succédoient sur son visage; et c'est ainsi qu'elle me parut, lorsque j'ouvris les yeux. Elle ne me parla point de ce qui s'étoit passé pendant la nuit; elle me demanda seulement si je m'étois couchée de bonne heure ; je lui répondis : A l'heure que vous m'avez ordonnée. = Si j'avois reposé. = Profondément. = Je m'y attendois.... Comment je me trouvois. = Fort bien. Et vous, chère mère ? = Hélas ! me dit-elle, je n'ai vu aucune personne entrer en religion sans inquiétude ; mais je n'ai éprouvé sur aucune autant de trouble que sur vous. Je voudrois bien que vous fussiez heureuse. = Si vous m'aimez toujours, je le serai. = Ah ! s'il ne tenoit qu'à cela ! N'avez-vous pensé à rien pendant la nuit ? = Non. = Vous n'avez fait aucun rêve ? = Aucun. = Qu'est-ce qui se passe à-présent dans votre ame ? = Je suis stupide ; j'obéis à mon sort sans répugnance et sans goût ; je sens que la nécessité m'entraîne, et je me laisse aller. Ah ! ma chère mère, je ne sens rien de cette douce joie, de ce tressaillement, de cette mélancolie, de cette douce inquiétude que j'ai quelquefois remarquée dans celles qui se trouvoient au moment où je suis. Je suis imbécille, je ne saurois même pleurer. On le veut, il le faut, est la seule idée qui me vienne.... Mais vous ne me dites rien. = Je ne suis pas venue pour vous entretenir, mais pour vous voir et pour vous écouter. J'attends votre mère ; tâchez de ne pas m'émouvoir ; laissez les sentimens s'accumuler dans mon ame ; quand elle en sera pleine, je vous quitterai. Il faut que je me taise : je me connois ; je n'ai qu'un jet, mais il est violent, et ce n'est pas avec vous qu'il doit s'exhaler. Reposez-vous encore un moment, que je vous voye ; dites-moi seulement quelques mots, et laissez-moi prendre ici ce que je viens y chercher. J'irai, et Dieu fera le reste.... Je me tus, je me penchai sur mon oreiller, je lui tendis une de mes mains qu'elle prit. Elle paroissoit méditer et méditer profondément ; elle avoit les yeux fermés avec effort ; quelquefois elle les ouvroit, les portoit en haut, et les ramenoit sur moi ; elle s'agitoit ; son ame se remplissoit de tumulte, se composoit et se r'agitoit ensuite. En vérité, cette femme étoit née pour être prophétesse, elle en avoit le visage et le caractère. Elle avoit été belle ; mais l'âge, en affaissant ses traits et y pratiquant de grands plis, avoit encore ajouté de la dignité à sa physionomie. Elle avoit les yeux petits, mais ils sembloient ou regarder en elle-même, ou traverser les objets voisins, et démêler au-delà, à une grande distance, toujours dans le passé ou dans l'avenir. Elle me serroit quelquefois la main avec force. Elle me demanda brusquement quelle heure il étoit. = Il est bientôt six heures. = Adieu, je m'en vais. On va venir vous habiller ; je n'y veux pas être, cela me distrairoit. Je n'ai plus qu'un souci, c'est de garder de la modération dans les premiers momens.

Elle étoit à-peine sortie que la mère des novices et mes compagnes entrèrent ; on m'ôta les habits de religion, et l'on me revêtit des habits du monde ;

c'est un usage que vous connoissez. Je n'entendis rien de ce qu'on disoit autour de moi ; j'étois presque réduite à l'état d'automate ; je ne m'apperçus de rien ; j'avois seulement par intervalles comme de petits mouvemens convulsifs. On me disoit ce qu'il falloit faire ; on étoit souvent obligé de me le répéter, car je n'entendois pas de la première fois, et je le faisois ; ce n'étoit pas que je pensasse à autre chose, c'est que j'étois absorbée ; j'avois la tête lasse comme quand on s'est excédé de réflexions. Cependant la supérieure s'entretenoit avec ma mère. Je n'ai jamais su ce qui s'étoit passé dans cette entrevue qui dura fort long-temps; on m'a dit seulement que, quand elles se séparèrent, ma mère étoit si troublée, qu'elle ne pouvoit retrouver la porte par laquelle elle étoit entrée, et que la supérieure étoit sortie les mains fermées, et appuyées contre le front.

Cependant les cloches sonnèrent ; je descendis. L'assemblée étoit peu nombreuse. Je fus prêchée bien ou mal, je n'entendis rien : on disposa de moi pendant toute cette matinée qui a été nulle dans ma vie, car je n'en ai jamais connu la durée ; je ne sais ni ce que j'ai fait, ni ce que j'ai dit. On m'a sans-doute interrogée, j'ai sans-doute répondu ; j'ai prononcé des vœux, mais je n'en ai nulle mémoire, et je me suis trouvée religieuse aussi innocemment que je fus faite chrétienne ; je n'ai pas plus compris à toute la cérémonie de ma profession qu'à celle de mon baptême, avec cette différence que l'une confère la grace et que l'autre la suppose. Eh bien ! monsieur, quoique je n'aye pas réclamé à Longchamp comme j'avois fait à Sainte-Marie, me croyez-vous plus engagée ? J'en appelle à votre jugement ; j'en appelle au jugement de Dieu. J'étois dans un état d'abattement si profond, que, quelques jours après, lorsqu'on m'annonça que j'étois de chœur, je ne sus ce qu'on vouloit dire. Je demandai s'il étoit bien vrai que j'eusse fait profession ; je voulus voir la signature de mes vœux : il fallut joindre à ces preuves le témoignage de toute la communauté, celui de quelques étrangers qu'on avoit appelés à la cérémonie. M'adressant plusieurs fois à la supérieure, je lui disois : Cela est donc bien vrai ?.... et je m'attendois toujours qu'elle m'alloit répondre : Non, mon enfant ; on vous trompe.... Son assurance réitérée ne me convainquoit pas, ne pouvant concevoir que dans l'intervalle d'un jour entier, aussi tumultueux, aussi varié, si plein de circonstances singulières et frappantes, je ne m'en rappelasse aucune, pas même le visage de celles qui m'avoient servie, ni celui du prêtre qui m'avoit prêchée, ni de celui qui avoit reçu mes vœux ; le changement de l'habit religieux en habit du monde est la seule chose dont je me ressouvienne ; depuis cet instant j'ai été ce qu'on appelle physiquement aliénée. Il a fallu des mois entiers pour me tirer de cet état ; et c'est à la longueur de cette espèce de convalescence que j'attribue l'oubli profond de ce qui s'est passé : c'est comme ceux qui ont souffert une longue maladie, qui ont parlé avec jugement, qui ont reçu les sacremens ; et qui, rendus à la santé, n'en ont aucune mémoire. J'en ai vu plusieurs exemples dans la maison ; et je me suis dit à moi-même : Voilà apparemment ce qui m'est arrivé le jour que j'ai fait profession. Mais il reste à savoir si ces actions sont de l'homme, et s'il y est, quoiqu'il paroisse y être.

Je fis dans la même année trois pertes intéressantes : celle de mon père, ou plutôt de celui qui passoit pour tel ; il étoit âgé, il avoit beaucoup travaillé ; il s'éteignit : celle de ma supérieure, et celle de ma mère.

Cette digne religieuse sentit de loin son heure approcher; elle se condamna au silence; elle fit porter sa bière dans sa chambre. Elle avoit perdu le sommeil, et elle passoit les jours et les nuits à méditer et à écrire : elle a laissé quinze méditations qui me semblent à moi de la plus grande beauté ; j'en ai une copie. Si quelque jour vous étiez curieux de voir les idées que cet instant suggère, je vous les communiquerois ; elles sont intitulées : *Les derniers instans de la sœur de Moni.*

A l'approche de sa mort, elle se fit habiller ; elle étoit étendue sur son lit : on lui administra les derniers sacremens ; elle tenoit un christ entre ses bras. C'étoit la nuit ; la lueur des flambeaux éclairoit cette scène lugubre. Nous l'entourions, nous fondions en larmes, sa cellule retentissoit de cris, lorsque tout-à-coup ses yeux brillèrent ; elle se releva brusquement, elle parla ; sa voix étoit presque aussi forte que dans l'état de santé ; le don qu'elle avoit perdu lui revint : elle nous reprocha des larmes qui sembloient lui envier un bonheur éternel. Mes enfans, votre douleur vous en impose. C'est là, c'est là, disoit-elle en montrant le ciel, que je vous servirai ; mes yeux s'abaisseront sans cesse sur cette maison ; j'intercéderai pour vous, et je serai exaucée. Approchez toutes, que je vous embrasse ; venez recevoir ma bénédiction et mes adieux..... C'est en prononçant ces dernières paroles que trépassa cette femme rare, qui a laissé après elle des regrets qui ne finiront point.

Ma mère mourut au retour d'un petit voyage qu'elle fit, sur la fin de l'automne, chez une de ses filles. Elle eut du chagrin ; sa santé avoit été fort affoiblie. Je n'ai jamais su ni le nom de mon père, ni l'histoire de ma naissance. Celui qui avoit été son directeur et le mien, me remit de sa part un petit paquet ; c'étoient cinquante louis avec un billet, enveloppés et cousus dans un morceau de linge. Il y avoit dans ce billet : « Mon enfant, » c'est peu de chose ; mais ma conscience ne me » permet pas de disposer d'une plus grande somme ;

» c'est le reste de ce que j'ai pu économiser sur
» les petits présens de M. Simonin. Vivez sainte-
» ment, c'est le mieux, même pour votre bonheur
» dans ce monde. Priez pour moi ; votre naissance
» est la seule faute importante que j'aie commise ;
» aidez-moi à l'expier ; et que Dieu me pardonne
» de vous avoir mise au monde, en considération
» des bonnes-œuvres que vous ferez. Sur-tout ne
» troublez point la famille ; et quoique le choix
» de l'état que vous avez embrassé n'ait pas été
» aussi volontaire que je l'aurois désiré, craignez
» d'en changer. Que n'ai-je été renfermée dans un
» couvent pendant toute ma vie ! je ne serois pas
» si troublée de la pensée qu'il faut dans un mo-
» ment subir le redoutable jugement. Songez, mon
» enfant, que le sort de votre mère, dans l'autre
» monde, dépend beaucoup de la conduite que
» vous tiendrez dans celui-ci : Dieu, qui voit
» tout, m'appliquera, dans sa justice, tout le bien
» et tout le mal que vous ferez. Adieu, Suzanne ;
» ne demandez rien à vos sœurs ; elles ne sont pas
» en état de vous secourir ; n'espérez rien de votre
» père, il m'a précédée, il a vu le grand jour, il
» m'attend ; ma présence sera moins terrible pour
» lui que la sienne pour moi. Adieu encore une
» fois. Ah ! malheureuse mère ! Ah ! malheureuse
» enfant ! Vos sœurs sont arrivées ; je ne suis pas
» contente d'elles : elles prennent, elles emportent,
» elles ont, sous les yeux d'une mère qui se meurt,

» des querelles d'intérêt qui m'affligent. Quand
» elles s'approchent de mon lit, je me retourne
» de l'autre côté : que verrois-je en elles ? deux
» créatures en qui l'indigence a éteint le sentiment
» de la nature. Elles soupirent après le peu que je
» laisse ; elles font au médecin et à la garde des
» questions indécentes, qui marquent avec quelle
» impatience elles attendent le moment où je m'en
» irai, et qui les saisira de tout ce qui m'environne.
» Elles ont soupçonné, je ne sais comment, que
» je pouvois avoir quelqu'argent caché entre mes
» matelas ; il n'y a rien qu'elles n'aient mis en
» œuvre pour me faire lever, et elles y ont réussi ;
» mais heureusement mon dépositaire étoit venu
» la veille, et je lui avois remis ce petit paquet
» avec cette lettre qu'il a écrite sous ma dictée.
» Brûlez la lettre ; et quand vous saurez que je
» ne suis plus, ce qui sera bientôt, vous ferez
» dire une messe pour moi, et vous y renouvellerez
» vos vœux ; car je désire toujours que vous de—
» meuriez en religion : l'idée de vous imaginer dans
» le monde sans secours, sans appui, jeune, ache-
» veroit de troubler mes derniers instans ».

Mon père mourut le 5 Janvier, ma supérieure sur la fin du même mois, et ma mère la seconde fête de Noël.

Ce fut la Sœur Sainte-Christine qui succéda à la mère de Moni. Ah ! monsieur, quelle différence entre l'une et l'autre ! Je vous ai dit quelle femme c'étoit que la première. Celle-ci avoit le caractère petit, une tête étroite et brouillée de superstitions ; elle donnoit dans les opinions nouvelles ; elle conféroit avec des sulpiciens, des jésuites. Elle prit en aversion toutes les favorites de celle qui l'avoit précédée : en un moment la maison fut pleine de troubles, de haines, de médisances, d'accusations, de calomnies et de persécutions : il fallut s'expliquer sur des questions de théologie où nous n'entendions rien, souscrire à des formules, se plier à des pratiques singulières. La Mère de Moni n'approuvoit point ces exercices de pénitence qui se font sur le corps ; elle ne s'étoit macérée que deux fois en sa vie ; une fois la veille de ma profession, une autre fois dans une pareille circonstance. Elle disoit de ces pénitences, qu'elles ne corrigeoient d'aucun défaut, et qu'elles ne servoient qu'à donner de l'orgueil. Elle vouloit que ses religieuses se portassent bien, et qu'elles eussent le corps sain et l'esprit serein. La première chose, lorsqu'elle entra en charge, ce fut de se faire apporter tous les cilices avec les disciplines, et de défendre d'altérer les alimens avec de la cendre, de coucher sur la dure, et de se pourvoir d'aucun de ces instrumens. La seconde, au contraire, renvoya à chaque religieuse son cilice et sa discipline, et fit retirer l'Ancien et le Nouveau Testament. Les favorites du règne antérieur ne sont jamais les favorites du règne qui suit. Je fus indifférente, pour ne rien dire de pis, à la supérieure actuelle, par la raison que la précédente m'avoit chérie ; mais je ne tardai pas à empirer mon sort par des actions que vous appellerez ou imprudence, ou fermeté, selon le coup-d'œil sous lequel vous les considérerez. La première, ce fut de m'abandonner à toute la douleur que je ressentois de la perte de notre première supérieure ; d'en faire l'éloge en toute circonstance ; d'occasionner entre elle et celle qui nous gouvernoit des comparaisons qui n'étoient pas favorables à celle-ci ; de peindre l'état de la maison sous les années passées ; de rappeler au souvenir la paix dont nous jouissions, l'indulgence qu'on avoit pour nous, la nourriture tant spirituelle que temporelle qu'on nous administroit alors, et d'exalter les mœurs, les sentimens, le caractère de la Sœur de Moni. La seconde, ce fut de jeter au feu le cilice, et de me défaire de ma discipline ; de prêcher des amies là-dessus, et d'en engager quelques-unes à suivre mon exemple ; la troisième, de me pourvoir d'un Ancien et d'un Nouveau Testament ; la quatrième, de rejeter tout parti, de m'en tenir au titre de chrétienne, sans accepter le nom de janséniste ou de moliniste ; la cinquième, de me renfermer rigoureusement dans la règle de la maison, sans vouloir rien faire ni au-delà, ni en-deçà ; conséquemment, de ne me prêter à aucune action surérogatoire, celles d'obligation ne me paroissant déjà que trop dures ;

de ne monter à l'orgue que les jours de fête ; de ne chanter que quand je serois de chœur ; de ne plus souffrir qu'on abusât de ma complaisance et de mes talens, et qu'on me mît à tout et à tous les jours. Je lus les constitutions, je les relus, je les savois par cœur ; si l'on m'ordonnoit quelque chose, ou qui n'y fût pas exprimé clairement, ou qui n'y fût pas, ou qui m'y parût contraire, je m'y refusois fermement ; je prenois le livre, et je disois : Voilà les engagemens que j'ai pris, et je n'en ai point pris d'autres.... Mes discours en entraînèrent quelques-unes. L'autorité des maîtresses se trouva très-bornée ; elles ne pouvoient plus disposer de nous comme de leurs esclaves. Il ne se passoit presque aucun jour sans quelque scène d'éclat. Dans les cas incertains, mes compagnes me consultoient ; et j'étois toujours pour la règle contre le despotisme. J'eus bientôt l'air, et peut-être un peu le jeu d'une factieuse. Les grands-vicaires de M. l'archevêque étoient sans cesse appelés : je comparoissois, je me défendois, je défendois mes compagnes ; et il n'est pas arrivé une seule fois qu'on m'ait condamnée, tant j'avois d'attention à mettre la raison de mon côté : il étoit impossible de m'attaquer du côté de mes devoirs, je les remplissois avec scrupule. Quant aux petites graces qu'une supérieure est toujours libre de refuser ou d'accorder, je n'en demandois point. Je ne paroissois point au parloir ; et des visites, ne connoissant personne, je n'en recevois point. Mais j'avois brûlé mon cilice, et jeté là ma discipline ; j'avois conseillé la même chose à d'autres ; je ne voulois entendre parler jansénisme, ni molinisme, ni en bien ni en mal. Quand on me demandoit si j'étois soumise à la constitution, je répondois que je l'étois à l'église ; si j'acceptois la bulle.... que j'acceptois l'évangile. On visita ma cellule ; on y découvrit l'Ancien et le Nouveau Testament. Je m'étois échappée en discours indiscrets sur l'intimité suspecte de quelques-unes des favorites ; la supérieure avoit des tête-à-tête longs et fréquens avec un jeune ecclésiastique ; et j'en avois démêlé la raison et le prétexte. Je n'omis rien de ce qui pouvoit me faire craindre, haïr, me perdre ; et j'en vins à-bout. On ne se plaignit plus de moi aux supérieurs ; mais on s'occupa à me rendre la vie dure. On défendit aux autres religieuses de m'approcher ; et bientôt je me trouvai seule. J'avois des amies en petit nombre ; on se douta qu'elles chercheroient à se dédommager à la dérobée de la contrainte qu'on leur imposoit ; et que, ne pouvant s'entretenir le jour avec moi, elles me visiteroient la nuit ou à des heures défendues : on nous épia ; on me surprit, tantôt avec l'une, tantôt avec une autre ; l'on fit de cette imprudence tout ce qu'on voulut ; et j'en fus châtiée de la manière la plus inhumaine : on me condamna des semaines entières à passer l'office à genoux, séparée du reste, au

milieu du chœur ; à vivre de pain et d'eau ; à
demeurer enfermée dans ma cellule ; à satisfaire
aux fonctions les plus viles de la maison. Celles
qu'on appeloit mes complices n'étoient guère mieux
traitées. Quand on ne pouvoit me trouver en faute,
on m'en supposoit ; on me donnoit à-la-fois des
ordres incompatibles ; et l'on me punissoit d'y
avoir manqué ; on avançoit les heures des offices,
des repas ; on dérangeoit à mon insu toute la
conduite claustrale ; et avec l'attention la plus
grande, je me trouvois coupable tous les jours,
et j'étois tous les jours punie. J'ai du courage ;
mais il n'en est point qui tienne contre l'abandon,
la solitude et la persécution. Les choses en vinrent
au point qu'on se fit un jeu de me tourmenter ;
c'étoit l'amusement de cinquante personnes liguées.
Il m'est impossible d'entrer dans tout le petit détail de ces méchancetés ; on m'empêchoit de dormir, de veiller, de prier. Un jour on me voloit
quelques parties de mon vêtement, une autre fois
c'étoient mes clefs ou mon bréviaire : ma serrure
se trouvoit embarrassée ; ou l'on m'empêchoit de
bien faire, ou l'on dérangeoit les choses que j'a-
vois bien faites : on me supposoit des discours et
des actions ; on me rendoit responsable de tout ;
et ma vie étoit une suite continuelle de délits réels
ou simulés, et de châtimens. Ma santé ne tint
point à des épreuves si longues et si dures ; je
tombai dans l'abattement, le chagrin et la mélan-

colie. J'allois dans les commencemens chercher de la force au pied des autels, et j'y en trouvois quelquefois. Je flottois entre la résignation et le désespoir, tantôt me soumettant à toute la rigueur de mon sort, tantôt pensant à m'en affranchir par des moyens violens. Il y avoit au fond du jardin un puits profond; combien de fois j'y suis allée ! combien j'y ai regardé de fois ! Il y avoit à côté un banc de pierre; combien de fois je m'y suis assise, la tête appuyée sur les bords de ce puits ! combien de fois, dans le tumulte de mes idées, me suis-je levée brusquement et résolue à finir mes peines ! Qu'est-ce qui m'a retenue ? Pourquoi préférois-je alors de pleurer, de crier à haute voix, de fouler mon voile aux pieds, de m'arracher les cheveux, et de me déchirer le visage avec les ongles ? Si c'étoit Dieu qui m'empêchoit de me perdre, pourquoi ne pas arrêter aussi tous ces autres mouvemens ? Je vais vous dire une chose qui vous paroîtra fort étrange peut-être, et qui n'en est pas moins vraie ; c'est que je ne doute point que mes visites fréquentes vers ce puits n'aient été remarquées, et que mes cruelles ennemies ne se soient flattées qu'un jour j'accomplirois un dessein qui bouilloit au fond de mon cœur. Quand j'allois de ce côté, on affectoit de s'en éloigner et de regarder ailleurs. Plusieurs fois j'ai trouvé la porte du jardin ouverte à des heures où elle devoit être fermée, singulièrement les jours où l'on avoit multiplié sur moi les chagrins ; l'on avoit poussé à-bout la violence de mon caractère ; et l'on me croyoit l'esprit aliéné. Mais aussitôt que je crus avoir deviné que ce moyen de sortir de la vie étoit pour ainsi dire offert à mon désespoir, qu'on me conduisoit à ce puits par la main, et que je le trouverois toujours prêt à me recevoir, je ne m'en souciai plus ; mon esprit se tourna vers d'autres côtés ; je me tenois dans les corridors, et mesurois la hauteur des fenêtres : le soir, en me déshabillant, j'essayois, sans y penser, la force de mes jarretières ; un autre jour je refusois le manger ; je descendois au réfectoire, et je restois le dos appuyé contre la muraille, les mains pendantes à mes côtés, les yeux fermés ; et je ne touchois pas aux mets qu'on avoit servis devant moi ; je m'oubliois si parfaitement dans cet état, que toutes les religieuses étoient sorties, et que je restois. On affectoit alors de se retirer sans bruit, et l'on me laissoit-là ; puis on me punissoit d'avoir manqué aux exercices. Que vous dirai-je ? on me dégoûta de presque tous les moyens de m'ôter la vie, parce qu'il me sembla que loin de s'y opposer, on me les présentoit. Nous ne voulons pas apparemment qu'on nous pousse hors de ce monde ; et peut-être n'y serois-je plus, si elles avoient fait semblant de m'y retenir. Quand on s'ôte la vie, peut-être cherche-t-on à désespérer les autres, et la garde-t-on quand on croit les satisfaire ; ce sont des mouvemens qui se passent bien subtilement en nous. En vérité, s'il est possible que je me rappelle mon état, quand j'étois à côté du puits, il me semble que je criois au-dedans de moi à ces malheureuses qui s'éloignoient pour favoriser un forfait : Faites un pas de mon côté ; montrez-moi le moindre désir de me sauver ; accourez pour me retenir ; et soyez sûres que vous arriverez trop tard.... En vérité, je ne vivois que parce qu'elles souhaitoient ma mort. L'acharnement à nuire, à tourmenter, se lasse dans le monde ; il ne se lasse point dans les cloîtres.

J'en étois là, lorsque, revenant sur ma vie passée, je songeai à faire résilier mes vœux. J'y rêvai d'abord légèrement. Seule, abandonnée, sans appui, comment réussir dans un projet si difficile, même avec tous les secours qui me manquoient ? Cependant cette idée me tranquilisa ; mon esprit se rassit ; je fus plus à moi : j'évitai des peines, et je supportai plus patiemment celles qui me venoient. On remarqua ce changement ; et l'on en fut étonné ; la méchanceté s'arrêta tout court, comme un ennemi lâche qui vous poursuit, et à qui l'on fait face au moment où il ne s'y attend pas. Une question, monsieur, que j'aurois à vous faire, c'est pourquoi, à travers toutes les idées funestes qui passent par la tête d'une religieuse désespérée, celle de mettre le feu à la maison ne lui vient point. Je ne l'ai point eue, ni d'autres non plus, quoique ce soit la chose la plus facile à exécuter: il ne s'agit, un jour de grand vent, que de porter un flambeau dans un grenier, dans un bûcher, dans un corridor. Il n'y a point de couvens de brûlés; et cependant dans ces événemens les portes s'ouvrent, et sauve qui peut. Ne seroit-ce pas qu'on craint le péril pour soi et pour celles qu'on aime, et qu'on dédaigne un secours qui nous est commun avec celles qu'on hait? Cette dernière idée est bien subtile, pour être vraie.

A force de s'occuper d'une chose, on en sent la justice, et même l'on en croit la possibilité; on est bien fort quand on en est là. Ce fut pour moi l'affaire d'une quinzaine; mon esprit va vîte. De quoi s'agissoit-il? De dresser un mémoire, et de le donner à consulter; l'un et l'autre n'étoient pas sans danger. Depuis qu'il s'étoit fait une révolution dans ma tête, on m'observoit avec plus d'attention que jamais; on me suivoit de l'œil; je ne faisois pas un pas qui ne fût éclairé; je ne disois pas un mot qu'on ne le pesât. On se rapprocha de moi, on chercha à me sonder; on m'interrogeoit, on affectoit de la commisération et de l'amitié; on revenoit sur ma vie passée, on m'accusoit foiblement, on m'excusoit; on espéroit une meilleure conduite, on me flattoit d'un avenir plus doux: cependant on entroit à tout moment dans ma cellule, le jour, la nuit, sous des prétextes; brusquement, sourdement, on entr'ouvroit mes rideaux, et l'on se retiroit. J'avois pris l'habitude de coucher habillée ; j'en avois une autre, c'étoit celle d'écrire ma confession. Ces jours-là, qui sont marqués, j'allois demander de l'encre et du papier à la supérieure, qui ne m'en refusoit pas. J'attendis donc le jour de la confession ; et en l'attendant je rédigeois dans ma tête ce que j'avois à proposer, c'étoit en abrégé tout ce que je viens de vous écrire ; seulement je m'expliquois sous des noms empruntés. Mais je fis trois étourderies: la première, de dire à la supérieure que j'aurois beaucoup de choses à écrire, et de lui demander, sous ce prétexte, plus de papier qu'on n'en accorde ; la seconde, de m'occuper de mon mémoire, et de laisser là ma confession ; et la troisième, n'ayant point fait de confession, et n'étant point préparée à cet acte de religion, de ne demeurer au confessionnal qu'un instant. Tout cela fut remarqué ; et l'on en conclut que le papier que j'avois demandé, avoit été employé autrement que je ne l'avois dit. Mais s'il n'avoit pas servi à ma confession, comme il étoit évident, quel usage en avois-je fait ? Sans savoir qu'on prendroit ces inquiétudes, je sentis qu'il ne falloit pas qu'on trouvât chez moi un écrit de cette importance. D'abord je pensai à le coudre dans mon traversin ou dans mes matelas, puis à le cacher dans mes vêtemens, à l'enfouir dans le jardin, à le jeter au feu. Vous ne sauriez croire combien je fus pressée de l'écrire, et combien j'en fus embarrassée quand il fut écrit. D'abord je le cachetai, ensuite je le serrai dans mon sein, et j'allai à l'office qui sonnoit. J'étois dans une inquiétude qui se déceloit à mes mouvemens. J'étois assise à côté d'une jeune religieuse qui m'aimoit; quelquefois je l'avois vue me regarder en pitié et verser des larmes : elle ne me parloit point, mais certainement elle souffroit. Au risque de tout ce qui pourroit en arriver, je résolus de lui confier mon papier; dans un moment d'oraison où toutes les religieuses se mettent à genoux, s'inclinent, et sont comme plongées dans leurs stalles, je tirai doucement le papier de mon sein, et je le lui tendis derrière moi; elle le prit, et le serra dans le sien. Ce service fut le plus important de ceux qu'elle m'avoit rendus; mais j'en avois reçu beaucoup d'autres : elle s'étoit occupée pendant des mois entiers à lever, sans se compromettre, tous les petits obstacles qu'on apportoit à mes devoirs pour avoir droit de me châtier; elle venoit frapper à ma porte quand il étoit heure de sortir; elle arrangeoit ce qu'on dérangeoit; elle alloit sonner ou répondre quand il le falloit; elle se trouvoit partout où je devois être. J'ignorois tout cela.

Je fis bien de prendre ce parti. Lorsque nous sortîmes du chœur, la supérieure me dit : Sœur Suzanne, suivez-moi.... Je la suivis; puis s'arrêtant dans le corridor à une autre porte, voilà, me dit-elle, votre cellule ; c'est la Sœur Saint-Jérôme qui occupera la vôtre.... J'entrai, et elle avec moi. Nous étions toutes deux assises sans parler, lorsqu'une religieuse parut avec des habits qu'elle posa sur une chaise ; et la supérieure me dit : Sœur Suzanne, déshabillez-vous, et prenez ce vêtement.... J'obéis en sa présence ; cependant elle étoit attentive à tous mes mouvemens. La Sœur qui avoit apporté mes habits, étoit à la porte ; elle rentra, emporta ceux que j'avois quittés, sortit ; et la supérieure la suivit. On ne me dit point la raison de ces procédés ; et je ne la demandai point. Cependant on avoit cherché par-tout dans ma cellule ; on avoit décousu l'oreiller et les matelas ; on avoit déplacé tout ce qui pouvoit l'être ou l'avoir été ; on marcha sur mes traces ; on alla au confessionnal, à l'église, dans le jardin, au puits, vers le banc de pierre ; je vis une partie de ces recherches ; je soupçonnai le reste. On ne trouva rien ; mais on n'en resta pas moins convaincu qu'il y avoit quelque chose. On continua de m'épier pendant plusieurs jours : on alloit où j'étois allée ; on regardoit par-tout, mais inutilement. Enfin la supérieure crut qu'il n'étoit possible de savoir la vérité que par moi. Elle entra un jour dans ma cellule, et me dit : Sœur Suzanne, vous avez des défauts ; mais vous n'avez pas celui de mentir ; dites-moi donc la vérité : qu'avez-vous fait de tout le papier que je

C *

vous ai donné ? = Madame, je vous l'ai dit. = Cela ne se peut, car vous m'en avez demandé beaucoup, et vous n'avez été qu'un moment au confessionnal. = Il est vrai. = Qu'en avez-vous donc fait ? = Ce que je vous ai dit. = Eh bien, jurez-moi, par la sainte obéissance que vous avez vouée à Dieu, que cela est; et, malgré les apparences, je vous croirai. = Madame, il ne vous est pas permis d'exiger un serment pour une chose si légère; et il ne m'est pas permis de le faire. Je ne saurois jurer. = Vous me trompez, Sœur Suzanne; et vous ne savez pas à quoi vous vous exposez. Qu'avez-vous fait du papier que je vous ai donné ? = Je vous l'ai dit. = Où est-il ? = Je ne l'ai plus. = Qu'en avez-vous fait? = Ce que l'on fait de ces sortes d'écrits, qui sont inutiles après qu'on s'en est servi. = Jurez-moi, par la sainte obéissance, qu'il a été tout employé à écrire votre confession, et que vous ne l'avez plus. = Madame, je vous le répète, cette seconde chose n'étant pas plus importante que la première, je ne saurois jurer. = Jurez, me dit-elle, ou.... = Je ne jurerai point. = Vous ne jurerez point ? = Non, madame. = Vous êtes donc coupable ? = Et de quoi puis-je être coupable ?= De tout; il n'y a rien dont vous ne soyez capable. Vous avez affecté de louer celle qui m'avoit précédée, pour me rabaisser; de mépriser les usages qu'elle avoit proscrits, les loix qu'elle avoit abolies, et que j'ai cru devoir rétablir ; de soulever toute la communauté ; d'enfreindre les règles ; de diviser les esprits ; de manquer à tous vos devoirs ; de me forcer à vous punir et à punir celles que vous avez séduites, la chose qui me coûte le plus. J'aurois pu sévir contre vous par les voies les plus dures ; je vous ai ménagée : j'ai cru que vous reprendriez l'esprit de votre état, et que vous reviendriez à moi ; vous ne l'avez pas fait. Il se passe quelque chose dans votre esprit qui n'est pas bien; vous avez des projets ; l'intérêt de la maison exige que je les connoisse : et je les connoîtrai ; c'est moi qui vous en réponds. Sœur Suzanne, dites-moi la vérité. = Je vous l'ai dite. = Je vais sortir ; craignez mon retour : je m'assieds ; je vous donne encore un moment pour vous déterminer..... Vos papiers, s'ils existent.... = Je ne les ai plus. = Ou le serment qu'ils ne contenoient que votre confession. = Je ne saurois le faire.... Elle demeura un moment en silence, puis elle sortit et rentra avec quatre de ses favorites; elles avoient l'air égaré et furieux. Je me jetai à leurs pieds, j'implorai leur miséricorde. Elles crioient toutes ensemble : Point de miséricorde, madame; ne vous laissez pas toucher : qu'elle donne ses papiers, ou qu'elle aille en paix.... J'embrassois les genoux tantôt de l'une, tantôt de l'autre ; je leur disois, en les nommant par leurs noms : Sœur Sainte-Agnès, Sœur Sainte-Julie, que vous ai-je fait ? Pourquoi irritez-vous ma supérieure contre moi ? Est-ce ainsi que j'en ai usé ? Combien de fois n'ai-je pas supplié pour vous ? vous ne vous en souvenez plus. Vous étiez en faute, et je ne le suis pas. La supérieure, immobile, me regardoit et me disoit : Donne tes papiers, malheureuse, ou révèle ce qu'ils contenoient. = Madame, lui disoient-elles, ne les lui demandez plus ; vous êtes trop bonne ; vous ne la connoissez pas ; c'est une ame indocile, dont on ne peut venir à-bout que par des moyens extrêmes : c'est elle qui vous y porte ; tant pis pour elle. = Ma chère mère, lui disois-je, je n'ai rien fait qui puisse offenser ni Dieu, ni les hommes, je vous le jure. = Ce n'est pas là le serment que je veux. = Elle aura écrit contre nous, contre vous, quelque mémoire au grand-vicaire, à l'archevêque ; Dieu sait comme elle aura peint l'intérieur de la maison ; on croit aisément le mal. Madame, il faut disposer de cette créature, si vous ne voulez pas qu'elle dispose de nous. = La supérieure ajouta : Sœur Suzanne, voyez.... = Je me levai brusquement, et je lui dis : Madame, j'ai tout vu ; je sens que je me perds ; mais un moment plus tôt ou plus tard ne vaut pas la peine d'y penser. Faites de moi ce qu'il vous plaira ; écoutez leur fureur, consommez votre injustice.... Et à l'instant je leur tendis les bras. Ses compagnes s'en saisirent. On m'arracha mon voile ; on me dépouilla sans pudeur. On trouva sur mon sein un petit portrait de mon ancienne supérieure ; on s'en saisit : je suppliai qu'on me permît de le baiser encore une fois ; on me refusa. On me jeta une chemise, on m'ôta mes bas, on me couvrit d'un sac, et l'on me conduisit, la tête et les pieds nus, à travers les corridors. Je criois, j'appelois à mon secours ; mais on avoit sonné la cloche pour avertir que personne ne parût. J'invoquois le ciel, j'étois à terre, et l'on me traînoit. Quand j'arrivai au bas des escaliers, j'avois les pieds ensanglantés et les jambes meurtries ; j'étois dans un état à toucher des ames de bronze. Cependant l'on ouvrit avec de grosses clefs la porte d'un petit lieu souterrein, obscur, où l'on me jeta sur une natte que l'humidité avoit à demi pourrie. Là, je trouvai un morceau de pain noir et une cruche d'eau avec quelques vaisseaux nécessaires et grossiers. La natte roulée par un bout formoit un oreiller ; il y avoit, sur un bloc de pierre, une tête de mort, avec un crucifix de bois. Mon premier mouvement fut de me détruire ; je portai mes mains à ma goge ; je déchirai mon vêtement avec mes dents ; je poussai des cris affreux ; je hurlois comme une bête féroce ; je me frappai la tête contre les murs ; je me mis toute en sang ; je cherchai à me détruire jusqu'à ce que les forces me manquassent, ce qui ne tarda pas. C'est là que j'ai passé trois jours ; je m'y croyois pour toute ma vie.

Tous les matins une de mes exécutrices venoit, et me disoit : Obéissez à notre supérieure, et vous sortirez d'ici. = Je n'ai rien fait, je ne sais ce qu'on me demande. Ah! Sœur Saint-Clément, il est un Dieu!....

Le troisième jour, sur les neuf heures du soir on ouvrit la porte; c'étoient les mêmes religieuses qui m'avoient conduite. Après l'éloge des bontés de notre supérieure, elles m'annoncèrent qu'elle me faisoit grace, et qu'on alloit me mettre en liberté. = C'est trop tard, leur dis-je, laissez-moi ici, je veux y mourir. = Cependant elles m'avoient relevée, et elles m'entraînoient; on me reconduisit dans ma cellule, où je trouvai la supérieure. = J'ai consulté Dieu sur votre sort; il a touché mon cœur : il veut que j'aye pitié de vous; et je lui obéis. Mettez-vous à genoux, et demandez-lui pardon. = Je me mis à genoux et, je dis : Mon Dieu, je vous demande pardon des fautes que j'ai faites, comme vous le demandâtes sur la croix pour moi. = Quel orgueil ! s'écrièrent-elles ; elle se compare à Jésus-Christ, et elle nous compare aux Juifs qui l'ont crucifié. = Ne me considérez pas, leur dis-je, mais considérez-vous, et jugez. = Ce n'est pas tout, me dit la supérieure ; jurez-moi, par la sainte obéissance, que vous ne parlerez jamais de ce qui s'est passé. = Ce que vous avez fait est donc bien mal, puisque vous exigez de moi par serment que j'en garderai le silence. Personne n'en saura jamais rien que votre conscience, je vous le jure. = Vous le jurez ? = Oui, je vous le jure... = Cela fait, elles me dépouillèrent des vêtemens qu'elles m'avoient donnés, et me laissèrent me r'habiller des miens.

J'avois pris de l'humidité; j'étois dans une circonstance critique; j'avois tout le corps meurtri; depuis plusieurs jours je n'avois pris que quelques gouttes d'eau avec un peu de pain. Je crus que cette persécution seroit la dernière que j'aurois à souffrir. C'est l'effet momentané de ces secousses violentes qui montrent combien la nature a de force dans les jeunes personnes : je revins en très-peu de temps; et je trouvai, quand je reparus, toute la communauté persuadée que j'avois été malade. Je repris les exercices de la maison et ma place à l'église. Je n'avois pas oublié mon papier, ni la jeune Sœur à qui je l'avois confié ; j'étois sûre qu'elle n'avoit point abusé de ce dépôt, mais qu'elle ne l'avoit pas gardé sans inquiétude. Quelques jours après ma sortie de prison, au chœur, au moment même où je le lui avois donné, c'est-à-dire, lorsque nous nous mettons à genoux, et qu'inclinées les unes vers les autres nous disparoissons dans nos stalles, je me sentis tirer doucement par ma robe ; je tendis la main, et l'on me donna un billet qui ne contenoit que ces mots : « Combien vous m'avez inquiétée ! Et ce cruel pa-

» pier, que faut-il que j'en fassse »?.... Après avoir lu celui-ci, je le roulai dans mes mains, et je l'avalai. Tout cela se passoit au commencement du carême. Le temps approchoit, où la curiosité d'entendre appelle à Longchamp la bonne et la mauvaise compagnie de Paris. J'avois la voix très-belle; j'en avois peu perdu. C'est dans les maisons religieuses qu'on est attentif aux plus petits intérêts; on eut quelques ménagemens pour moi; je jouis d'un peu plus de liberté : les Sœurs que j'instruisois au chant purent approcher de moi sans conséquence; celle à qui j'avois confié mon mémoire en étoit une. Dans les heures de récréation que nous passions au jardin, je la prenois à l'écart, je la faisois chanter; et pendant qu'elle chantoit, voici ce que je lui dis : Vous connoissez beaucoup de monde, moi je ne connois personne. Je ne voudrois pas que vous vous compromissiez; j'aimerois mieux mourir ici que de vous exposer au soupçon de m'avoir servie; mon amie, vous seriez perdue, je le sais, cela ne me sauveroit pas; et quand votre perte me sauveroit, je ne voudrois point de mon salut à ce prix. = Laissons cela, me dit-elle; de quoi s'agit-il? = Il s'agit de faire passer sûrement cette consultation à quelqu'habile avocat, sans qu'il sache de quelle maison elle vient; et d'en obtenir une réponse que vous me rendrez à l'église ou ailleurs. = A propos, me dit-elle, qu'avez-vous fait de mon billet? = Soyez tranquille, je l'ai avalé. = Soyez tranquille vous-même, je penserai à votre affaire... Vous remarquerez, monsieur, que je chantois tandis qu'elle me parloit, qu'elle chantoit tandis que je lui répondois, et que notre conversation étoit entrecoupée de traits de chant. Cette jeune personne, monsieur, est encore dans la maison; son bonheur est entre vos mains; si l'on venoit à découvrir ce qu'elle a fait pour moi, il n'y a sorte de tourmens auxquels elle ne fût exposée. Je ne voudrois pas lui avoir ouvert la porte d'un cachot; j'aimerois mieux y rentrer. Brûlez donc ces lettres, monsieur; si vous en séparez l'intérêt que vous voulez bien prendre à mon sort, elles ne contiennent rien qui vaille la peine d'être conservé. Voilà ce que je vous disois alors : mais hélas ! elle n'est plus, et je reste seule.

Elle ne tarda pas à me tenir parole, et à m'en informer à notre manière accoutumée. La semaine sainte arriva; le concours à nos ténèbres fut nombreux. Je chantai assez bien pour exciter avec tumulte ces scandaleux applaudissemens que l'on donne à vos comédiens dans leurs salles de spectacles, et qui ne devroient jamais être entendus dans les temples du Seigneur, et sur-tout pendant les jours solennels et lugubres où l'on célèbre la mémoire de son fils attaché sur la croix pour l'expiation des crimes du genre humain. Mes jeunes élèves étoient bien préparées; quelques-unes avoient de la voix, presque toutes de l'expression et du goût; et il me parut que le public les avoit entendues avec plaisir, et que la communauté étoit satisfaite du succès de mes soins.

Vous savez, monsieur, que le jeudi l'on transporte le Saint-Sacrement de son tabernacle dans un reposoir particulier, où il reste jusqu'au vendredi matin. Cet intervalle est rempli par les adorations successives des religieuses, qui se rendent au reposoir les unes après les autres, ou deux à deux. Il y a un tableau qui indique à chacune son heure d'adoration; que je fus contente d'y lire: La sœur Sainte-Suzanne, et la sœur Sainte-Ursule, depuis deux heures du matin jusqu'à trois! Je me rendis au reposoir à l'heure marquée; ma compagne y étoit. Nous nous plaçâmes l'une à côté de l'autre sur les marches de l'autel; nous nous prosternâmes ensemble; nous adorâmes Dieu pendant une demi-heure. Au bout de ce temps, ma jeune amie me tendit la main et me la serra en disant, nous n'aurons peut-être jamais l'occasion de nous entretenir aussi long-temps et aussi librement; Dieu connoît la contrainte où nous vivons; et il nous pardonnera si nous partageons un temps que nous lui devons tout entier. Je n'ai pas lu votre mémoire; mais il n'est pas difficile de deviner ce qu'il contient; j'en aurai incessamment la réponse. Mais si cette réponse vous autorise à poursuivre la résiliation de vos vœux, ne voyez-vous pas qu'il faudra nécessairement que vous conferiez avec des gens de loi ? = Il est vrai. = Que vous aurez besoin de liberté. = Il est vrai. = Et que si vous faites bien, vous profiterez des dispositions présentes pour vous en procurer. = J'y ai pensé. = Vous le ferez donc ? = Je verrai. = Autre chose : Si votre affaire s'entame, vous demeurerez ici abandonnée à toute la fureur de la communauté. Avez-vous prévu les persécutions qui vous attendent ? = Elles ne seront pas plus grandes que celles que j'ai souffertes. = Je n'en sais rien. = Pardonnez-moi. D'abord on n'osera disposer de ma liberté. = Et pourquoi cela ? = Parce qu'alors je serai sous la protection des loix : il faudra me représenter ; je serai, pour ainsi dire, entre le monde et le cloître ; j'aurai la bouche ouverte, la liberté de me plaindre ; je vous attesterai toutes ; on n'osera avoir des torts dont je pourrois me plaindre ; on n'aura garde de rendre une affaire mauvaise. Je ne demanderois pas mieux qu'on en usât mal avec moi ; mais on ne le fera pas : soyez sûre qu'on prendra une conduite toute opposée. On me sollicitera, on me représentera le tort que je vais me faire à moi-même et à la maison ; et comptez qu'on n'en viendra aux menaces que quand on aura vu que la douceur et la séduction ne pourront rien ; et qu'on s'interdira les voies de force. = Mais il est incroyable que vous ayez tant d'aversion pour un état dont vous remplissez si facilement et si scrupuleusement les devoirs. = Je la sens cette aversion ; je l'apportai en naissant, et elle ne me quittera pas. Je finirois par être une mauvaise religieuse ; il faut prévenir ce moment. = Mais si par malheur vous succombez ? = Si je succombe, je demanderai à changer de maison, ou je mourrai dans celle-ci. = On souffre long-temps avant que de mourir. Ah ! mon amie, votre démarche me fait frémir : je tremble que vos vœux ne soient résiliés, et qu'ils ne le soient pas. S'ils le sont, que deviendrez-vous ? que ferez-vous dans le monde ? Vous avez de la figure, de l'esprit et des talens ; mais on dit que cela ne mène à rien avec la vertu ; et je sais que vous ne vous départirez pas de cette dernière qualité. = Vous me rendez justice, mais vous ne la rendez pas à la vertu ; c'est sur elle seule que je compte ; plus elle est rare parmi les hommes, plus elle y doit être considérée. = On la loue, mais on ne fait rien pour elle. = C'est elle qui m'encourage, et qui me soutient dans mon projet. Quoi qu'on m'objecte, on respectera mes mœurs ; on ne dira pas du-moins, comme de la plûpart des autres, que je sois entraînée hors de mon état par une passion déréglée : je ne vois personne, je ne connois personne. Je demande à être libre, parce que le sacrifice de ma liberté n'a pas été volontaire. Avez-vous lu mon mémoire ? = Non ; j'ai ouvert le paquet que vous m'avez donné, parce qu'il étoit sans adresse, et que j'ai dû penser qu'il étoit pour moi ; mais les premières lignes m'ont détrompée, et je n'ai pas été plus loin. Que vous fûtes bien inspirée de me l'avoir remis ! un moment plus tard on l'auroit trouvé sur vous..... Mais l'heure qui finit notre station approche, prosternons-nous ; que celles qui vont nous succéder nous trouvent dans la situation où nous devons être. Demandez à Dieu qu'il vous éclaire et qu'il vous conduise ; je vais unir ma prière et mes soupirs aux vôtres.... J'avois l'ame un peu soulagée. Ma compagne prioit droite ; moi, je me prosternai ; mon front étoit appuyé contre la dernière marche de l'autel, et mes bras étoient étendus sur les marches supérieures. Je ne crois pas m'être jamais adressée à Dieu avec plus de consolation et de ferveur ; le cœur me palpitoit avec violence ; j'oubliai en un instant tout ce qui m'environnoit. Je ne sais combien je restai dans cette position, ni combien j'y serois encore restée ; mais je fus un spectacle bien touchant, il le faut croire, pour ma compagne et pour les deux religieuses qui survinrent. Quand je me relevai, je crus être seule ; je me trompois ; elles étoient toutes les trois placées derrière moi, debout et fondant en larmes : elles n'avoient osé m'interrompre ; elles attendoient que je sortisse de moi-même de l'état de transport et d'effusion où elles me voyoient. Quand je me retournai de leur côté, mon visage avoit sans-doute un caractère bien imposant, si j'en juge par l'effet qu'il produisit sur elles et par ce qu'elles ajoutèrent, que je ressemblois alors à notre ancienne supérieure, lorsqu'elle nous consoloit, et que ma vue leur avoit causé le même tressaillement. Si j'avois eu quelque penchant à l'hypocrisie ou au fanatisme, et que j'eusse voulu jouer un rôle dans la maison, je ne doute point qu'il ne m'eût réussi. Mon ame s'allume facilement, s'exalte, se touche; et cette bonne supérieure m'a dit cent fois en m'embrassant, que personne n'auroit aimé Dieu comme moi; que j'avois un cœur de chair et les autres un cœur de pierre. Il est sûr que j'éprouvois une facilité extrême à partager son extase; et que, dans les prières qu'elle faisoit à haute voix, quelquefois il m'arrivoit de prendre la parole, de suivre le fil de ses idées, et de rencontrer, comme d'inspiration, une partie de ce qu'elle auroit dit elle-même. Les autres l'écoutoient en silence ou la suivoient; moi je l'interrompois, ou je la devançois, ou je parlois avec elle. Je conservois très-long-temps l'impression que j'avois prise; et il falloit apparemment que je lui en restituasse quelque chose; car si l'on discernoit dans les autres qu'elles avoient conversé avec elle, on discernoit en elle qu'elle avoit conversé avec moi. Mais qu'est-ce que cela signifie, quand la vocation n'y est pas ?.... Notre station finie, nous cédâmes la place à celles qui nous succédoient ; nous nous embrassâmes bien tendrement, ma jeune compagne et moi, avant que de nous séparer.

La scène du reposoir fit du bruit dans la maison ; ajoutez à cela le succès de nos ténèbres du vendredi saint : je chantai, je touchai de l'orgue, je fus applaudie. O têtes folles de religieuses ! je n'eus presque rien à faire pour me reconcilier avec toute la communauté ; on vint au-devant de moi, la supérieure la première. Quelques personnes du monde cherchèrent à me connoître ; cela cadroit trop bien avec mon projet pour m'y refuser. Je vis M. le premier-président, madame de Soubise, et une foule d'honnêtes gens, des moines, des prêtres, des militaires, des magistrats, des femmes pieuses, des femmes du monde ; et parmi tout cela cette sorte d'étourdis que vous appelez des *talons rouges*, et que j'eus bientôt congédiés. Je ne cultivai de connoissances que celles qu'on ne pouvoit m'objecter ; j'abandonnai le reste à celles de nos religieuses qui n'étoient pas si difficiles.

J'oubliois de vous dire que la première marque de bonté qu'on me donna, ce fut de me rétablir dans ma cellule. J'eus le courage de redemander le petit portrait de notre ancienne supérieure ; et l'on n'eut pas celui de me le refuser ; il a repris sa place sur mon cœur, il y demeurera tant que je vivrai. Tous les matins, mon premier mouvement est d'élever mon ame à Dieu, le second est de le baiser ; lorsque je veux prier et que je me sens l'ame froide, je le détache de mon cou, je le place devant moi, je le regarde, et il m'inspire. C'est bien dommage que nous n'ayons pas connu les saints personnages, dont les simulacres sont exposés à notre vénération ; ils feroient bien une autre impression sur nous ; ils ne nous laisseroient pas à leurs pieds ou devant eux aussi froids que nous y demeurons.

J'eus la réponse à mon mémoire ; elle étoit d'un M. Manouri, ni favorable ni défavorable. Avant que de prononcer sur cette affaire, on demandoit un grand nombre d'éclaircissemens auxquels il étoit difficile de satisfaire sans se voir ; je me nommai donc, et j'invitai M. Manouri à se rendre à Longchamp. Ces messieurs se déplacent difficilement ; cependant il vint. Nous nous entretînmes très-long-temps ; nous convînmes d'une correspondance par laquelle il me feroit parvenir sûrement ses demandes, et je lui enverrois mes réponses. J'employai de mon côté tout le temps qu'il donnoit à mon affaire, à disposer les esprits, à intéresser à mon sort et à me faire des protections. Je me nommai, je révélai ma conduite dans la première maison que j'avois habitée, ce que j'avois souffert dans la maison domestique, les peines qu'on m'avoit faites en couvent, ma réclamation à Sainte-Marie, mon séjour à Longchamp, ma prise d'habit, ma profession, la cruauté avec laquelle j'avois été traitée depuis que j'avois consommé mes vœux. On me plaignit, on m'offrit du secours ; je retins la bonne volonté qu'on me témoignoit pour le temps où je pourrois en avoir besoin, sans m'expliquer davantage. Rien ne transpiroit dans la maison ; j'avois obtenu de Rome la permission de réclamer contre mes vœux ; incessamment l'action alloit être intentée, qu'on étoit là-dessus dans une sécurité profonde. Je vous laisse donc à penser quelle fut la surprise de ma supérieure, lorsqu'on lui signifia au nom de Sœur Marie-Suzanne Simonin, une protestation contre ses vœux, avec la demande de quitter l'habit de religion, et de sortir du cloître pour disposer d'elle comme elle le jugeroit à propos.

J'avois bien prévu que je trouverois plusieurs sortes d'oppositions ; celles des loix, celles de la maison religieuse, et celles de mes beaux-frères et sœurs allarmés : ils avoient eu tout le bien de la famille ; et libre, j'aurois eu des reprises considérables à faire sur eux. J'écrivis à mes sœurs ; je les suppliai de n'apporter aucune opposition à ma sortie ; j'en appelai à leur conscience sur le peu de liberté de mes vœux ; je leur offris un désistement par acte authentique de toutes mes prétentions à la succession de mon père et de ma mère ; je n'épargnai rien pour leur persuader que ce n'étoit ici une démarche ni d'intérêt, ni de passion. Je ne m'en imposai point sur leurs sentimens ; cet acte que je leur proposois, fait tandis que j'étois encore engagée en religion, devenoit invalide ; et il étoit trop incertain pour elles que je le ratifiasse quand je serois libre : et puis leur convenoit-il d'accepter mes propositions ? Laisseront-elles une sœur sans asyle et sans fortune ? Jouiront-elles de son bien ? Que dira-t-on dans le monde ? Si elle vient nous demander du pain, la refuserons-nous ? S'il lui prend fantaisie de se marier, qui sait la sorte d'homme qu'elle épousera ? Et si elle a des enfans ?.... Il faut contrarier de toute notre force cette dangereuse tentative... Voilà ce qu'elles se dirent, et ce qu'elles firent.

A-peine la supérieure eut-elle reçu l'acte juridique de ma demande, qu'elle accourut dans ma cellule. Comment, Sœur Sainte-Suzanne, me dit-elle, vous voulez nous quitter ? = Oui, madame. = Et vous allez appeler de vos vœux ? = Oui, madame. = Ne les avez-vous pas faits librement ? = Non, madame. = Et qui est-ce qui vous a contrainte ? = Tout. = Monsieur votre père ? = Mon père. = Madame votre mère ? = Elle-même. = Et pourquoi ne pas reclamer au pied des autels ? = J'étois si peu à moi, que je ne me rappelle pas même d'y avoir assisté. = Pouvez-vous parler ainsi ? = Je dis la vérité. = Quoi ! vous n'avez pas entendu le prêtre vous demander : Sœur Sainte-Suzanne Simonin , promettez-vous à Dieu obéissance , chasteté et pauvreté ? = Je n'en ai pas mémoire. = Vous n'avez pas répondu qu'oui ? = Je n'en ai pas mémoire. = Et vous imaginez que les hommes vous en croiront ? = Ils m'en croiront ou non ; mais le fait n'en sera pas moins vrai. = Chère enfant , si de pareils prétextes étoient écoutés, voyez quels abus il s'ensuivroit ! Vous avez fait une démarche inconsidérée ; vous vous êtes laissé entraîner par un sentiment de vengeance ; vous avez à cœur les châtimens que vous m'avez obligée de vous infliger; vous avez cru qu'ils suffisoient pour rompre vos vœux ; vous vous êtes trompée , cela ne se peut ni devant les hommes , ni devant Dieu. Songez que le parjure est le plus grand de tous les crimes ; que vous l'avez déjà commis dans votre cœur ; et que vous allez le consommer. = Je ne serai point parjure, je n'ai rien juré. = Si l'on a eu quelques torts avec vous , n'ont-ils pas été réparés ? = Ce ne sont point ces torts qui m'ont déterminée. = Qu'est-ce donc ? = Le défaut de vocation , le défaut de liberté dans mes vœux. = Si vous n'étiez point appelée, si vous étiez contrainte, que ne me le disiez-vous quand il en étoit temps ? = Et à quoi cela m'auroit-il servi ? = Que ne montriez-vous la même fermeté que vous eûtes à Sainte-Marie ? = Est-ce que la fermeté dépend de nous ? Je fus ferme la première fois, la seconde, j'étois imbécille. = Que n'appelliez-vous un homme de loi ? Que ne protestiez-vous ? Vous avez eu les vingt-quatre heures pour constater votre regret. = Savois-je rien de ces formalités ? Quand je les aurois sues, étois-je en état d'en user ? Quand j'aurois été en état d'en user, l'aurois-je pu ? Quoi ! madame, ne vous êtes-vous pas apperçue vous-même de mon aliénation ? Si je vous prends à témoin, jurerez-vous que j'étois saine d'esprit ? = Je le jurerai. = Eh bien ! madame, c'est vous, et non pas moi, qui serez parjure. = Mon enfant, vous allez faire un éclat inutile. Revenez à vous, je vous en conjure par votre propre intérêt, par celui de la maison ; ces sortes d'affaires ne se suivent point sans des discussions scandaleuses. = Ce ne sera pas ma faute. = Les gens du monde sont méchans ; on fera les suppositions les plus défavorables à votre esprit, à votre cœur, à vos mœurs ; on croira.... = Tout ce qu'on voudra. = Mais parlez-moi à cœur ouvert ; si vous avez quelque mécontentement secret, quel qu'il soit, il y a du remède. = J'étois, je suis et je serai toute ma vie mécontente de mon état. = L'esprit séducteur qui nous environne sans cesse, et qui cherche à nous perdre, auroit-il profité de la liberté trop grande qu'on vous a accordée depuis peu, pour vous inspirer quelque penchant funeste ? = Non, madame ; vous savez que je ne fais pas un serment sans peine : j'atteste Dieu que mon cœur est innocent, et qu'il n'y eut jamais aucun sentiment honteux. = Cela ne se conçoit pas. = Rien cependant, madame, n'est plus facile à concevoir. Chacun a son caractère, et j'ai le mien; vous aimez la vie monastique, et je la hais; vous avez reçu de Dieu les graces de votre état, et elles me manquent toutes; vous vous seriez perdue dans le monde, et vous assurez ici votre salut : je me perdrois ici, et j'espère me sauver dans le monde; je suis et je serai une mauvaise religieuse. = Et pourquoi ? personne ne remplit mieux ses devoirs que vous. = Mais c'est avec peine et à contre-cœur. = Vous en méritez davantage. = Personne ne peut savoir mieux que moi ce que je mérite; et je suis forcée de m'avouer qu'en me soumettant à tout, je ne mérite rien. Je suis lasse d'être une hypocrite; en faisant ce qui sauve les autres, je me déteste et je me damne. En un mot, madame, je ne connois de véritables religieuses que celles qui sont retenues ici par leur goût pour la retraite, et qui y resteroient quand elles n'auroient autour d'elles ni grille, ni murailles qui les retinssent. Il s'en manque bien que je sois de ce nombre : mon corps est ici, mais mon cœur n'y est pas; il est au-dehors : et s'il falloit opter entre la mort et la clôture perpétuelle, je ne balancerois pas à mourir. Voilà mes sentimens. = Quoi ! vous quitterez sans remords ce voile, ces vêtemens qui vous ont consacrée à Jésus-Christ ? = Oui, madame, parce que je les ai pris sans réflexion et sans liberté.... Je lui répondis avec bien de la modération ; car ce n'étoit pas là ce que mon cœur me suggéroit ; il me disoit : Oh ! que ne suis-je au moment où je pourrai les déchirer et les jeter loin de moi !... Cependant ma réponse l'atterra ; elle pâlit, elle voulut encore parler ; mais ses lèvres trembloient ; elle ne savoit pas trop ce qu'elle avoit encore à me dire. Je me promenois à grands pas dans ma cellule, et elle s'écrioit : O mon Dieu ! que diront nos Sœurs ? O Jésus ! jetez sur elle un regard de pitié. Sœur Sainte-Suzanne ! = Madame. = C'est donc un parti pris ? Vous voulez nous déshonorer, nous rendre et devenir la fable publique, vous perdre ! = Je veux sortir d'ici. = Mais si ce n'est que la maison qui vous déplaise.... = C'est la maison, c'est mon état, c'est la religion ; je ne veux être enfermée ni ici ni ailleurs. = Mon enfant, vous êtes possédée du démon ; c'est lui qui vous agite, qui vous fait parler, qui vous transporte ; rien n'est plus vrai : voyez dans quel état vous êtes ! = En effet, je jetai les yeux sur moi, et je vis que ma robe étoit en désordre, que ma guimpe s'étoit tournée presque sens devant derrière, et que mon voile étoit tombé sur mes épaules. J'étois ennuyée des propos de cette méchante supérieure qui n'avoit avec moi qu'un ton radouci et faux ;

et je lui dis avec dépit : Non, madame, non, je ne veux plus de ce vêtement, je n'en veux plus... Cependant je tâchois de rajuster mon voile ; mes mains trenbloient ; et plus je m'efforçois à l'arranger, plus je le dérangeois : impatientée, je le saisis avec violence, je l'arrachai, je le jetai par terre, et je restai devant ma supérieure, le front ceint d'un bandeau, et la tête échevelée. Cependant, elle, incertaine si elle devoit rester, alloit et venoit en disant : O Jésus ! elle est possédée, rien n'est plus vrai, elle est possédée... et l'hypocrite se signoit avec la croix de son rosaire. Je ne tardai pas à revenir à moi ; je sentis l'indécence de mon état et l'imprudence de mes discours ; je me composai de mon mieux ; je ramassai mon voile et je le remis ; puis, me tournant vers elle, je lui dis : Madame, je ne suis ni folle, ni possédée ; je suis honteuse de mes violences, et je vous en demande pardon ; mais jugez par là combien l'état de religieuse me convient peu, et combien il est juste que je cherche à m'en tirer, si je puis.... Elle, sans m'écouter, répétoit : Que dira le monde ? Que diront nos sœurs ? = Madame, lui dis-je, voulez-vous éviter un éclat ; il y auroit un moyen. Je ne cours point après ma dot ; je ne demande que la liberté : je ne dis point que vous m'ouvriez les portes ; mais, faites seulement aujourd'hui, demain, après, qu'elles soient mal gardées ; et ne vous appercevez de mon évasion que le plus tard que vous pourrez.... = Malheureuse ! qu'osez-vous me proposer ! = Un conseil qu'une bonne et sage supérieure devroit suivre avec toutes celles pour qui leur couvent est une prison ; et le couvent en est une pour moi mille fois plus affreuse que celles qui renferment les malfaiteurs ; il faut que j'en sorte ou que j'y périsse. Madame, lui dis-je en prenant un ton grave et un regard assuré, écoutez-moi : Si les loix auxquelles je me suis adressée trompoient mon attente ; et que, poussée par des mouvemens d'un désespoir que je ne connois que trop.... vous avez un puits... il y a des fenêtres dans la maison... par-tout on a des murs devant soi.... on a un vêtement qu'on peut dépecer... des mains dont on peut user.... = Arrêtez, malheureuse ! vous me faites frémir. Quoi ! vous pourriez... = Je pourrois, au défaut de tout ce qui finit brusquement les maux de la vie, repousser les alimens ; on est maître de boire et de manger, ou de n'en rien faire.... S'il arrivoit, après ce que je viens de vous dire, que j'eusse le courage, et vous savez que je n'en manque pas, et qu'il en faut plus quelquefois pour vivre que pour mourir ; transportez-vous au jugement de Dieu, et dites-moi laquelle de la supérieure ou de sa religieuse lui sembleroit la plus coupable ?.... Madame, je ne redemande ni ne redemanderai jamais rien à la maison ; épargnez-moi un forfait, épargnez-vous de longs remords : concertons ensemble.... = Y pensez-vous, Sœur Sainte-Suzanne ? que je manque au premier de mes devoirs, que je donne les mains au crime, que je partage un sacrilège ! = Le vrai sacrilège, madame, c'est moi qui le commets tous les jours en profanant par le mépris les habits sacrés que je porte. Otez-les moi, j'en suis indigne ; faites chercher dans le village les haillons de la paysanne la plus pauvre ; et que la clôture me soit entr'ouverte. = Et où irez-vous pour être mieux ? = Je ne sais où j'irai ; mais on n'est mal qu'où Dieu ne nous veut point : et Dieu ne me veut point ici. = Vous n'avez rien. = Il est vrai ; mais l'indigence n'est pas ce que je crains le plus. = Craignez les désordres auxquels elle entraîne. = Le passé me répond de l'avenir ; si j'avois voulu écouter le crime, je serois libre. Mais s'il me convient de sortir de cette maison, ce sera, ou de votre consentement, ou par l'autorité des loix. Vous pouvez opter....

Cette conversation avoit duré. En me la rappelant, je rougis des choses indiscrètes et ridicules que j'avois faites et dites ; mais il étoit trop tard. La supérieure en étoit encore à ses exclamations, que dira le monde ! que diront nos Sœurs ! lorsque la cloche qui nous appeloit à l'office vint nous séparer. Elle me dit en me quittant : Sœur Sainte-Suzanne, vous allez à l'église ; demandez à Dieu qu'il vous touche et qu'il vous rende l'es-

D *

prit de votre état; interrogez votre conscience, et croyez ce qu'elle vous dira : il est impossible qu'elle ne vous fasse des reproches. Je vous dispense du chant.

Nous descendîmes presque ensemble. L'office s'acheva : à la fin de l'office, lorsque toutes les Sœurs étoient sur-le-point de se séparer, elle frappa sur son bréviaire et les arrêta. Mes Sœurs, leur dit-elle, je vous invite à vous jeter aux pieds des autels, et à implorer la miséricorde de Dieu sur une religieuse qu'il a abandonnée, qui a perdu le goût et l'esprit de la religion, et qui est sur-le-point de se porter à une action sacrilège aux yeux de Dieu, et honteuse aux yeux des hommes.

Je ne saurois vous peindre la surprise générale; en un clin-d'œil chacune, sans se remuer, eut parcouru le visage de ses compagnes, cherchant à démêler la coupable à son embarras. Toutes se prosternèrent et prièrent en silence. Au bout d'un espace de temps assez considérable, la prieure entonna à voix basse le *Veni, Creator*, et toutes continuèrent à voix basse le *Veni, Creator*; puis, après un second silence, la prieure frappa sur son pupitre; et l'on sortit.

Je vous laisse à penser le murmure qui s'éleva dans la communauté : Qui est-ce ? Qui n'est-ce pas ? Qu'a-t-elle fait ? Que veut-elle faire ?.. Ces soupçons ne durèrent pas long-temps. Ma de-

mande commençoit à faire du bruit dans le monde;
je recevois des visites sans fin : les uns m'apportoient des reproches, d'autres m'apportoient des conseils; j'étois approuvée des uns, j'étois blâmée des autres. Je n'avois qu'un moyen de me justifier aux yeux de tous, c'étoit de les instruire de la conduite de mes parens; et vous concevez quel ménagement j'avois à garder sur ce point ; il n'y avoit que quelques personnes qui me restèrent sincèrement attachées, et M. Manouri, qui s'étoit chargé de mon affaire, à qui je pusse m'ouvrir entièrement. Lorsque j'étois effrayée des tourmens dont j'étois menacée, ce cachot, où j'avois été traînée une fois, se représentoit à mon imagination dans toute son horreur; je connoissois la fureur des religieuses. Je communiquai mes craintes à M. Manouri; et il me dit : Il est impossible de vous éviter toutes sortes de peines; vous en aurez, vous avez dû vous y attendre; il faut vous armer de patience, et vous soutenir par l'espoir qu'elles finiront. Pour ce cachot, je vous promets que vous n'y rentrerez jamais; c'est mon affaire.... En effet, quelques jours après il apporta un ordre à la supérieure de me représenter toutes et quantes fois elle en seroit requise.

Le lendemain, après l'office, je fus encore recommandée aux prières publiques de la communauté; l'on pria en silence; et l'on dit à voix basse la même hymne que la veille. Même cérémonie le troisième jour, avec cette différence que l'on m'ordonna de me placer debout au milieu du chœur, et que l'on récita les prières pour les agonisans, les litanies des saints, avec le refrein *ora pro eá*. Le quatrième jour, ce fut une momerie qui marquoit bien le caractère bizarre de la supérieure. A la fin de l'office, on me fit coucher dans une bière au milieu du chœur; on plaça des chandeliers à mes côtés, avec un bénitier; on me couvrit d'un suaire, et l'on récita l'office des morts, après lequel chaque religieuse, en sortant, me jeta de l'eau-bénite, en disant : *Requiescat in pace*. Il faut entendre la langue des couvens, pour connoître l'espèce de menace contenue dans ces derniers mots. Deux religieuses relevèrent le suaire, et me laissèrent là, trempée jusqu'à la peau, de l'eau dont elles m'avoient malicieusement arrosée. Mes habits se séchèrent sur moi; je n'avois pas de quoi me rechanger. Cette mortification fut suivie d'une autre. La communauté s'assembla ; on me regarda comme une réprouvée, ma démarche fut traitée d'apostasie ; et l'on défendit, sous peine de désobéissance, à toutes les religieuses, de me parler, de me secourir, de m'approcher, et de toucher même aux choses qui m'auroient servi. Ces ordres furent exécutés à la rigueur. Nos corridors sont étroits; deux personnes ont, en quelques endroits, de la peine à passer de front : si j'allois, et qu'une religieuse vint à moi; ou elle retournoit sur ses pas, ou elle se colloit contre le mur, tenant son voile et son vêtement, de crainte qu'il ne flottât contre le mien. Si l'on avoit quelque chose à recevoir de moi, je le posois à terre, et on le prenoit avec un linge; si l'on avoit quelque chose à me donner, on me le jetoit. Si l'on avoit eu le malheur de me toucher, l'on se croyoit souillée, et l'on alloit s'en confesser et s'en faire absoudre chez la supérieure. On a dit que la flatterie étoit vile et basse; elle est encore bien cruelle et bien ingénieuse, lorsqu'elle se propose de plaire par les mortifications qu'elle invente. Combien de fois je me suis rappelé le mot de ma céleste supérieure de Moni. Entre toutes ces créatures que vous voyez autour de moi, si dociles, si innocentes, si douces; eh bien ! mon enfant, il n'y en a presque pas une, non presque pas une, dont je ne pusse faire une bête féroce; étrange métamorphose pour laquelle la disposition est d'autant plus grande, qu'on est entré plus jeune dans une cellule, et que l'on connoît moins la vie sociale : ce discours vous étonne; Dieu vous préserve d'en éprouver la vérité. Sœur Suzanne, la bonne religieuse est celle qui apporte dans le cloître quelque grande faute à expier. Je fus privée de tous les emplois. A l'église, on laissoit une stalle vide à chaque côté de celle que j'occupois. J'étois seule à une table au réfectoire; on ne m'y servoit pas ; j'étois obligée d'aller dans la cuisine demander ma portion; la première fois la Sœur cuisinière me cria : N'entrez pas, éloignez-vous... Je lui obéis. = Que voulez-vous ? = A manger. = A manger ! vous n'êtes pas digne de vivre..... = Quelquefois je m'en retournois, et je passois la journée sans rien prendre ; quelquefois j'insistois ; et l'on me mettoit sur le seuil des mets qu'on auroit eu honte de présenter à des animaux ; je les ramassois en pleurant, et je m'en allois. Arrivois-je quelquefois à la porte du chœur la dernière, je la trouvois fermée ; je m'y mettois à genoux ; et là j'attendois la fin de l'office : si c'étoit au jardin, je m'en retournois dans ma cellule. Cependant, mes forces s'affoiblissant par le peu de nourriture, par la mauvaise qualité de celle que je prenois, et plus encore par la peine que j'avois à supporter tant de marques réitérées d'inhumanité, je sentis que, si je persistois à souffrir sans me plaindre, je ne verrois jamais la fin de mon procès. Je me déterminai donc à parler à la supérieure ; j'étois à moitié morte de frayeur : j'allai cependant frapper doucement à sa porte. Elle ouvrit ; à ma vue, elle recula plusieurs pas en arrière, en me criant : Apostate, éloignez-vous. = Je m'éloignai. = Encore.... = Je m'éloignai encore. = Que voulez-vous ? = Puisque ni Dieu ni les hommes ne m'ont point condamnée à mourir, je veux, madame, que vous ordonniez qu'on me fasse vivre. = Vivre ! me dit-elle, en me répétant le propos de la Sœur cuisinière, en êtes-vous digne ? = Il n'y a que Dieu qui le sache ; mais je vous préviens que si l'on me refuse la nourriture, je serai forcée d'en porter mes plaintes à ceux qui m'ont acceptée sous leur protection. Je ne suis ici qu'en dépôt, jusqu'à ce que mon sort et mon état soient décidés. = Allez, me dit-elle, ne me souillez pas de vos regards ; j'y pourvoirai.... = Je m'en allai ; et elle ferma sa porte avec violence. Elle donna ses ordres apparemment, mais je n'en fus guère mieux soignée ; on se faisoit un mérite de lui désobéir : on me jetoit les mets les plus grossiers, encore les gâtoit-on avec de la cendre et toutes sortes d'ordures.

Voilà la vie que j'ai menée tant que mon procès a duré. Le parloir ne me fut pas tout-à-fait interdit ; on ne pouvoit m'ôter la liberté de conférer avec mes juges ni avec mon avocat ; encore celui-ci fut-il obligé d'employer plusieurs fois la menace pour obtenir de me voir. Alors une Sœur m'accompagnoit ; elle se plaignoit, si je parlois bas ; elle s'impatientoit, si je restois trop ; elle m'interrompoit, me démentoit, me contredisoit, répétoit à la supérieure mes discours, les altéroit, les empoisonnoit, m'en supposoit même que je n'avois pas tenus ; que sais-je ? on en vint jusqu'à me voler, me dépouiller, m'ôter mes chaises, mes couvertures et mes matelas ; on ne me donnoit plus de linge blanc ; mes vêtemens se déchiroient ; j'étois presque sans bas et sans souliers. J'avois peine à obtenir de l'eau ; j'ai plusieurs fois été obligée d'en aller chercher moi-même au puits, à ce puits dont je vous ai parlé. On me cassa mes vaisseaux : alors j'en étois réduite à boire l'eau que j'avois tirée, sans en pouvoir emporter. Si je passois sous des fenêtres, j'étois obligée de fuir, ou de m'exposer à recevoir les immondices des cellules. Quelques Sœurs m'ont craché au visage. J'étois devenue d'une mal-propreté hideuse. Comme on craignoit les plaintes que je pourrois faire à nos directeurs, la confession me fut interdite. Un jour de grande fête, c'étoit, je crois, le jour de l'Ascension, on embarrassa ma serrure ; je ne pus aller à la messe ; et j'aurois peut-être manqué à tous les autres offices, sans la visite de M. Manouri, à qui l'on dit d'abord que l'on ne savoit pas ce que j'étois devenue, qu'on ne me voyoit plus, et que je ne faisois aucune action de christianisme. Cependant, à force de me tourmenter, j'abattis ma serrure, et je me rendis à la porte du chœur, que je trouvai fermée, comme il arrivoit lorsque je ne venois pas des premières. J'étois couchée à terre, la tête et le dos appuyés contre un des murs, les bras croisés sur la poitrine, et le reste de mon corps étendu fermoit le passage ; lorsque l'office finit, et que les religieuses se présentèrent pour sortir, la première s'arrêta tout court ; les autres arrivèrent à sa suite ; la supérieure se douta de ce que c'étoit, et dit : Marchez sur elle, ce n'est qu'un cadavre.... Quelques-unes obéirent, et me foulèrent aux pieds ; d'autres furent moins inhumaines ; mais aucune n'osa me tendre la main pour me relever. Tandis que j'étois absente, on enleva de ma cellule mon prie-dieu, le portrait de notre fondatrice, les autres images pieuses, le crucifix ; et il ne me resta que celui que je portois à mon rosaire, qu'on ne me laissa pas long-temps. Je vivois donc entre quatre murailles nues, dans une chambre sans porte, sans chaise, debout ou sur une paillasse, sans aucun des vaisseaux les plus nécessaires, forcée de sortir la nuit pour satisfaire aux besoins de la nature, et accusée le matin de troubler le repos de la maison, d'errer et de devenir folle. Comme ma cellule ne fermoit plus, on entroit pendant la nuit en tumulte, on crioit, on tiroit mon lit, on cassoit mes fenêtres, on me faisoit toutes sortes de terreurs. Le bruit montoit à l'étage au-dessus, descendoit l'étage au-dessous ; et celles qui n'étoient pas du complot, disoient qu'il se passoit dans ma chambre des choses étranges ; qu'elles avoient entendu des voix lugubres, des cris, des cliquetis de chaînes, et que je conversois avec les revenans et les mauvais esprits ; qu'il falloit que j'eusse fait un pacte ; et qu'il faudroit incessamment déserter de mon corridor.

Il y a dans les communautés des têtes foibles ; c'est même le grand nombre : celles-là croyoient ce qu'on leur disoit, n'osoient passer devant ma porte, me voyoient, dans leur imagination troublée, avec une figure hideuse, faisoient le signe de la croix à ma rencontre ; et s'enfuyoient en criant : Satan, éloignez-vous de moi ! Mon Dieu, venez à mon secours !.... Une des plus jeunes étoit au fond du corridor, j'allois à elle ; et il n'y avoit pas moyen de m'éviter ; la frayeur la plus terrible la prit. D'abord elle se tourna le visage contre le mur, marmottant d'une voix tremblante: Mon Dieu ! mon Dieu ! Jésus ! Marie !..... Cependant j'avançois ; quand elle me sentit près d'elle, elle se couvre le visage de ses deux mains, de peur de me voir, s'élance de mon côté, se précipite avec violence entre mes bras, et s'écrie : A moi ! à moi ! miséricorde ! je suis perdue ! Sœur Sainte-Suzanne, ne me faites point de mal ; Sœur Sainte-Suzanne, ayez pitié de moi... Et en disant ces mots, la voilà qui tombe renversée à moitié morte sur le carreau. On accourt à ses cris, on l'emporte ; et je ne saurois vous dire comment cette aventure fut travestie ; on en fit l'histoire la plus criminelle : on dit que le démon de l'impureté s'étoit emparé de moi ; on me supposa des desseins, des actions que je n'ose nommer, et des desirs bizarres auxquels on attribua le désordre évident dans lequel la jeune religieuse s'étoit trouvée. En vérité je ne suis pas un homme, et je ne sais ce qu'on peut imaginer d'une femme et d'une autre femme, et moins encore d'une femme seule ; cependant comme mon lit étoit sans rideaux, et qu'on entroit dans ma chambre à toute heure, que vous dirai-je, monsieur ? Il faut qu'avec toute leur retenue extérieure, la modestie de leurs regards, la chasteté de leurs expressions, ces femmes aient le cœur bien corrompu : elles savent du-moins qu'on commet seule des actions déshonnêtes, et moi je ne le sais pas ; aussi n'ai-je jamais bien compris ce dont elles m'accusoient : et elles s'exprimoient en des termes si obscurs, que je n'ai jamais su ce qu'il y avoit à leur répondre. Je ne finirois point, si je voulois suivre ce détail de persécutions. Ah ! monsieur, si vous avez des enfans, apprenez par mon sort celui que vous leur préparez, si vous souffrez qu'ils entrent en religion sans les marques de la vocation la plus forte et la plus décidée. Qu'on est injuste dans le monde ! on permet à un enfant de disposer de sa liberté à un âge où il ne lui est pas permis de disposer d'un écu. Tuez plutôt votre fille que de l'emprisonner dans un cloître malgré elle ; oui, tuez-la. Combien j'ai désiré de fois d'avoir été étouffée par ma mère en naissant ! elle eût été moins cruelle. Croiriez-vous bien qu'on m'ôta mon bréviaire, et qu'on me défendit de prier Dieu ? Vous pensez bien que je n'obéis pas. Hélas ! c'étoit mon unique consolation ; j'élevois mes mains vers le ciel, je poussois des cris, et j'osois espérer qu'ils étoient entendus du seul être qui voyoit toute ma misère. On écoutoit à ma porte ; et un jour que je m'adressois à lui, dans l'accablement de mon cœur, et que je l'appelois à mon aide, on me dit : Vous appelez Dieu en vain, il n'y a plus de Dieu pour vous ; mourez désespérée, et soyez damnée.... D'autres ajoutèrent : *Amen* sur l'apostate ! *Amen* sur elle !

Mais voici un trait qui vous paroîtra bien plus étrange qu'aucun autre. Je ne sais si c'est méchanceté ou illusion ; c'est que, quoique je ne fisse rien qui marquât un esprit dérangé, à plus forte raison un esprit obsédé de l'esprit infernal, elles délibérèrent entre elles s'il ne falloit pas m'exorciser ; et il fut conclu, à la pluralité des voix, que j'avois renoncé à mon chrême et à mon baptême ; que le démon résidoit en moi ; et qu'il m'éloignoit des offices divins. Une autre ajouta qu'à certaines prières je grinçois des dents, et que je frémissois dans l'église ; qu'à l'élévation du Saint-Sacrement je me tordois les bras. Une autre, que je foulois le Christ aux pieds, et que je ne portois plus mon rosaire (qu'on m'avoit volé); que je proférois des blasphêmes que je n'ose vous répéter. Toutes, qu'il se passoit en moi quelque chose qui n'étoit pas naturel, et qu'il falloit en donner avis au grand-vicaire; ce qui fut fait.

Ce grand-vicaire étoit un M. Hébert, homme d'âge et d'expérience, brusque, mais juste, mais éclairé. On lui fit le détail du désordre de la maison; et il est sûr qu'il étoit grand; et que, si j'en étois la cause, c'étoit une cause bien innocente. Vous vous doutez, sans-doute, qu'on n'omit pas dans le mémoire qui lui fut envoyé mes courses de nuit, mes absences du chœur, le tumulte qui se passoit chez moi, ce que l'une avoit vu, ce qu'une autre avoit entendu, mon aversion pour les choses saintes, mes blasphêmes, les actions obscènes qu'on m'imputoit; pour l'aventure de la jeune religieuse, on en fit tout ce qu'on voulut. Les accusations étoient si fortes et si multipliées, qu'avec tout son bon sens, M. Hébert ne put s'empêcher d'y donner en partie, et de croire qu'il y avoit beaucoup de vrai. La chose lui parut assez importante, pour s'en instruire par lui-même; il fit annoncer sa visite, et vint en effet accompagné de deux jeunes ecclésiastiques qu'on avoit attachés à sa personne, et qui le soulageoient dans ses pénibles fonctions.

Quelques jours auparavant, la nuit j'entendis entrer doucement dans ma chambre. Je ne dis rien, j'attendis qu'on me parlât; et l'on m'appeloit d'une voix basse et tremblante: Sœur Sainte-Suzanne, dormez-vous? = Non, je ne dors pas.

Qui est-ce ? = C'est moi. = Qui vous ? = Votre amie, qui se meurt de peur, et qui s'expose à se perdre, pour vous donner un conseil, peut-être inutile. Écoutez : Il y a, demain ou après, visite du grand-vicaire : vous serez accusée ; préparez-vous à vous défendre. Adieu ; ayez du courage, et que le seigneur soit avec vous.... = Cela dit, elle s'éloigna avec la légéreté d'une ombre. Vous voyez, il y a par-tout, même dans les maisons religieuses, quelques ames compatissantes, que rien n'endurcit.

Cependant mon procès se suivoit avec chaleur ; une foule de personnes de tout état, de tout sexe, de toutes conditions, que je ne connoissois pas, s'intéressèrent à mon sort et sollicitèrent pour moi. Vous fûtes de ce nombre ; et peut-être l'histoire de mon procès vous est-elle mieux connue qu'à moi ; car, sur la fin, je ne pouvois plus conférer avec M. Manouri. On lui dit que j'étois malade ; il se douta qu'on le trompoit ; il trembla qu'on ne m'eût jetée dans le cachot. Il s'adressa à l'archevêché, où l'on ne daigna pas l'écouter ; on y étoit prévenu que j'étois folle, ou peut-être quelque chose de pis. Il se retourna du côté des juges ; il insista sur l'exécution de l'ordre signifié à la supérieure de me représenter, morte ou vive, quand elle en seroit sommée. Les juges séculiers entreprirent les juges ecclésiastiques ; ceux-ci sentirent les conséquences que cet incident pouvoit avoir, si on n'alloit au-devant ; et ce fut là ce qui accéléra apparemment la visite du grand-vicaire ; car ces messieurs, fatigués des tracasseries éternelles de couvent, ne se pressent pas communément de s'en mêler : ils savent, par expérience, que leur autorité est toujours éludée et compromise.

Je profitai de l'avis de mon amie, pour invoquer le secours de Dieu, rassurer mon ame et préparer ma défense. Je ne demandai au ciel que le bonheur d'être interrogée et entendue sans partialité ; je l'obtins, mais vous allez apprendre à quel prix. S'il étoit de mon intérêt de paroître devant mon juge innocente et sage, il n'importoit pas moins à ma supérieure qu'on me vît méchante, obsédée du démon, coupable et folle. Aussi, tandis que je redoublois de ferveur et de prières, on redoubla de méchancetés : on ne me donna d'alimens que ce qu'il en falloit pour m'empêcher de mourir de faim ; on m'excéda de mortifications ; on multiplia autour de moi les épouvantes ; on m'ôta tout-à-fait le repos de la nuit ; tout ce qui peut abattre la santé et troubler l'esprit, on le mit en œuvre : ce fut un raffinement de cruauté, dont vous n'avez pas d'idée. Jugez du reste par ce trait. Un jour que je sortois de ma cellule pour aller à l'église ou ailleurs, je vis une pincette à terre, en travers dans le corridor ; je me baissai pour la ramasser, et la placer de manière que celle qui l'avoit égarée la retrouvât facilement : la lumière m'empêcha de voir qu'elle étoit presque rouge ; je la saisis ; mais en la laissant retomber, elle emporta avec elle toute la peau du dedans de ma main dépouillée. On exposoit la nuit, dans les endroits où je devois passer, des obstacles ou à mes pieds, ou à la hauteur de ma tête ; je me suis blessée cent fois ; je ne sais comment je ne me suis pas tuée. Je n'avois pas de quoi m'éclairer ; et j'étois obligée d'aller en tremblant, les mains devant moi. On semoit des verres cassés sous mes pieds. J'étois bien résolue de dire tout cela, et je me tins parole à-peu-près. Je trouvois la porte des commodités fermée, et j'étois obligée de descendre plusieurs étages et de courir au fond du jardin quand la porte en étoit ouverte ; quand elle ne l'étoit pas... Ah ! monsieur, les méchantes créatures que des femmes recluses, qui sont bien sûres de seconder la haine de leur supérieure, et qui croient servir Dieu en vous désespérant ! Il étoit temps que l'archidiacre arrivât ; il étoit temps que mon procès finît.

Voici le moment le plus terrible de ma vie ; car songez bien, monsieur, que j'ignorois absolument sous quelles couleurs on m'avoit dépeinte aux yeux de cet ecclésiastique ; et qu'il venoit avec la curiosité de voir une fille possédée ou qui le contrefaisoit. On crut qu'il n'y avoit qu'une forte terreur qui pût me montrer dans cet état ; et voici comment on s'y prit, pour me la donner.

Le jour de sa visite, dès le grand matin, la supérieure entra dans ma cellule; elle étoit accompagnée de trois sœurs; l'une portoit un bénitier, l'autre un crucifix, une troisième des cordes. La supérieure me dit, avec une voix forte et menaçante : Levez-vous... Mettez-vous à genoux, et recommandez votre ame à Dieu.... Madame, lui dis-je, avant que de vous obéir, pourrois-je vous demander ce que je vais devenir, ce que vous avez décidé de moi, et ce qu'il faut que je demande à Dieu?.... Une sueur froide se répandit sur tout mon corps; je tremblois; je sentois mes genoux plier; je regardois avec effroi ses trois fatales compagnes; elles étoient debout sur une même ligne, le visage sombre, les lèvres serrées et les yeux fermés. La frayeur avoit séparé chaque mot de la question que j'avois faite. Je crus, au silence qu'on gardoit, que je n'avois pas été entendue; je recommençai les derniers mots de cette question; car je n'eus pas la force de la répéter toute entière; je dis donc avec une voix foible et qui s'éteignoit : Quelle grace faut-il que je demande à Dieu?.... On me répondit : Demandez-lui pardon des péchés de toute votre vie; parlez-lui comme si vous étiez au moment de paroître devant lui.... A ces mots, je crus qu'elles avoient tenu conseil, et qu'elles avoient résolu de se défaire de moi. J'avois bien entendu dire que cela se pratiquoit quelquefois dans les couvens de certains religieux ; qu'ils jugeoient, qu'ils condamnoient, et qu'ils supplicioient. Je ne croyois pas qu'on eût jamais exercé cette inhumaine jurisdiction dans aucun couvent de femmes ; mais il y avoit tant d'autres choses que je n'avois pas devinées, et qui s'y passoient. A cette idée de mort prochaine, je voulus crier ; mais ma bouche étoit ouverte, et il n'en sortoit aucun son ; j'avançois vers la supérieure des bras supplians ; et mon corps défaillant se renversoit en arrière ; je tombai, mais ma chûte ne fut pas dure. Dans ces momens de transe où la force abandonne, insensiblement les membres se dérobent, s'affaissent, pour ainsi dire, les uns sur les autres ; et la nature, ne pouvant se soutenir, semble chercher à défaillir mollement. Je perdis la connoissance et le sentiment ; j'entendois seulement bourdonner autour de moi des voix confuses et lointaines; soit qu'elles parlassent, soit que les oreilles me tintassent, je ne distinguois rien que ce tintement qui duroit. Je ne sais combien je restai dans cet état, mais j'en fus tirée par une fraîcheur subite qui me causa une convulsion légère, et qui m'arracha un profond soupir. J'étois traversée d'eau ; elle couloit de mes vêtemens à terre ; c'étoit celle d'un grand bénitier qu'on m'avoit répandue sur le corps. J'étois couchée sur le côté, étendue dans cette eau, la tête appuyée contre le mur, la bouche entr'ouverte et les yeux à demi-morts et fermés ;

je cherchai à les ouvrir et à regarder; mais il me sembla que j'étois enveloppée d'un air épais, à travers lequel je n'entrevoyois que des vêtemens flottans, auxquels je cherchois à m'attacher sans le pouvoir. Je faisois effort du bras sur lequel je n'étois pas soutenue; je voulois le lever, mais je le trouvois trop pesant; mon extrême foiblesse diminua peu-à-peu; je me soulevai; je m'appuyois le dos contre le mur; j'avois les deux mains dans l'eau, la tête penchée sur la poitrine; et je poussois une plainte inarticulée, entrecoupée et pénible. Ces femmes me regardoient d'un air qui marquoit la nécessité, l'inflexibilité, et qui m'ôtoit le courage de les implorer. La supérieure dit: qu'on la mette debout.... On me prit sous les bras, et l'on me releva. Elle ajouta: Puisqu'elle ne veut pas se recommander à Dieu, tant pis pour elle; vous savez ce que vous avez à faire; achevez.... Je crus que ces cordes qu'on avoit apportées étoient destinées à m'étrangler; je les regardai, mes yeux se remplirent de larmes. Je demandai le crucifix à baiser, on me le refusa. Je demandai les cordes à baiser, on me les présenta. Je me penchai, je pris le scapulaire de la supérieure, et je le baisai; je dis: Mon Dieu, ayez pitié de moi! Mon Dieu, ayez pitié de moi! Chères Sœurs, tâchez de ne pas me faire souffrir.... Et je présentai mon cou. Je ne saurois vous dire ce que je devins, ni ce qu'on me fit:

il est sûr que ceux qu'on mène au supplice, et je m'y croyois, sont morts avant que d'être exécutés. Je me trouvai sur la paillasse qui me servoit de lit, les bras liés derrière le dos, assise, avec un grand Christ de fer sur mes genoux.... Monsieur le marquis, je vois d'ici tout le mal que je vous cause ; mais vous avez voulu savoir si je méritois un peu la compassion que j'attends de vous.

Ce fut alors que je sentis la supériorité de la religion chrétienne sur toutes les religions du monde ; quelle profonde sagesse il y avoit dans ce que l'aveugle philosophie appelle la Folie de la Croix. Dans l'état où j'étois, de quoi m'auroit servi l'image d'un législateur heureux et comblé de gloire ? Je voyois l'innocent, le flanc percé, le front couronné d'épines, les mains et les pieds percés de clous, et expirant dans les souffrances ; et je me disois : Voilà mon Dieu, et j'ose me plaindre !.... Je m'attachai à cette idée, et je sentis la consolation renaître dans mon cœur ; je connus la vanité de la vie, et je me trouvai trop heureuse de la perdre, avant que d'avoir eu le temps de multiplier mes fautes. Cependant je comptois mes années ; je trouvois que j'avois à peine vingt ans, et je soupirois ; j'étois trop affoiblie, trop abattue, pour que mon esprit pût s'élever au-dessus des terreurs de la mort ; en pleine santé, je crois que j'aurois pu me résoudre avec plus de courage.

Cependant la supérieure et ses satellites revinrent ; elles me trouvèrent plus de présence d'esprit qu'elles ne s'y attendoient et qu'elles ne m'en auroient voulu. Elles me levèrent debout ; on m'attacha mon voile sur le visage ; deux me prirent sous les bras ; une troisième me poussoit par derrière, et la supérieure m'ordonnoit de marcher. J'allai sans savoir où j'allois, mais croyant aller au supplice ; et je disois : Mon Dieu, ayez pitié de moi ! Mon Dieu, soutenez-moi ! Mon Dieu, ne m'abandonnez pas ! Mon Dieu, pardonnez-moi, si je vous ai offensé !

J'arrivai dans l'église. Le grand vicaire y avoit célébré la messe. La communauté y étoit assemblée. J'oubliois de vous dire que, quand je fus à la porte, ces trois religieuses qui me conduisoient me serroient, me poussoient avec violence, sembloient se tourmenter autour de moi, et m'entraînoient, les unes par les bras, tandis que d'autres me retenoient par derrière, comme si j'avois résisté, et que j'eusse répugné à entrer dans l'église ; cependant il n'en étoit rien. On me conduisit vers l'autel ; j'avois peine à me tenir debout ; et l'on me tiroit à genoux, comme si je refusois de m'y mettre ; on me tenoit comme si j'avois eu dessein de fuir. On chanta le *Veni, Creator ;* on exposa le Saint-Sacrement ; on donna la bénédiction. Au moment de la bénédiction, où l'on s'incline par vénération, celles qui m'avoient saisie par le bras me courbèrent comme de force, et les autres m'appuyoient les mains sur les épaules. Je sentois ces différens mouvemens ; mais il m'étoit impossible d'en deviner la fin ; enfin tout s'éclaircit.

Après la bénédiction, le grand vicaire se dépouilla de sa chasuble, se revêtit seulement de son aube et de son étole, et s'avança vers les marches de l'autel où j'étois à genoux ; il étoit entre les deux ecclésiastiques, le dos tourné à l'autel, sur lequel le Saint-Sacrement étoit exposé, et le visage de mon côté. Il s'approcha de moi, et me dit : Sœur Suzanne, levez-vous..... Les Sœurs qui me tenoient, me levèrent brusquement ; d'autres m'entouroient et me tenoient embrassée par le milieu du corps, comme si elles eussent craint que je ne m'échapasse. Il ajouta : Qu'on la délie.... On ne lui obéissoit pas ; on feignoit de voir de l'inconvénient ou même du péril à me laisser libre ; mais je vous ai dit que cet homme étoit brusque : il répéta d'une voix ferme et dure : Qu'on la délie.... On obéit. A-peine eus-je les mains libres, que je poussai une plainte douloureuse et aiguë qui le fit pâlir ; et les religieuses hypocrites qui m'approchoient s'écartèrent comme effrayées. Il se remit ; les Sœurs revinrent comme en tremblant ; je demeurois immobile, et il me dit : Qu'avez-vous ?.... Je ne lui répondis qu'en lui montrant mes deux bras ; la corde dont on me les avoit garottés m'étoit entrée presque entièrement dans les chairs ; et ils étoient tout violets du sang qui ne circuloit plus et qui s'étoit extravasé ; il conçut que ma plainte venoit de la douleur subite du sang qui reprenoit son cours. Il dit : Qu'on lui lève son voile..... On l'avoit cousu en différens endroits, sans que je m'en apperçusse ; et l'on apporta encore bien de l'embarras et de la violence à une chose qui n'en exigeoit que parce qu'on y avoit pourvu ; il falloit que ce prêtre me vît obsédée, possédée ou folle ; cependant à force de tirer, le fil manqua en quelques endroits, mon voile et mon habit se déchirèrent en d'autres, et l'on me vit. J'ai la figure intéressante ; la profonde douleur l'avoit altérée, mais ne lui avoit rien ôté de son caractère ; j'ai un son de voix qui touche ; on sent que mon expression est celle de la vérité. Ces qualités réunies firent une forte impression de pitié sur les jeunes acolytes de l'archidiacre ; pour lui, il ignoroit ces sentimens ; juste, mais peu sensible, il étoit du nombre de ceux qui sont assez malheureusement nés pour pratiquer la vertu, sans en éprouver la douceur ; ils font le bien par esprit d'ordre, comme ils raisonnent. Il prit la manche de son étole, et me la posant sur la tête, il me dit : Sœur Suzanne, croyez-vous en Dieu père, fils et Saint-Esprit ? = Je répondis : J'y crois. = Croyez-vous en notre mère sainte église ? = J'y crois. = Renoncez-vous à satan et à ses œuvres ?

= Au-lieu de répondre, je fis un mouvement subit en avant, je poussai un grand cri, et le bout de son étole se sépara de ma tête. Il se troubla; ses compagnons pâlirent; entre les Sœurs, les unes s'enfuirent, et les autres qui étoient dans leurs stalles, les quittèrent avec le plus grand tumulte. Il fit signe qu'on *se rapaisât;* cependant il me regardoit; il s'attendoit à quelque chose d'extraordinaire. Je le rassurai en lui disant : Monsieur, ce n'est rien; c'est une de ces religieuses qui m'a piquée vivement avec quelque chose de pointu ; et levant les yeux et les mains au ciel, j'ajoutai en versant un torrent de larmes : C'est qu'on m'a blessée au moment où vous me demandiez si je renonçois à satan et à ses pompes, et je vois bien pourquoi.... Toutes protestèrent par la bouche de la supérieure qu'on ne m'avoit pas touchée. L'archidiacre me remit le bas de son étole sur la tête; les religieuses alloient se rapprocher; mais il leur fit signe de s'éloigner, et il me redemanda si je renonçois à satan et à ses œuvres; et je lui répondis fermement : j'y renonce, j'y renonce... Il se fit apporter un Christ et me le présenta à baiser; et je le baisai sur les pieds, sur les mains et sur la plaie du côté. Il m'ordonna de l'adorer à voix haute; je le posai à terre, et je dis à genoux : « Mon Dieu, mon sauveur, vous qui êtes
» mort sur la croix pour mes péchés et pour tous
» ceux du genre-humain, je vous adore; appli-

» quez-moi le mérite des tourmens que vous avez
» soufferts; faites couler sur moi une goutte du
» sang que vous avez répandu, et que je sois pu-
» rifiée. Pardonnez-moi, mon Dieu, comme je
» pardonne à tous mes ennemis......». Il me dit
ensuite : Faites un acte de foi..... et je le fis.
Faites un acte d'amour... et je le fis. Faites un
acte d'espérance.... et je le fis. Faites un acte
de charité... et je le fis. Je ne me souviens point
en quels termes ils étoient conçus; mais je pense
qu'apparemment ils étoient pathétiques; car j'arrachai des sanglots de quelques religieuses, les
deux jeunes ecclésiastiques en versèrent des larmes,
et l'archidiacre étonné me demanda d'où j'avois
tiré les prières que je venois de réciter. Je lui
dis : Du fond de mon cœur; ce sont mes pensées et mes sentimens; j'en atteste Dieu qui nous
écoute par-tout, et qui est présent sur cet autel.
Je suis chrétienne, je suis innocente; si j'ai fait
quelques fautes, Dieu seul les connoît; et il n'y
a que lui qui soit en droit de m'en demander
compte et de les punir.... A ces mots, il jeta
un regard terrible sur la supérieure.

Le reste de cette cérémonie, où la majesté
de Dieu venoit d'être insultée, les choses les plus
saintes profanées, et le ministre de l'église bafoué,
s'acheva; et les religieuses se retirèrent, excepté
la supérieure, moi et les jeunes ecclésiastiques.
L'archidiacre s'assit, et tirant le mémoire qu'on

E *

lui avoit présenté contre moi, il le lut à haute voix, et m'interrogea sur les articles qu'il contenoit. Pourquoi, me dit-il, ne vous confessez-vous point ? = C'est qu'on m'en empêche. = Pourquoi n'approchez-vous point des sacremens ? = C'est qu'on m'en empêche. = Pourquoi n'assistez-vous ni à la messe, ni aux offices divins. = C'est qu'on m'en empêche. = La supérieure voulut prendre la parole; il lui dit avec son ton : Madame, taisez-vous.... Pourquoi sortez-vous la nuit de votre cellule ? = C'est qu'on m'a privée d'eau, de pot à l'eau et de tous les vaisseaux nécessaires aux besoins de la nature. = Pourquoi entend-on du bruit la nuit dans votre dortoir et dans votre cellule ? = C'est qu'on s'occupe à m'ôter le repos. = La supérieure voulut encore parler; il lui dit pour la seconde fois : Madame, je vous ai déjà dit de vous taire; vous répondrez quand je vous interrogerai..... Qu'est-ce qu'une religieuse qu'on a arrachée de vos mains, et qu'on a trouvée renversée à terre dans le corridor ? = C'est la suite de l'horreur qu'on lui avoit inspirée de moi. = Est-elle votre amie ? = Non, monsieur. = N'êtes-vous jamais entrée dans sa cellule ? = Jamais. = Ne lui avez-vous jamais rien fait d'indécent, soit à elle, soit à d'autres ? = Jamais. = Pourquoi vous-a-t-on liée ? = Je l'ignore. = Pourquoi votre cellule ne ferme-t-elle pas ? = C'est que j'en ai brisé la serrure. = Pourquoi l'avez-vous brisée? == Pour ouvrir la porte et assister à l'office le jour de l'Ascension. == Vous vous êtes donc montrée à l'église ce jour-là? == Oui, monsieur.... == La supérieure dit : Monsieur, cela n'est pas vrai ; toute la communauté.... Je l'interrompis : assurera que la porte du chœur étoit fermée ; qu'elles m'ont trouvée prosternée à cette porte, et que vous leur avez ordonné de marcher sur moi, ce que quelques-unes ont fait ; mais je leur pardonne et à vous, madame, de l'avoir ordonné ; je ne suis pas venue pour accuser personne, mais pour me défendre. == Pourquoi n'avez-vous ni rosaire, ni crucifix? == C'est qu'on me les a ôtés. == Où est votre bréviaire ? == On me l'a ôté. == Comment priez-vous donc ? == Je fais ma prière de cœur et d'esprit, quoiqu'on m'ait défendu de prier. == Qui est-ce qui vous a fait cette défense ? == Madame...... == La supérieure alloit encore parler. Madame, lui dit-il, est-il vrai ou faux que vous lui ayez défendu de prier? Dites oui ou non. == Je croyois, et j'avois raison de croire.... == Il ne s'agit pas de cela ; lui avez-vous défendu de prier, oui ou non ? == Je lui ai défendu, mais.... == Elle alloit continuer ; mais, reprit l'archidiacre, mais, Sœur Suzanne, pourquoi êtes-vous pieds nus? == C'est qu'on ne me fournit ni bas, ni souliers. == Pourquoi votre linge et vos vêtemens sont-ils dans cet état de vétusté et de mal-propreté ? == C'est qu'il y a plus de trois mois qu'on me refuse du linge, et que je suis forcée de coucher avec mes vêtemens. = Pourquoi couchez-vous avec vos vêtemens ? = C'est que je n'ai ni rideaux, ni matelas, ni couvertures, ni draps, ni linge de nuit. = Pourquoi n'en avez-vous point ? = C'est qu'on me les a ôtés. = Etes-vous nourrie ? = Je demande à l'être. = Vous ne l'êtes donc pas ? = Je me tus ; et il ajouta : Il est incroyable qu'on en ait usé avec vous si sévèrement, sans que vous ayez commis quelque faute qui l'ait mérité. = Ma faute est de n'être point appelée à l'état religieux, et de revenir contre des vœux que je n'ai pas faits librement. = C'est aux loix à décider cette affaire ; et de quelque manière qu'elles prononcent, il faut, en attendant, que vous remplissiez les devoirs de la vie religieuse. = Personne, monsieur, n'y est plus exact que moi. = Il faut que vous jouissiez du sort de toutes vos compagnes. = C'est tout ce que je demande. = N'avez-vous à vous plaindre de personne ? = Non, monsieur, je vous l'ai dit ; je ne suis point venue pour accuser, mais pour me défendre. = Allez. = Monsieur, où faut-il que j'aille ? = Dans votre cellule. = Je fis quelques pas, puis je revins, et je me prosternai aux pieds de la supérieure et de l'archidiacre. Eh bien ! me dit-il, qu'est-ce qu'il y a ? = Je lui dis, en lui montrant ma tête meurtrie en plusieurs endroits, mes pieds ensanglantés, mes bras livides et sans chair, mon vêtement sale et déchiré : Vous voyez !

Je vous entends, vous, monsieur le marquis, et la plûpart de ceux qui liront ces mémoires : « Des horreurs si multipliées, si variées, si con- » tinues ! Une suite d'atrocités si recherchées » dans des ames religieuses ! Cela n'est pas vrai- » semblable, diront-ils, dites-vous ». Et j'en conviens ; mais cela est vrai ; et puisse le ciel que j'atteste, me juger dans toute sa rigueur et me condamner aux feux éternels, si j'ai permis à la calomnie de ternir une de mes lignes de son ombre la plus légère ! Quoique j'aye long-temps éprouvé combien l'aversion d'une supérieure étoit un violent aiguillon à la perversité naturelle, sur- tout lorsque celle-ci pouvoit se faire un mérite, s'applaudir et se vanter de ses forfaits, le ressen- timent ne m'empêchera point d'être juste. Plus j'y réfléchis, plus je me persuade que ce qui m'arrive n'étoit point encore arrivé, et n'arrivera peut-être jamais. Une fois (et plût à Dieu que ce soit la première et la dernière !) il plût à la providence, dont les voies nous sont inconnues, de rassembler sur une seule infortunée toute la masse de cruautés réparties, dans ses impéné- trables décrets, sur la multitude infinie de mal- heureuses qui l'avoient précédée dans un cloître, et qui devoient lui succéder. J'ai souffert, j'ai beaucoup souffert ; mais le sort de mes persécu- trices me paroît et m'a toujours paru plus à plaindre que le mien. J'aimerois mieux, j'aurois mieux aimé mourir que de quitter mon rôle, à la condition de prendre le leur. Mes peines finiront, je l'espère de vos bontés ; la mémoire, la honte et le remords du crime leur resteront jusqu'à l'heure dernière. Elles s'accusent déjà, n'en doutez pas ; elles s'accuseront toute leur vie ; et la terreur descendra sous la tombe avec elles. Cependant, monsieur le marquis, ma situation présente est déplorable ; la vie m'est à charge ; je suis une femme, j'ai l'esprit foible comme celles de mon sexe ; Dieu peut m'abandonner ; je ne me sens ni la force ni le courage de supporter encore long-temps ce que j'ai supporté. Monsieur le marquis, craignez qu'un fatal moment ne revienne ; quand vous useriez vos yeux à pleurer sur ma destinée ; quand vous seriez déchiré de remords, je ne sortirois pas pour cela de l'abîme où je serois tombée ; il se fermeroit à jamais sur une désespérée.

Allez, me dit l'archidiacre. Un des ecclésiastiques me donna la main pour me relever ; et l'archidiacre ajouta : Je vous ai interrogée, je vais interroger votre supérieure ;..... et je ne sortirai point d'ici que l'ordre n'y soit rétabli.... Je me retirai. Je trouvai le reste de la maison en allarmes ; toutes les religieuses étoient sur le seuil de leurs cellules ; elles se parloient d'un côté du corridor à l'autre ; aussi-tôt que je parus, elles se retirèrent, et il se fit un long bruit de portes qui se fermoient les unes après les autres avec violence. Je rentrai dans ma cellule ; je me mis à genoux contre le mur, et je priai Dieu d'avoir égard à la modération avec laquelle j'avois parlé à l'archidiacre, et de lui faire connoître mon innocence et la vérité.

Je priois, lorsque l'archidiacre, ses deux compagnons et la supérieure parurent dans ma cellule. Je vous ai dit que j'étois sans tapisserie, sans chaise, sans prie-dieu, sans rideaux, sans matelas, sans couvertures, sans draps, sans aucun vaisseau, sans porte qui fermât, presque sans vitre entière à mes fenêtres. Je me levai ; et l'archidiacre s'arrêtant tout court et tournant des yeux d'indignation sur la supérieure, lui dit : Eh bien ! madame ? = Elle répondit : Je l'ignorois. = Vous l'ignoriez ? vous mentez ! avez-vous passé un jour sans entrer ici, et n'en descendiez-vous pas quand vous êtes venue ?.... Sœur Suzanne, parlez : Madame n'est-elle pas entrée ici d'aujourd'hui ? = Je ne répondis rien ; il n'insista pas ; mais les jeunes ecclésiastiques laissant tomber leurs bras, la tête baissée et les yeux comme fixés en terre, déceloient assez leur peine et leur surprise. Ils sortirent tous ; et j'entendis l'archidiacre qui disoit à la supérieure dans le corridor : Vous êtes indigne de vos fonctions ; vous mériteriez d'être déposée. J'en porterai mes plaintes à monseigneur. Que tout ce désordre soit réparé avant que je sois sorti.... Et continuant de marcher, et branlant sa tête, il ajoutoit : Cela est horrible. Des chrétiennes ! des religieuses ! des créatures humaines ! cela est horrible.

Depuis ce moment je n'entendis plus parler de rien ; mais j'eus du linge, d'autres vêtemens, des rideaux, des draps, des couvertures, des vaisseaux, mon bréviaire, mes livres de piété, mon rosaire, mon crucifix, des vitres, en un mot, tout ce qui me rétablissoit dans l'état commun des religieuses ; la liberté du parloir me fut aussi rendue, mais seulement pour mes affaires.

Elles alloient mal. M. Manouri publia un premier mémoire qui fit peu de sensation ; il y avoit trop d'esprit, pas assez de pathétique, presque point de raisons. Il ne faut pas s'en prendre tout-à-fait à cet habile avocat. Je ne voulois point absolument qu'il attaquât la réputation de mes parens ; je voulois qu'il ménageât l'état religieux et sur-tout la maison où j'étois ; je ne voulois pas qu'il peignît de couleurs trop odieuses mes beaux-frères et mes sœurs. Je n'avois en ma faveur qu'une première protestation, solemnelle à la vérité, mais faite dans un autre couvent, et nullement renouvellée depuis. Quand on donne des bornes si étroites à ses défenses, et qu'on a à faire à des parties qui n'en mettent aucune dans leur attaque, qui foulent aux pieds le juste et l'injuste, qui avancent et nient avec la même impudence, et qui ne rougissent ni des imputations, ni des soupçons, ni de la médisance, ni de la calomnie; il est difficile de l'emporter, sur-tout à des tribunaux, où l'habitude et l'ennui des affaires ne permettent presque pas qu'on examine avec quelque scrupule les plus importantes ; et où les contestations de la nature de la mienne sont toujours regardées d'un œil défavorable par l'homme politique, qui craint que, sur le succès d'une religieuse réclamant contre ses vœux, une infinité d'autres ne soient engagées dans la même démarche : on sent secrètement que, si l'on souffroit que les portes de ces prisons s'abattissent en faveur d'une malheureuse, la foule s'y porteroit et chercheroit à les forcer. On s'occupe à nous décourager et à nous résigner toutes à notre sort par le désespoir de le changer. Il me semble pourtant que, dans un état bien gouverné, ce devroit être le contraire ; entrer difficilement en religion, et en sortir facilement. Et pourquoi ne pas ajouter ce cas à tant d'autres, où le moindre défaut de formalité anéantit une procédure, même juste d'ailleurs ? Les couvens sont-ils donc si essentiels à la constitution d'un état ? Jésus-Christ a-t-il institué des moines et des religieuses ? L'église ne peut-elle absolument s'en passer ? Quel besoin a l'époux de tant de vierges folles ? et l'espèce humaine de tant de victimes ? Ne sentira-t-on jamais la nécessité de rétrécir l'ouverture de ces gouffres, où les races futures vont se perdre ? Toutes les prières de routine qui se font là, valent-elles une obole que la commisération donne au pauvre ? Dieu, qui a créé l'homme sociable, approuve-t-il qu'il se renferme ? Dieu qui l'a créé si inconstant, si fragile, peut-il autoriser la témérité de ses vœux ? Ces vœux, qui heurtent la pente générale de la nature, peuvent-ils jamais être bien observés que par quelques créatures mal organisées, en qui les germes des passions sont flétris, et qu'on rangeroit à bon droit parmi les monstres, si nos lumières nous permettoient de connoître aussi facilement et aussi bien la structure intérieure de l'homme que sa forme extérieure ? Toutes ces cérémonies lugubres qu'on observe à la prise d'habit et à la profession, quand on consacre un homme ou une femme à la vie monastique et au malheur, suspendent-elles les fonctions animales ? Au contraire ne se réveillent-elles pas dans le silence, la contrainte et l'oisiveté, avec une violence inconnue aux gens du monde, qu'une foule de distractions emporte ? Où est-ce qu'on voit des têtes obsédées par des spectres impurs qui les suivent et qui les agitent ? Où est-ce qu'on voit cet ennui profond, cette pâleur, cette maigreur, tous ces symptômes de la nature qui languit et se consume ? Où les nuits sont-elles troublées par des gémissemens, les jours trempés de larmes versées sans cause et précédées d'une mé-

lancolie qu'on ne sait à quoi attribuer ? Où est-ce que la nature, révoltée d'une contrainte pour laquelle elle n'est point faite, brise les obstacles qu'on lui oppose, devient furieuse, jette l'économie animale dans un désordre auquel il n'y a plus de remède ? En quel endroit le chagrin et l'humeur ont-ils anéanti toutes les qualités sociales ? Où est-ce qu'il n'y a ni père, ni frère, ni sœur, ni parent, ni ami ? Où est-ce que l'homme, ne se considérant que comme un être d'un instant et qui passe, traite les liaisons les plus douces de ce monde, comme un voyageur les objets qu'il rencontre, sans attachement ? Où est le séjour de la haine, du dégoût et des vapeurs ? Où est le lieu de la servitude et du despotisme ? Où sont les haines qui ne s'éteignent point ? Où sont les passions couvées dans le silence ? Où est le séjour de la cruauté et de la curiosité ? On ne sait pas l'histoire de ces asyles, disoit ensuite M. Manouri dans son plaidoyer, on ne la sait pas. Il ajoutoit dans un autre endroit : « Faire vœu de pauvreté,
» c'est s'engager par serment à être paresseux et
» voleur ; faire vœu de chasteté, c'est promet-
» tre à Dieu l'infraction constante de la plus sage
» et de la plus importante de ses loix ; faire vœu
» d'obéissance, c'est renoncer à la prérogative
» inaliénable de l'homme, la liberté. Si l'on ob-
» serve ces vœux, on est criminel ; si on ne
» les observe pas, on est parjure. La vie claus-

» trale est d'un fanatique ou d'un hypocrite ».

Une fille demanda à ses parens la permission d'entrer parmi nous. Son père lui dit qu'il y consentoit, mais qu'il lui donnoit trois ans pour y penser. Cette loi parut dure à la jeune personne, pleine de ferveur ; cependant il fallut s'y soumettre. Sa vocation ne s'étant point démentie, elle retourna à son père, et elle lui dit que les trois ans étoient écoulés. Voilà qui est bien, mon enfant, lui répondit-il ; je vous ai accordé trois ans pour vous éprouver, j'espère que vous voudrez bien m'en accorder autant pour me résoudre... Cela parut encore plus dur, et il y eut des larmes répandues ; mais le père étoit un homme ferme qui tint bon. Au bout de ces six années elle entra, elle fit profession. C'étoit une bonne religieuse, simple, pieuse, exacte à tous ses devoirs ; mais il arriva que les directeurs abusèrent de sa franchise, pour s'instruire au tribunal de la pénitence de ce qui passoit dans la maison. Nos supérieures s'en doutèrent ; elle fut enfermée, privée des exercices de la religion ; elle en devint folle : et comment la tête résisteroit-elle aux persécutions de cinquante personnes qui s'occupent depuis le commencement du jour jusqu'à la fin à vous tourmenter ? Auparavant on avoit tendu à sa mère un piége, qui marque bien l'avarice des cloîtres. On inspira à la mère de cette recluse le désir d'entrer dans la maison, et de visiter la cellule de sa fille. Elle s'adressa aux grands-vicaires, qui lui accordèrent la permission qu'elle sollicitoit. Elle entra; elle courut à la cellule de son enfant; mais quel fut son étonnement de n'y voir que les quatre murs tout nus! On en avoit tout enlevé. On se doutoit bien que cette mère tendre et sensible ne laisseroit pas sa fille dans cet état; en effet, elle la remeubla, la remit en vêtemens et en linge, et protesta bien aux religieuses que cette curiosité lui coûtoit trop cher pour la voir une seconde fois; et que trois ou quatre visites par an comme celle-là ruineroit ses frères et ses sœurs.... C'est là que l'ambition et le luxe sacrifient une portion des familles pour faire à celle qui reste un sort plus avantageux; c'est la sentine où l'on jette le rebut de la société. Combien de mères comme la mienne expient un crime secret par un autre!

M. Manouri publia un second mémoire qui fit un peu plus d'effet. On sollicita vivement; j'offris encore à mes sœurs de leur laisser la possession entière et tranquille de la succession de mes parens. Il y eut un moment où mon procès prit le tour le plus favorable, et où j'espérai la liberté; je n'en fus que plus cruellement trompée; mon affaire fut plaidée à l'audience, et perdue. Toute la communauté en étoit instruite, que je l'ignorois. C'étoit un mouvement, un tumulte, une joie, de petits entretiens secrets, des allées, des venues chez la supérieure, et des religieuses les unes chez les autres. J'étois toute tremblante ; je ne pouvois ni rester dans ma cellule, ni en sortir ; pas une amie entre les bras de qui j'allasse me jeter. O la cruelle matinée que celle du jugement d'un grand procès ! Je voulois prier, je ne pouvois pas ; je me mettois à genoux, je me recueillois, je commençois une oraison ; mais bientôt mon esprit étoit emporté malgré moi au milieu de mes juges ; je les voyois, j'entendois les avocats, je m'adressois à eux, j'interrompois le mien, je trouvois ma cause mal défendue. Je ne connoissois aucun des magistrats ; cependant je m'en faisois des images de toute espèce ; les unes favorables, les autres sinistres, d'autres indifférentes : j'étois dans une agitation, dans un trouble d'idées qui ne se conçoit pas. Le bruit fit place à un profond silence ; les religieuses ne se parloient plus ; il me parut qu'elles avoient au chœur la voix plus brillante qu'à l'ordinaire, du-moins celles qui chantoient ; les autres ne chantoient point ; au sortir de l'office elles se retirèrent en silence. Je me persuadois que l'attente les inquiétoit autant que moi : mais l'après-midi, le bruit et le mouvement reprirent subitement de tout côté ; j'entendis des portes s'ouvrir, se refermer, des religieuses aller et venir, le murmure de personnes qui se parlent bas. Je mis l'oreille à ma serrure ; mais il me parut qu'on se taisoit en passant, et qu'on marchoit sur la pointe des pieds. Je pressentis que j'avois perdu mon procès ; je n'en doutai pas un instant. Je me mis à tourner dans ma cellule sans parler ; j'étouffois, je ne pouvois me plaindre, je croisois mes bras sur ma tête, je m'appuyois le front tantôt contre un mur, tantôt contre l'autre ; je voulois me reposer sur mon lit, mais j'en étois empêchée par un battement de cœur : il est sûr que j'entendois battre mon cœur, et qu'il faisoit soulever mon vêtement. J'en étois là lorsqu'on me vint dire que l'on me demandoit. Je descendis, je n'osois avancer. Celle qui m'avoit avertie étoit si gaie, que je pensai que la nouvelle que l'on m'apportoit ne pouvoit être que fort triste : j'allai pourtant. Arrivée à la porte du parloir, je m'arrêtai tout court, et je me jetai dans le recoin des deux murs ; je ne pouvois me soutenir ; cependant j'entrai. Il n'y avoit personne ; j'attendis ; on avoit empêché celui qui m'avoit fait appeler de paroître avant moi ; on se doutoit bien que c'étoit un émissaire de mon avocat ; on vouloit savoir ce qui se passeroit entre nous ; on s'étoit rassemblé pour entendre. Lorsqu'il se montra, j'étois assise, la tête penchée sur mon bras, et appuyée contre les barreaux de la grille. C'est de la part de M. Manouri, me dit-il. = C'est, lui répondis-je, pour m'apprendre que j'ai perdu mon procès. = Madame, je n'en sais rien ; mais il m'a donné cette lettre ; il avoit l'air affligé quand il m'en a chargé ; et je suis venu à toute bride, comme il me l'a recommandé. = Donnez... = Il me tendit la lettre ; et je la pris, sans me déplacer et sans le regarder ; je la posai sur mes genoux, et je demeurai comme j'étois. Cependant cet homme me demanda : N'y a-t-il point de réponse ? Non, lui dis-je, allez... Il s'en alla ; et je gardai la même place, ne pouvant me remuer ni me résoudre à sortir.

Il n'est permis en couvent ni d'écrire, ni de recevoir des lettres sans la permission de la supérieure ; on lui remet et celles qu'on reçoit, et celles qu'on écrit : il falloit donc lui porter la mienne. Je me mis en chemin pour cela ; je crus que je n'arriverois jamais : un patient, qui sort du cachot pour aller entendre sa condamnation, ne marche ni plus lentement, ni plus abattu. Cependant me voilà à sa porte. Les religieuses m'examinoient de loin ; elles ne vouloient rien perdre du spectacle de ma douleur et de mon humiliation. Je frappai, on ouvrit. La supérieure étoit avec quelques autres religieuses ; je m'en apperçus au bas de leurs robes, car je n'osai jamais lever les yeux ; je lui présentai ma lettre d'une main vacillante ; elle la prit, la lut et me la rendit. Je m'en retournai dans ma cellule ; je me jetai sur mon lit, ma lettre à côté de moi, et j'y restai sans la lire, sans me lever pour aller dîner, sans faire aucun mouvement jusqu'à l'heure de l'office de l'après-midi. A trois heures et demie, la cloche m'avertit de descendre. Il y avoit déjà quelques religieuses d'arrivées ; la supérieure étoit à l'entrée du chœur ; elle m'arrêta, m'ordonna de me mettre à genoux en dehors ; le reste de la communauté entra, et la porte se ferma. Après l'office, elles sortirent toutes ; je les laissai passer ; je me levai pour les suivre la dernière : je commençai dès ce moment à me condamner à tout ce qu'on voudroit : on venoit de m'interdire l'église, je m'interdis de moi-même le réfectoire et la récréation. J'envisageois ma condition de tous les côtés, et je ne voyois de ressource que dans le besoin de mes talens et dans ma soumission. Je me serois contentée de l'espèce d'oubli où l'on me laissa durant plusieurs jours. J'eus quelques visites, mais celle de M. Manouri fut la seule qu'on me permit de recevoir. Je le trouvai, en entrant au parloir, précisément comme j'étois quand je reçus son émissaire, la tête posée sur les bras, et les bras appuyés contre la grille. Je le reconnus, je ne lui dis rien. Il n'osoit ni me regarder, ni me parler. Madame, me dit-il, sans se déranger, je vous ai écrit ; vous avez lu ma lettre ? = Je l'ai reçue, mais je ne l'ai pas lue. = Vous ignorez donc.... = Non, monsieur, je n'ignore rien, j'ai deviné mon sort, et j'y suis résignée. = Comment en use-t-on avec vous ? = On ne songe pas encore à moi ; mais le passé m'apprend ce que l'avenir me prépare. Je n'ai qu'une consolation, c'est que, privée de l'espérance qui me soutenoit, il est impossible que je souffre autant que j'ai déjà souffert; je mourrai. La faute que j'ai commise, n'est pas de celles qu'on pardonne en religion. Je ne demande point à Dieu d'amollir le cœur de celles à la discrétion desquelles il lui plaît de m'abandonner ; mais de m'accorder la force de souffrir, de me sauver du désespoir, et de m'appeler à lui promptement. = Madame, me dit-il en pleurant, vous auriez été ma propre sœur, que je n'aurois pas mieux fait... Cet homme a le cœur sensible. Madame, ajouta-t-il, si je puis vous être utile à quelque chose, disposez de moi. Je verrai le premier président, j'en suis considéré ; je verrai les grands-vicaires et l'archevêque. = Monsieur, ne voyez personne, tout est fini. = Mais si l'on pouvoit vous faire changer de maison ? = Il y a trop d'obstacles. = Mais quels sont donc ces obstacles ? = Une permission difficile à obtenir, une dot nouvelle à faire ou l'ancienne à retirer de cette maison ; et puis, que trouverai-je dans un autre couvent ? Mon cœur inflexible, des supérieures impitoyables, des religieuses qui ne seront pas meilleures qu'ici, les mêmes devoirs, les mêmes peines. Il vaut mieux que j'achève ici mes jours ; ils y seront plus courts. = Mais, madame, vous avez intéressé beaucoup d'honnêtes gens ; la plûpart sont opulens ; on ne vous arrêtera pas ici, quand vous sortirez sans rien emporter. = Je le crois. = Une religieuse qui sort ou qui meurt, augmente le bien-être de celles qui restent. = Mais ces honnêtes gens, ces gens opulens ne pensent plus à moi, et vous les trouverez bien froids lorsqu'il s'agira de me doter à leurs dépens. Pourquoi voulez-vous qu'il soit plus facile aux gens du monde de tirer du cloître une religieuse sans vocation, qu'aux personnes pieuses d'y en faire entrer une bien appelée ? Dote-t-on facilement ces dernières ? Eh ! monsieur, tout le monde s'est retiré depuis la perte de mon procès ; je ne vois plus personne. = Madame, chargez-moi seulement de cette affaire ; j'y serai plus heureux. = Je ne demande rien, je n'espère rien, je ne m'oppose à rien ; le seul ressort qui me restoit est brisé. Si je pouvois seulement me promettre que Dieu me changeât, et que les qualités de l'état religieux succédassent dans mon ame à l'espérance de le quitter, que j'ai perdue.... Mais cela ne se peut ; ce vêtement s'est attaché à ma peau, à mes os, et ne m'en gêne que davantage. Ah ! quel sort ! être religieuse à jamais, et sentir qu'on ne sera jamais que mauvaise religieuse ! passer toute sa vie à se frapper la tête contre les barreaux de sa prison !.... En cet endroit, je me mis à pousser des cris ; je voulois les étouffer, mais je ne pouvois. M. Manouri, surpris de ce mouvement, me dit : Madame, oserois-je vous faire une question ? = Faites, monsieur. = Une douleur aussi violente n'auroit-elle pas quelque motif secret ? = Non, monsieur. Je hais la vie solitaire, je sens là que je la hais, je sens que je la haïrai toujours. Je ne saurois m'assujettir à toutes les misères qui remplissent la journée d'une récluse : c'est un tissu de puérilités que je méprise ; j'y serois faite, si j'avois pu m'y faire ; j'ai cherché cent fois à m'en imposer, à me briser là-dessus ; je ne saurois. J'ai envié, j'ai demandé à Dieu l'heureuse imbécillité d'esprit de mes compagnes ; je ne l'ai point obtenue, il ne me l'accordera pas. Je fais tout mal, je dis tout de travers, le défaut de vocation perce dans toutes mes actions, on le voit ; j'insulte à tout moment à la vie monastique ; on appelle orgueil mon inaptitude ; on s'occupe à m'humilier ; les fautes et les punitions se multiplient à l'infini, et les journées se passent à mesurer des yeux la hauteur des murs. == Madame, je ne saurois les abattre, mais je puis autre chose. == Monsieur, ne tentez rien. == Il faut changer de maison ; je m'en occuperai. Je viendrai vous revoir ; j'espère qu'on ne vous célera pas ; vous aurez incessamment de mes nouvelles. Soyez sûre que, si vous y consentez, je réussirai à vous tirer d'ici. Si l'on en usoit trop sévèrement avec vous, ne me le laissez pas ignorer.

Il étoit tard quand M. Manouri s'en alla. Je retournai dans ma cellule. L'office du soir ne tarda pas à sonner : j'arrivai des premières ; je laissai passer les religieuses, et je me tins pour dit qu'il falloit demeurer à la porte ; en effet la supérieure la ferma sur moi. Le soir, à souper, elle me fit signe en entrant de m'asseoir à terre au milieu du réfectoire; j'obéis, et l'on ne me servit que du pain et de l'eau; j'en mangeai un peu, que j'arrosai de quelques larmes. Le lendemain on tint conseil; toute la communauté fut appelée à mon jugement; et l'on me condamna à être privée de récréation, à entendre pendant un mois l'office à la porte du chœur, à manger à terre au milieu du réfectoire, à faire amende-honorable trois jours de suite, à renouveler ma prise d'habit et mes vœux, à prendre le cilice, à jeûner de deux jours l'un, et à me macérer après l'office du soir tous les vendredis. J'étois à genoux, le voile baissé, tandis que cette sentence m'étoit prononcée.

Dès le lendemain, la supérieure vint dans ma cellule avec une religieuse qui portoit sur son bras un cilice et cette robe d'étoffe grossière dont on m'avoit revêtue lorsque je fus conduite dans le cachot. J'entendis ce que cela signifioit; je me déshabillai; ou plutôt on m'arracha mon voile, on me dépouilla; et je pris cette robe. J'avois la tête nue, les pieds nus, mes longs cheveux tomboient sur mes épaules, et tout mon vêtement se réduisoit à ce cilice que l'on me donna, à une chemise très-dure, et à cette longue robe qui me prenoit sous le cou, et qui me descendoit jusqu'aux pieds. Ce fut ainsi que je restai vêtue pendant la journée, et que je comparus à tous les exercices.

Le soir, lorsque je fus retirée dans ma cellule, j'entendis qu'on s'en approchoit en chantant les litanies ; c'étoit toute la maison rangée sur deux lignes. On entra, je me présentai ; on me passa une corde au cou, on me mit dans la main une torche allumée et une discipline dans l'autre. Une religieuse prit la corde par un bout, me tira entre les deux lignes, et la procession prit son chemin vers un petit oratoire intérieur consacré à Sainte-Marie : on étoit venu en chantant à voix basse, on s'en retourna en silence. Quand je fus arrivée à ce petit oratoire, qui étoit éclairé de deux lumières, on m'ordonna de demander pardon à Dieu et à la communauté du scandale que j'avois donné ; la religieuse qui me conduisoit me disoit tout bas ce qu'il falloit que je répétasse ; et je le répétois mot-à-mot. Après cela on m'ôta la corde, on me déshabilla jusqu'à la ceinture, on prit mes cheveux qui étoient épars sur mes épaules, on les rejeta sur un des côtés de mon cou, on me mit dans la main droite la discipline que je portois de la main gauche, et l'on commença le *Miserere*. Je compris ce que l'on attendoit de moi, et je l'exécutai. Le *Miserere* fini, la supérieure me fit une courte exhortation ; on éteignit les lumières, les religieuses se retirèrent, et je me rhabillai.

Quand je fus rentrée dans ma cellule, je sentis des douleurs violentes aux pieds ; j'y regardai ; ils étoient tout ensanglantés des coupures de morceaux de verre, que l'on avoit eu la méchanceté de répandre sur mon chemin.

Je fis amende honorable de la même manière, les deux jours suivans ; seulement le dernier, on ajouta un pseaume au *Miserere*.

Le quatrième jour, on me rendit l'habit de religieuse, à-peu-près avec la même cérémonie, qu'on le prend à cette solemnité quand elle est publique.

Le cinquième, je renouvelai mes vœux. J'accomplis pendant un mois le reste de la pénitence qu'on m'avoit imposée ; après quoi je rentrai à-peu-près dans l'ordre commun de la communauté : je repris ma place au chœur et au réfectoire, et je vaquai à mon tour aux différentes fonctions de la maison. Mais quelle fut ma surprise, lorsque je tournai les yeux sur cette jeune amie qui s'intéressoit à mon sort ! elle me parut presque aussi changée que moi ; elle étoit d'une maigreur à effrayer ; elle avoit sur son visage la pâleur de la mort, les lèvres blanches et les yeux presque éteints. Sœur Ursule, lui dis-je tout bas, qu'avez-vous ? Ce que j'ai, me répondit-elle ! je vous aime, et vous me le demandez ! il étoit temps que votre supplice finît ; j'en serois morte.

Si, les deux derniers jours de mon amende honorable je n'avois pas eu les pieds blessés, c'étoit elle qui avoit eu l'attention de balayer furtivement les corridors, et de rejeter à droite et à gauche les morceaux de verre. Les jours où j'étois condamnée à jeûner au pain et à l'eau, elle se privoit d'une partie de sa portion qu'elle enveloppoit d'un linge blanc, et qu'elle jettoit dans ma cellule. On avoit tiré au sort la religieuse qui me conduiroit par la corde, et le sort étoit tombé sur elle; elle eut la fermeté d'aller trouver la supérieure, et de lui protester qu'elle se résoudroit plutôt à mourir qu'à cette infâme et cruelle fonction. Heureusement cette jeune fille étoit d'une famille considérée; elle jouissoit d'une pension forte qu'elle employoit au gré de la supérieure; et elle trouva, pour quelques livres de sucre et de café, une religieuse qui prit sa place. Je n'oserois penser que la main de Dieu se soit appesantie sur cette indigne; elle est devenue folle, et elle est enfermée; mais la supérieure vit, gouverne, tourmente, et se porte bien.

Il étoit impossible que ma santé résistât à de si longues et de si dures épreuves; je tombai malade. Ce fut dans cette circonstance, que la sœur Ursule montra bien toute l'amitié qu'elle avoit pour moi; je lui dois la vie. Ce n'étoit pas un bien qu'elle me conservoit; elle me le disoit quelquefois elle-même: cependant il n'y avoit sorte de services qu'elle ne me rendît les jours qu'elle étoit d'infirmerie; les autres jours je n'étois pas négligée, graces à l'intérêt qu'elle prenoit à moi, et aux petites récompenses qu'elle distribuoit à celles qui me veilloient, selon que j'en avois été plus ou moins satisfaite. Elle avoit demandé à me garder la nuit, et la supérieure le lui avoit refusé, sous prétexte qu'elle étoit trop délicate pour suffire à cette fatigue : ce fut un véritable chagrin pour elle. Tous ses soins n'empêchèrent point les progrès du mal ; je fus réduite à toute extrémité ; je reçus les derniers sacremens. Quelques momens auparavant je demandai à voir la communauté assemblée, ce qui me fut accordé. Les religieuses entourèrent mon lit, la supérieure étoit au milieu d'elles ; ma jeune amie occupoit mon chevet, et me tenoit une main qu'elle arrosoit de ses larmes. On présuma que j'avois quelque chose à dire, on me souleva, et l'on me soutint sur mon séant à l'aide de deux oreillers. Alors, m'adressant à la supérieure, je la priai de m'accorder sa bénédiction et l'oubli des fautes que j'avois commises ; je demandai pardon à toutes mes compagnes du scandale que je leur avois donné. J'avois fait apporter à côté de moi une infinité de bagatelles, ou qui paroient ma cellule, ou qui étoient à mon usage particulier, et je priai la supérieure de me permettre d'en disposer ; elle y consentit, et je les donnai à celles qui lui avoient servi de satellites lorsqu'on m'avoit jetée dans le cachot. Je fis approcher la religieuse qui m'avoit conduite par la corde le jour de mon amende honorable, et je lui dis en l'embrassant et en lui présentant mon rosaire et mon Christ : Chère sœur,

F.*

souvenez-vous de moi dans vos prières, et soyez sûre que je ne vous oublierai pas devant Dieu.... Et pourquoi Dieu ne m'a-t-il pas prise dans ce moment? J'allois à lui sans inquiétude. C'est un si grand bonheur! et qui est-ce qui peut se le promettre deux fois? qui sait ce que je serai au dernier moment? il faut pourtant que j'y vienne. Puisse Dieu renouveler encore mes peines, et me l'accorder aussi tranquille que je l'avois! Je voyois les cieux ouverts, et ils l'étoient, sans doute; car la conscience alors ne trompe pas, et elle me promettoit une félicité éternelle.

Après avoir été administrée, je tombai dans une espèce de léthargie; on désespéra de moi pendant toute cette nuit. On venoit de temps en temps me tâter le pouls; je sentois des mains se promener sur mon visage, et j'entendois différentes voix qui disoient, comme dans le lointain : Il remonte... Son nez est froid... Elle n'ira pas à demain... Le rosaire et le Christ vous resteront... Et une autre voix courroucée qui disoit : Éloignez-vous, éloignez-vous; laissez-la mourir en paix; ne l'avez-vous pas assez tourmentée?.... Ce fut un moment bien doux pour moi, lorsque je sortis de cette crise, et que je rouvris les yeux, de me retrouver entre les bras de mon amie. Elle ne m'avoit point quittée; elle avoit passé la nuit à me secourir, à répéter les prières des agonisans, à me faire baiser le Christ et à l'approcher de ses lèvres, après l'avoir séparé des miennes. Elle crut, en me voyant ouvrir de grands yeux et pousser un profond soupir, que c'étoit le dernier; et elle se mit à jeter des cris et à m'appeler son amie; à dire : Mon Dieu, ayez pitié d'elle et de moi ! Mon Dieu, recevez son ame ! Chère amie ! quand vous serez devant Dieu, ressouvenez-vous de Sœur Ursule.... Je la regardai en souriant tristement, en versant une larme et lui serrant la main. M. Bouvard arriva dans ce moment ; c'est le médecin de la maison ; cet homme est habile, à ce qu'on dit, mais il est despote, orgueilleux et dur. Il écarta mon amie avec violence ; il me tâta le pouls et la peau ; il étoit accompagné de la supérieure et de ses favorites. Il fit quelques questions monosyllabiques sur ce qui s'étoit passé ; il répondit : Elle s'en tirera..... Et regardant la supérieure, à qui ce mot ne plaisoit pas : Oui, madame, lui dit-il, elle s'en tirera ; la peau est bonne, la fièvre est tombée, et la vie commence à poindre dans les yeux.... A chacun de ces mots, la joie se déployoit sur le visage de mon amie ; et sur celui de la supérieure et de ses compagnes, je ne sais quoi de chagrin que la contrainte dissimuloit mal. Monsieur, lui dis-je, je ne demande pas à vivre.... Tant pis, me répondit-il ; puis il ordonna quelque chose, et sortit. On dit que pendant ma léthargie, j'avois dit plusieurs fois : Chère mère, je vais donc vous joindre ! je vous dirai tout....

C'étoit apparemment à mon ancienne supérieure que je m'adressois, je n'en doute pas. Je ne donnai son portrait à personne, je desirois de l'emporter avec moi sous la tombe.

Le pronostic de M. Bouvard se vérifia; la fièvre diminua, des sueurs abondantes achevèrent de l'emporter; et l'on ne douta plus de ma guérison : je guéris en effet, mais j'eus une convalescence très-longue. Il étoit dit que je souffrirois dans cette maison toutes les peines qu'il est possible d'éprouver. Il y avoit eu de la malignité dans ma maladie; la Sœur Ursule ne m'avoit presque point quittée. Lorsque je commençois à prendre des forces, les siennes se perdirent, ses digestions se dérangèrent, elle étoit attaquée l'après-midi de défaillances qui duroient quelquefois un quart-d'heure : dans cet état, et elle étoit comme morte, sa vue s'éteignoit, une sueur froide lui couvroit le front, et se ramassoit en gouttes qui couloient le long de ses joues; ses bras, sans mouvement, pendoient à ses côtés. On ne la soulageoit un peu qu'en la délaçant et qu'en relâchant ses vêtemens. Quand elle revenoit de cet évanouissement, sa première idée étoit de me chercher à ses côtés, et elle m'y trouvoit toujours; quelquefois même, lorsqu'il lui restoit un peu de sentiment et de connoissance, elle promenoit sa main autour d'elle sans ouvrir les yeux. Cette action étoit si peu équivoque, que quelques religieuses s'étant offertes à cette main qui tâtonnoit, et n'en étant pas reconnues, parce qu'alors elle retomboit sans mouvement, elles me disoient : Sœur Suzanne, c'est à vous qu'elle en veut, approchez-vous donc.... Je me jetois à ses genoux, j'attirois sa main sur mon front, et elle y demeuroit posée jusqu'à la fin de son évanouissement; quand il étoit fini, elle me disoit : Eh bien ! Sœur Suzanne, c'est moi qui m'en irai, et c'est vous qui resterez; c'est moi qui la reverrai la première, je lui parlerai de vous, elle ne m'entendra pas sans pleurer (S'il y a des larmes amères, il en est aussi de bien douces); et si l'on aime là-haut, pourquoi n'y pleureroit-on pas ? Alors elle penchoit sa tête sur mon cou; elle en répandoit avec abondance, et elle ajoutoit : Adieu, Sœur Suzanne; adieu, mon amie; qui est-ce qui partagera vos peines quand je n'y serai plus ? Qui est-ce qui ?.... Ah ! chère amie, que je vous plains ! Je m'en vais, je le sens, je m'en vais. Si vous étiez heureuse, combien j'aurois de regret à mourir !

Son état m'effrayoit. Je parlai à la supérieure. Je voulois qu'on la mît à l'infirmerie, qu'on la dispensât des offices et des autres exercices pénibles de la maison, qu'on appelât un médecin; mais on me répondit toujours que ce n'étoit rien, que ces défaillances se passeroient toutes seules; et la chère Sœur Ursule ne demandoit pas mieux que de satisfaire à ses devoirs et à suivre la vie commune. Un jour, après les matines, auxquelles elle avoit assisté, elle ne reparut point. Je pensai qu'elle étoit bien mal; l'office du matin fini, je volai chez elle; je la trouvai couchée sur son lit toute habillée; elle me dit: Vous voilà, chère amie? Je me doutois que vous ne tarderiez pas à venir, et je vous attendois. Ecoutez-moi: Que j'avois d'impatience que vous vinssiez! Ma défaillance a été si forte et si longue, que j'ai cru que j'y resterois et que je ne vous reverrois plus. Tenez, voilà la clef de mon oratoire, vous en ouvrirez l'armoire, vous enlèverez une petite planche qui sépare en deux parties le tiroir d'en bas; vous trouverez derrière cette planche un paquet de papiers; je n'ai jamais pu me résoudre à m'en séparer, quelque danger que je courusse à les garder, et quelque douleur que je ressentisse à les lire; hélas! ils sont presque effacés de mes larmes: quand je ne serai plus, vous les brûlerez.... Elle étoit si foible et si oppressée, qu'elle ne put prononcer de suite deux mots de ce discours; elle s'arrêtoit presque à chaque syllabe, et puis elle parloit si bas, que j'avois peine à l'entendre, quoique mon oreille fût presque collée sur sa bouche. Je pris la clef, je lui montrai du doigt l'oratoire, et elle me fit signe de la tête que oui; ensuite, pressentant que j'allois la perdre, et persuadée que sa maladie étoit une suite ou de la mienne, ou de la peine qu'elle avoit prise, ou des soins qu'elle m'avoit donnés, je me mis à pleurer et à me désoler de toute ma force. Je lui baisai le front, les yeux, le visage, les mains ; je lui demandai pardon : cependant elle étoit comme distraite, elle ne m'entendoit pas ; et une de ses mains se reposoit sur mon visage et me caressoit ; je crois qu'elle ne me voyoit plus, peut-être même me croyoit-elle sortie, car elle m'appela, Sœur Suzanne ? = Je lui dis : Me voilà. = Quelle heure est-il ? = Il est onze heures et demie. = Onze heures et demie ! Allez-vous-en dîner ; allez, vous reviendrez tout-de-suite.... = Le dîner sonna, il fallut la quitter. Quand je fus à la porte elle me rappela ; je revins ; elle fit un effort pour me présenter ses joues ; je les baisai : elle me prit la main, elle me la tenoit serrée ; il sembloit qu'elle ne vouloit pas, qu'elle ne pouvoit me quitter ; cependant il le faut, dit-elle en me lâchant, Dieu le veut ; adieu, Sœur Suzanne. Donnez-moi mon crucifix.... Je le lui mis entre les mains, et je m'en allai.

On étoit sur-le-point de sortir de table. Je m'adressai à la supérieure, je lui parlai, en présence de toutes les religieuses, du danger de la Sœur Ursule, je la pressai d'en juger par elle-même. Eh bien ! dit-elle, il faut la voir. Elle y monta, accompagnée de quelques autres ; je les suivis :

elles entrèrent dans sa cellule ; la pauvre Sœur n'étoit plus ; elle étoit étendue sur son lit, toute vêtue, la tête inclinée sur son oreiller, la bouche entr'ouverte, les yeux fermés, et le Christ entre ses mains. La supérieure la regarda froidement, et dit : Elle est morte. Qui l'auroit crue si proche de sa fin ? C'étoit une excellente fille : qu'on aille sonner pour elle, et qu'on l'ensevelisse.

Je restai seule à son chevet. Je ne saurois vous peindre ma douleur ; cependant j'enviois son sort. Je m'approchai d'elle, je lui donnai des larmes, je la baisai plusieurs fois, et je tirai le drap sur son visage, dont les traits commençoient à s'altérer ; ensuite je songeai à exécuter ce qu'elle m'avoit recommandé. Pour n'être pas interrompue dans cette occupation, j'attendis que tout le monde fût à l'office : j'ouvris l'oratoire, j'abattis la planche, et je trouvai un rouleau de papiers assez considérable que je brûlai dès le soir. Cette jeune fille avoit toujours été mélancolique ; et je n'ai pas mémoire de l'avoir vu sourire, excepté une fois dans sa maladie.

Me voilà donc seule dans cette maison, dans le monde ; car je ne connoissois pas un être qui s'intéressât à moi. Je n'avois plus entendu parler de l'avocat Manouri ; je présumois, ou qu'il avoit été rebuté par les difficultés ; ou que, distrait par des amusemens ou par ses occupations, les offres de services qu'il m'avoit faites étoient bien loin de sa mémoire, et je ne lui en savois pas très-mauvais gré : j'ai le caractère porté à l'indulgence ; je puis tout pardonner aux hommes, excepté l'injustice, l'ingratitude et l'inhumanité. J'excusois donc l'avocat Manouri tant que je pouvois, et tous ces gens du monde qui avoient montré tant de vivacité dans le cours de mon procès, et pour qui je n'existois plus ; et vous-même, monsieur le marquis, lorsque nos supérieurs ecclésiastiques firent une visite dans la maison.

Ils entrent, ils parcourent les cellules, ils interrogent les religieuses, ils se font rendre compte de l'administration temporelle et spirituelle; et, selon l'esprit qu'ils apportent à leurs fonctions, ils réparent ou ils augmentent le désordre. Je revis donc l'honnête et dur M. Hébert, avec ses deux jeunes et compatissans acolytes. Ils se rappelèrent apparemment l'état déplorable où j'avois autrefois comparu devant eux; leurs yeux s'humectèrent; et je remarquai sur leur visage l'attendrissement et la joie. M. Hébert s'assit, et me fit asseoir vis-à-vis de lui ; ses deux compagnons se tinrent de bout derrière sa chaise; leurs regards étoient attachés sur moi. M. Hébert me dit : Eh bien ! Sœur Suzanne, comment en use-t-on à-présent avec vous ? = Je lui répondis : Monsieur, on m'oublie. = Tant mieux. = Et c'est aussi tout ce que je souhaite : mais j'aurois une grace importante à vous demander; c'est d'appeler ici ma

La Religieuse. G

Mère supérieure. = Et pourquoi ? = C'est que, s'il arrive que l'on vous fasse quelque plainte d'elle, elle ne manquera pas de m'en accuser. = J'entends ; mais dites-moi toujours ce que vous en savez. = Monsieur, je vous supplie de la faire appeler, et qu'elle entende elle-même vos questions et mes réponses. = Dites toujours. = Monsieur, vous m'allez perdre. = Non, ne craignez rien ; de ce jour vous n'êtes plus sous son autorité ; avant la fin de la semaine vous serez transférée à Sainte Eutrope, près d'Arpajon. Vous avez un bon ami. = Un bon ami, monsieur ! je ne m'en connois point. = C'est votre avocat. = M. Manouri ? = Lui-même. = Je ne croyois pas qu'il se souvînt encore de moi. = Il a vu vos sœurs ; il a vu M. l'archevêque, le premier président, toutes les personnes connues par leur piété ; il vous a fait une dot dans la maison que je viens de vous nommer ; et vous n'avez plus qu'un moment à rester ici. Ainsi, si vous avez connoissance de quelque désordre, vous pouvez m'en instruire sans vous compromettre ; et je vous l'ordonne par la sainte obéissance. = Je n'en connois point. = Quoi ! on a gardé quelque mesure avec vous depuis la perte de votre procès ? = On a cru, et l'on a dû croire que j'avois commis une faute en revenant contre mes vœux ; et l'on m'en a fait demander pardon à Dieu. = Mais ce sont les circonstances de ce pardon, que je voudrois savoir.... et en disant ces mots il secouoit la tête, il fronçoit les sourcils; et je conçus qu'il ne tenoit qu'à moi de renvoyer à la supérieure une partie des coups de discipline qu'elle m'avoit fait donner; mais ce n'étoit pas mon dessein. L'archidiacre vit bien qu'il ne sauroit rien de moi, et il sortit en me recommandant le secret sur ce qu'il m'avoit confié de ma translation à Sainte Eutrope d'Arpajon. Comme le bonhomme Hébert marchoit seul dans le corridor, ses deux compagnons se retournèrent, et me saluèrent d'un air très-affectueux et très-doux. Je ne sais qui ils sont: mais Dieu veuille leur conserver ce caractère tendre et miséricordieux qui est si rare dans leur état, et qui convient si fort aux dépositaires de la foiblesse de l'homme et aux intercesseurs de la miséricorde de Dieu. Je croyois M. Hébert occupé à consoler, à interroger ou à réprimander quelque autre religieuse, lorsqu'il rentra dans ma cellule. Il me dit: D'où connoissez-vous M. Manouri? = Par mon procès. = Qui est-ce qui vous l'a donné? = C'est madame la présidente. = Il a fallu que vous conférassiez souvent avec lui dans le cours de votre affaire? = Non, monsieur, je l'ai peu vu. = Comment l'avez-vous instruit? = Par quelques mémoires écrits de ma main. = Vous avez des copies de ces mémoires? = Non, monsieur. = Qui est-ce qui lui remettoit ces mémoires? = Madame la présidente. = Et d'où la connoissiez-vous? = Je la connoissois par la Sœur Ursule, mon amie et sa parente. = Vous avez vu M. Manouri depuis la perte de votre procès? = Un efois. = C'est bien peu. Il ne vous a point écrit? = Non, monsieur. = Vous ne lui avez point écrit? = Non, monsieur. = Il vous apprendra sans-doute ce qu'il a fait pour vous. Je vous ordonne de ne le point voir au parloir; et s'il vous écrit, soit directement, soit indirectement, de m'envoyer sa lettre sans l'ouvrir; entendez-vous, sans l'ouvrir. = Oui, monsieur; et je vous obéirai. Soit que la méfiance de M. Hébert me regardât, ou mon bienfaiteur, j'en fus blessée.

M. Manouri vint à Longchamp dans la soirée même: je tins parole à l'archidiacre; je refusai de lui parler. Le lendemain il m'écrivit par son émissaire; je reçus sa lettre, et je l'envoyai, sans l'ouvrir, à M. Hébert. C'étoit le mardi, autant qu'il m'en souvient. J'attendois toujours avec impatience l'effet de la promesse de l'archidiacre et des mouvemens de M. Manouri. Le mercredi, le jeudi, le vendredi se passèrent sans que j'entendisse parler de rien. Combien ces journées me parurent longues! Je tremblois qu'il ne fût survenu quelque obstacle qui eût tout dérangé. Je ne recouvrois pas ma liberté, mais je changeois de prison; et c'est quelque chose. Un premier événement heureux fait germer en nous l'espérance d'un second; et c'est peut-être là l'origine du proverbe qu'*un bonheur ne vient point sans un autre.*

Je connoissois les compagnes que je quittois ; et je n'avois pas de peine à supposer que je gagnerois quelque chose à vivre avec d'autres prisonnières ; quelles qu'elles fussent, elles ne pouvoient être ni plus méchantes, ni plus mal intentionnées. Le samedi matin, sur les neuf heures, il se fit un grand mouvement dans la maison ; il faut bien peu de chose pour mettre des têtes de religieuses en l'air. On alloit, on venoit, on se parloit bas ; les portes des dortoirs s'ouvroient et se fermoient ; c'est, comme vous l'avez pu voir jusqu'ici, le signal des révolutions monastiques. J'étois seule dans ma cellule ; le cœur me battoit. J'écoutois à la porte, je regardois par ma fenêtre, je me démenois sans savoir ce que je faisois ; je me disois à moi-même en tressaillant de joie : C'est moi qu'on vient chercher ; tout-à-l'heure je n'y serai plus.... et je ne me trompois pas.

Deux figures inconnues se présentèrent à moi ; c'étoient une religieuse et la tourrière d'Arpajon ; elles m'instruisirent en un mot du sujet de leur visite. Je pris tumultueusement le petit butin qui m'appartenoit ; je le jetai pêle-mêle dans le tablier de la tourrière, qui le mit en paquets. Je ne demandai point à voir la supérieure ; la Sœur Ursule n'étoit plus ; je ne quittois personne. Je descends ; on m'ouvre les portes, après avoir visité ce que j'emportois ; je monte dans un carrosse, et me voilà partie.

L'archidiacre et ses deux jeunes ecclésiastiques, madame la présidente de ***, et M. Manouri, s'étoient rassemblés chez la supérieure, où on les avertit de ma sortie. Chemin faisant, la religieuse m'instruisit de la maison ; et la tourrière ajoutoit pour refrein à chaque phrase de l'éloge qu'on m'en faisoit : C'est la pure vérité.... Elle se félicitoit du choix qu'on avoit fait d'elle pour aller me prendre, et vouloit être mon amie ; en conséquence elle me confia quelques secrets, et me donna quelques conseils sur ma conduite ; ces conseils étoient apparemment à son usage, mais ils ne pouvoient être au mien. Je ne sais si vous avez vu le couvent d'Arpajon ; c'est un bâtiment quarré, dont un des côtés regarde sur le grand chemin, et l'autre sur la campagne et les jardins. Il y avoit à chaque fenêtre de la première façade une, deux, ou trois religieuses ; cette seule circonstance m'en apprit, sur l'ordre qui régnoit dans la maison, plus que tout ce que la religieuse et sa compagne ne m'en avoient dit. On connoissoit apparemment la voiture où nous étions ; car en un clin-d'œil toutes ces têtes voilées disparurent ; et j'arrivai à la porte de ma nouvelle prison. La supérieure vint au-devant de moi, les bras ouverts, m'embrassa, me prit par la main, et me conduisit dans la salle de la communauté, où quelques religieuses m'avoient devancée, et où d'autres accoururent.

Cette supérieure s'appelle madame ***. Je ne saurois me refuser à l'envie de vous la peindre avant que d'aller plus loin. C'est une petite femme toute ronde, cependant prompte et vive dans ses mouvemens : sa tête n'est jamais assise sur ses épaules ; il y a toujours quelque chose qui cloche dans son vêtement ; sa figure est plutôt bien que mal ; ses yeux dont l'un, c'est le droit, est plus haut et plus grand que l'autre, sont pleins de feu et distraits : quand elle marche, elle jette ses bras en avant et en arrière. Veut-elle parler ? elle ouvre la bouche, avant que d'avoir arrangé ses idées ; aussi bégaye-t-elle un peu. Est-elle assise ? elle s'agite sur son fauteuil, comme si quelque chose l'incommodoit : elle oublie toute bienséance ; elle lève sa guimpe pour se frotter la peau ; elle croise ses jambes ; elle vous interroge ; vous lui répondez ; et elle ne vous écoute pas : elle vous parle, et elle se perd, s'arrête tout court, ne sait plus où elle en est, se fâche, et vous appelle grosse bête, stupide, imbécille, si vous ne la remettez sur la voie : elle est tantôt familière jusqu'à tutoyer, tantôt impérieuse et fière jusqu'au dédain ; ses momens de dignité sont courts : elle est alternativement compatissante et dure ; sa figure décomposée marque tout le décousu de son esprit et toute l'inégalité de son caractère ; aussi l'ordre et le désordre se succédoient-ils dans la maison; il y avoit des jours où tout étoit confondu, les pensionnaires avec les novices, les novices avec les religieuses; où l'on couroit dans les chambres les unes des autres; où l'on prenoit ensemble du thé, du café, du chocolat, des liqueurs; où l'office se faisoit avec la célérité la plus indécente : au milieu de ce tumulte le visage de la supérieure change subitement, la cloche sonne; on se renferme, on se retire; le silence le plus profond suit le bruit, les cris et le tumulte ; et l'on croiroit que tout est mort subitement. Une religieuse alors manque-t-elle à la moindre chose? elle la fait venir dans sa cellule, la traite avec dureté, lui ordonne de se déshabiller et de se donner vingt coups de discipline; la religieuse obéit, se déshabille, prend sa discipline, et se macère ; mais à-peine s'est-elle donné quelques coups, que la supérieure, devenue compatissante, lui arrache l'instrument de pénitence, se met à pleurer, dit qu'elle est bien malheureuse d'avoir à punir, lui baise le front, les yeux, la bouche, les épaules ; la caresse, la loue. Mais, qu'elle a la peau blanche et douce ! le bel embonpoint ! le beau cou ! le beau chignon !.. Sœur Sainte-Augustine, mais tu es folle d'être honteuse; laisse tomber ce linge ; je suis femme, et ta supérieure. Oh la belle gorge ! qu'elle est ferme ! et je souffrirois que cela fût déchiré par des pointes ? Non non, il n'en sera rien.... Elle la baise encore, la relève, la rhabille elle-même, lui dit les choses les plus douces, la dispense des offices, et la renvoie dans sa cellule. On est très-mal avec ces femmes-là; on ne sait jamais ce qui leur plaira ou déplaira, ce qu'il faut éviter ou faire ; il n'y a rien de réglé ; ou l'on est servi à profusion, ou l'on meurt de faim; l'économie de la maison s'embarrasse, les remontrances sont ou mal prises ou négligées; on est toujours trop près ou trop loin des supérieures de ce caractère ; il n'y a ni vraie distance, ni mesure; on passe de la disgrace à la faveur, et de la faveur à la disgrace, sans qu'on sache pourquoi. Voulez-vous que je vous donne, dans une petite chose, un exemple général de son administration? Deux fois l'année, elle couroit de cellule en cellule, et faisoit jetter par les fenêtres toutes les bouteilles de liqueur qu'elle y trouvoit; et quatre jours après elle-même en renvoyoit à la plûpart de ses religieuses. Voilà celle à qui j'avois fait le vœu solemnel d'obéissance; car nous portons nos vœux d'une maison dans une autre.

J'entrai avec elle ; elle me conduisoit en me tenant embrassée par le milieu du corps. On servit une collation de fruits, de massepains et de confitures. Le grave archidiacre commença mon éloge, qu'elle interrompit par : On a eu tort, on a eu tort, je le sais.... Le grave archidiacre voulut continuer; et la supérieure l'interrompit par : Comment s'en sont-elles défaites ? C'est la modestie et la douceur même ; on dit qu'elle est remplie de talens.... Le grave archidiacre voulut reprendre ses derniers mots ; la supérieure l'interrompit encore, en me disant bas à l'oreille : Je vous aime à la folie ; et quand ces pédans-là seront sortis, je ferai venir nos Sœurs, et vous nous chanterez un petit air, n'est-ce pas ?.... Il me prit une envie de rire. Le grave M. Hébert fut un peu déconcerté ; ses deux jeunes compagnons sourioient de son embarras et du mien. Cependant M. Hébert revint à son caractère et à ses manières accoutumées, lui ordonna brusquement de s'asseoir, et lui imposa silence. Elle s'assit ; mais elle n'étoit pas à son aise ; elle se tourmentoit à sa place, elle se grattoit la tête, elle rajustoit son vêtement où il n'étoit pas dérangé ; elle bâilloit ; et cependant l'archidiacre péroroit sensément sur la maison que j'avois quittée, sur les désagrémens que j'avois éprouvés, sur celle où j'entrois, sur les obligations que j'avois aux personnes qui m'avoient servie. En cet endroit, je regardai M. Manouri, il baissa les yeux. Alors la conversation devint plus générale ; le silence pénible, imposé à la supérieure, cessa. Je m'approchai de M. Manouri ; je le remerciai des services qu'il m'avoit rendus ; je tremblois, je balbutiois, je ne savois quelle reconnoissance lui promettre. Mon trouble, mon embarras, mon attendrissement, car j'étois vraiment touchée, un mélange de larmes et de joie, toute mon action lui parla beaucoup mieux que je n'aurois pu faire. Sa réponse ne fut pas plus arrangée que mon discours; il fut aussi troublé que moi. Je ne sais ce qu'il me disoit; mais j'entendois, qu'il seroit trop récompensé, s'il avoit adouci la rigueur de mon sort; qu'il se ressouviendroit de ce qu'il avoit fait, avec plus de plaisir encore que moi; qu'il étoit bien fâché que ses occupations, qui l'attachoient au palais de Paris, ne lui permissent pas de visiter souvent le cloître d'Arpajon; mais qu'il espéroit de monsieur l'archidiacre, et de madame la supérieure, la permission de s'informer de ma santé et de ma situation. L'archidiacre n'entendit pas cela; mais la supérieure répondit : Monsieur, tant que vous voudrez; elle fera tout ce qui lui plaira; nous tâcherons de réparer ici les chagrins qu'on lui a donnés.... Et puis tout bas à moi : Mon enfant, tu as donc bien souffert? Mais comment ces créatures de Longchamp ont-elles eu le courage de te maltraiter? J'ai connu ta supérieure; nous avons été pensionnaires ensemble à Port-Royal; c'étoit la bête noire des autres. Nous aurons le temps de nous voir; tu me raconteras tout cela.... Et en disant ces mots, elle prenoit une de mes mains qu'elle me frappoit de petits coups avec la sienne. Les jeunes ecclésiastiques me firent aussi leur compliment. Il étoit tard; M. Manouri prit congé de nous; l'archidiacre et ses compagnons allèrent chez M.***, seigneur d'Arpajon, où ils étoient invités; et je restai seule avec la supérieure; mais ce ne fut pas pour long-temps : toutes les religieuses, toutes les novices, toutes les pensionnaires accoururent pêle-mêle : en un instant je me vis entourée d'une centaine de personnes. Je ne savois à qui entendre ni à qui répondre; c'étoient des figures de toute espèce et des propos de toutes couleurs; cependant je discernai qu'on n'étoit mécontent ni de mes réponses ni de ma personne.

Quand cette conférence importune eut duré quelque temps, et que la première curiosité eut été satisfaite, la foule diminua; la supérieure écarta le reste, et elle vint elle-même m'installer dans ma cellule. Elle m'en fit les honneurs à sa mode; elle me montroit l'oratoire, et disoit : C'est là que ma petite amie priera Dieu; je veux qu'on lui mette un coussin sur ce marche-pied, afin que ses petits genoux ne soient pas blessés. Il n'y a point d'eau-bénite à ce bénitier; cette sœur Dorothée oublie toujours quelque chose. Essayez ce fauteuil; voyez s'il vous sera commode.... Et tout en parlant ainsi, elle m'assit, me pencha la tête sur le dossier, et me baisa le front. Cependant elle alla à la fenêtre, pour s'assurer que les chassis se levoient et se baissoient facilement : à mon lit, et elle en tira et retira les rideaux, pour voir s'ils fermoient bien. Elle examina les couvertures : elles sont bonnes. Elle prit le traversin, et le faisant bouffer, elle disoit : Chère tête sera fort bien là-dessus ; ces draps ne sont pas fins, mais ce sont ceux de la communauté ; ces matelas sont bons.... Cela fait, elle vient à moi, m'embrasse, et me quitte. Pendant cette scène je disois en moi-même: O la folle créature ! Et je m'attendois à de bons et de mauvais jours.

Je m'arrangeai dans ma cellule ; j'assistai à l'office du soir, au souper, à la récréation qui suivit. Quelques religieuses s'approchèrent de moi, d'autres s'en éloignèrent ; celles-là comptoient sur ma protection auprès de la supérieure ; celles-ci étoient déjà alarmées de la prédilection qu'elle m'avoit accordée. Ces premiers momens se passèrent en éloges réciproques, en questions sur la maison que j'avois quittée, en essais de mon caractère, de mes inclinations, de mes goûts, de mon esprit : on vous tâte par-tout ; c'est une suite de petites embûches qu'on vous tend, et d'où l'on tire les conséquences les plus justes. Par exemple, on jette un mot de médisance, et l'on vous regarde ; on entame une histoire, et l'on attend que vous en demandiez la suite, ou que vous la laissiez ; si vous dites un mot ordinaire, on le trouve charmant, quoiqu'on sache bien qu'il n'en est rien ; on vous loue ou l'on vous blâme à dessein ; on cherche à démêler vos pensées les plus secrètes ; on vous interroge sur vos lectures ; on vous offre des livres sacrés et profanes ; on remarque votre choix : on vous invite à de légères infractions de la règle ; on vous fait des confidences ; on vous jette des mots sur les travers de la supérieure : tout se recueille et se rédit ; on vous quitte, on vous reprend ; on sonde vos sentimens sur les mœurs, sur la piété, sur le monde, sur la religion, sur la vie monastique, sur tout. Il résulte de ces expériences réitérées une épithète qui vous caractérise, et qu'on attache en surnom à celui que vous portez ; ainsi je fus appelée Sainte - Suzanne la réservée.

Le premier soir, j'eus la visite de la supérieure ; elle vint à mon déshabiller ; ce fut elle qui m'ôta mon voile et ma guimpe, et qui me coiffa de nuit : ce fut elle qui me déshabilla. Elle me tint cent propos doux, et me fit mille caresses qui m'embarrassèrent un peu ; je ne sais pas pourquoi, car je n'y entendois rien ni elle non plus : à-présent même que j'y réfléchis, qu'aurions-nous pu y entendre ? Cependant j'en parlai à mon directeur, qui traita cette familiarité, qui me paroissoit innocente et qui me le paroît encore, d'un ton fort sérieux, et me défendit gravement de m'y prêter davantage. Elle me baisa le cou, les épaules, les bras ; elle loua mon embonpoint et ma taille, et me mit au lit ; elle releva mes couvertures d'un et d'autre côté, me baisa les yeux, tira mes rideaux, et s'en alla. J'oubliois de vous dire qu'elle supposa que j'étois fatiguée, et qu'elle me permit de rester au lit tant que je voudrois.

J'usai de sa permission ; c'est , je crois , la seule bonne nuit que j'aye passée dans le cloître ; et si, je n'en suis presque jamais sortie. Le lendemain, sur les neuf heures , j'entendis frapper doucement à ma porte ; j'étois encore couchée ; je répondis, on entra ; c'étoit une religieuse qui me dit , d'assez mauvaise humeur , qu'il étoit tard ; et que la Mère supérieure me demandoit. Je me levai , je m'habillai à la hâte , et j'allai. Bon jour, mon enfant, me dit-elle ; avez-vous bien passé la nuit ? Voilà du café qui vous attend depuis une heure ; je crois qu'il sera bon, dépêchez-vous de le prendre , et puis après nous causerons... Et tout en disant cela elle étendoit un mouchoir sur la table , en déployoit un autre sur moi, versoit le café, et le sucroit. Les autres religieuses en faisoient autant les unes chez les autres. Tandis que je déjeûnois , elle m'entretint de mes compagnes , me les peignit selon son aversion ou son goût , me fit mille amitiés , mille questions sur la maison que j'avois quittée , sur mes parens , sur les désagrémens que j'avois eus ; loua, blâma à sa fantaisie , n'entendit jamais ma réponse jusqu'au bout. Je ne la contredis point ; elle fut contente de mon esprit , de mon jugement et de ma discrétion. Cependant il vint une religieuse, puis une autre, puis une troisième, puis une quatrième, une cinquième ; on parla des oiseaux de la Mère , celle-ci des tics de la Sœur, celle-là de tous les petits ridicules des absentes ;

on se mit en gaîté. Il y avoit une épinette dans un coin de la cellule ; j'y posai les doigts par distraction ; car, nouvelle arrivée dans la maison, et ne connoissant point celles dont on plaisantoit, cela ne m'amusoit guère ; et quand j'aurois été plus au fait, cela ne m'auroit pas amusée davantage. Il faut trop d'esprit pour bien plaisanter ; et puis, qui est-ce qui n'a point un ridicule ? Tandis que l'on rioit ; je faisois de saccords, peu-à-peu j'attirai l'attention. La supérieure vint à moi, et me frappant un petit coup sur l'épaule : allons, Sainte-Suzanne, me dit-elle, amuse-nous ; joue d'abord, et puis après tu chanteras. Je fis ce qu'elle me disoit, j'exécutai quelques pièces que j'avois dans les doigts ; je préludai de fantaisie ; et puis je chantai quelques versets des pseaumes de Mondonville. Voilà qui est fort bien, me dit la supérieure ; mais nous avons de la sainteté à l'église tant qu'il nous plaît : nous sommes seules ; celles-ci sont mes amies, et elles seront aussi les tiennes ; chante-nous quelque chose de plus gai. = Quelques-unes des religieuses dirent : Mais elle ne sait peut-être que cela ; elle est fatiguée de son voyage ; il faut la ménager ; en voilà bien assez pour une fois. = Non, non, dit la supérieure, elle s'accompagne à merveille, elle a la plus belle voix du monde (et en effet je ne l'ai pas laide ; cependant plus de justesse, de douceur et de flexibilité que de force et d'étendue), je ne la tiendrai quitte qu'elle ne nous ait dit autre chose. = J'étois un peu offensée du propos des religieuses ; je répondis à la supérieure que cela n'amusoit plus les Sœurs. = Mais cela m'amuse encore, moi. = Je me doutois de cette réponse. Je chantai donc une chansonnette assez délicate ; et toutes battirent des mains, me louèrent, m'embrassèrent, me caressèrent, m'en demandèrent une seconde ; petites minauderies fausses, dictées par la réponse de la supérieure ; il n'y en avoit presque pas une là qui ne m'eût ôté ma voix et rompu les doigts, si elle l'avoit pu. Celles qui n'avoient peut-être entendu de musique de leur vie, s'avisèrent de jeter sur mon chant des mots aussi ridicules que déplaisans, qui ne prirent point auprès de la supérieure. Taisez-vous, leur dit-elle ; elle joue et chante comme un ange, et je veux qu'elle vienne ici tous les jours ; *j'ai su un peu de clavecin* autrefois, et je veux qu'elle m'y remette. Ah ! madame, lui dis-je, quand on a su autrefois on n'a pas tout oublié.... Très-volontiers, cède-moi ta place.... Elle préluda, elle joua des choses folles, bizarres, décousues comme ses idées ; mais je vis, à travers tous les défauts de son exécution, qu'elle avoit la main infiniment plus légère que moi. Je le lui dis ; car j'aime à louer, et j'ai rarement perdu l'occasion de le faire avec vérité ; cela est si doux ! Les religieuses s'éclipsèrent les unes après les autres, et je restai presque seule avec la supérieure

G *

à parler musique. Elle étoit assise ; j'étois debout ; elle me prenoit les mains, et elle me disoit en les serrant : Mais outre qu'elle joue bien, c'est qu'elle a les plus jolis doigts du monde ; voyez donc, Sœur Thérèse.... Sœur Thérèse baissoit les yeux, rougissoit et bégayoit ; cependant que j'eusse les doigts jolis ou non ; que la supérieure eût tort ou raison de l'observer, qu'est-ce que cela faisoit à cette Sœur ? La supérieure m'embrassoit par le milieu du corps ; et elle trouvoit que j'avois la plus jolie taille. Elle m'avoit tirée à elle, elle me fit asseoir sur ses genoux ; elle me relevoit la tête avec les mains, et m'invitoit à la regarder ; elle louoit mes yeux, ma bouche, mes joues, mon teint ; je ne répondois rien, j'avois les yeux baissés, et je me laissois aller à toutes ces caresses comme une idiote. Sœur Thérèse étoit distraite, inquiète, se promenoit à droite et à gauche, touchoit à tout sans avoir besoin de rien, ne savoit que faire de sa personne, regardoit par la fenêtre, croyoit avoir entendu frapper à la porte ; et la supérieure lui dit : Sainte-Thérèse, tu peux t'en aller si tu t'ennuies. = Madame, je ne m'ennuie pas. = C'est que j'ai mille choses à demander à cette enfant. = Je le crois. = Je veux savoir toute son histoire ; comment réparerai-je les peines qu'on lui a faites, si je les ignore ? Je veux qu'elle me les raconte sans rien omettre ; je suis sûre que j'en aurai le cœur déchiré, et que j'en pleurerai ; mais n'importe : Sainte-Suzanne, quand est-ce que je saurai tout ? = Madame, quand vous l'ordonnerez. = Je t'en prierois tout-à-l'heure, si nous en avions le temps. Quelle heure est-il ? Sœur Thérèse répondit : Madame, il est cinq heures, et les vêpres vont sonner. = Qu'elle commence toujours. = Mais, madame, vous m'aviez promis un moment de consolation avant vêpres. J'ai des pensées qui m'inquiètent ; je voudrois bien ouvrir mon cœur à maman. Si je vais à l'office sans cela, je ne pourrai prier, je serai distraite. = Non, non, dit la supérieure, tu es folle avec tes idées. Je gage que je sais ce que c'est ; nous en parlerons demain. = Ah ! chère mère, dit Sœur Thérèse, en se jetant aux pieds de la supérieure, et en fondant en larmes, que ce soit tout-à-l'heure. = Madame, dis-je à la supérieure, en me levant de sur ses genoux où j'étois restée, accordez à ma sœur ce qu'elle vous demande ; ne laissez pas durer sa peine ; je vais me retirer ; j'aurai toujours le temps de satisfaire l'intérêt que vous voulez bien prendre à moi ; et quand vous aurez entendu ma Sœur Thérèse, elle ne souffrira plus... Je fis un mouvement vers la porte pour sortir ; la supérieure me retenoit d'une main ; Sœur Thérèse, à genoux, s'étoit emparée de l'autre, la baisoit et pleuroit ; et la supérieure lui disoit : En vérité, Sainte-Thérèse, tu es bien incommode avec tes inquiétudes ; je te l'ai déjà dit, cela me déplaît, cela me gêne ;

je ne veux pas être gênée. = Je le sais, mais je ne suis pas la maîtresse de mes sentimens; je voudrois et je ne saurois.... = Cependant je m'étois retirée, et j'avois laissé avec la supérieure la jeune Sœur. Je ne pus m'empêcher de la regarder à l'église; il lui restoit de l'abattement et de la tristesse; nos yeux se rencontrèrent plusieurs fois; et il me sembla qu'elle avoit de la peine à soutenir mon regard. Pour la supérieure, elle s'étoit assoupie dans sa stalle.

L'office fut dépêché en un clin-d'œil : le chœur n'étoit pas, à ce qu'il me parut, l'endroit de la maison où l'on se plaisoit le plus. On en sortit avec la vîtesse et le babil d'une troupe d'oiseaux qui s'échapperoient de leur volière; et les Sœurs se répandirent les unes chez les autres, en courant, en riant, en parlant; la supérieure se renferma dans sa cellule, et la Sœur Thérèse s'arrêta sur la porte de la sienne, m'épiant comme si elle eut été curieuse de savoir ce que je deviendrois. Je rentrai chez moi, et la porte de la cellule de la Sœur Thérèse ne se referma que quelque temps après, et se referma doucement. Il me vint en idée que cette jeune fille étoit jalouse de moi, et qu'elle craignoit que je ne lui ravisse la place qu'elle occupoit dans les bonnes graces et l'intimité de la supérieure. Je l'observai plusieurs jours de suite; et lorsque je me crus suffisamment assurée de mon soupçon par ses petites colères, ses puériles allarmes, sa persévérance à me suivre à la piste, à m'examiner, à se trouver entre la supérieure et moi, à briser nos entretiens, à déprimer mes qualités, à faire sortir mes défauts, plus encore à sa pâleur, à sa douleur, à ses pleurs, au dérangement de sa santé et même de son esprit, je l'allai trouver et je lui dis : Chère amie, qu'avez-vous ? = Elle ne me répondit pas ; ma visite la surprit et l'embarrassa ; elle ne savoit ni que dire, ni que faire. = Vous ne me rendez pas assez de justice ; parlez-moi vrai, vous craignez que je n'abuse du goût que notre mère a pris pour moi ; que je ne vous éloigne de son cœur. Rassurez-vous ; cela n'est pas dans mon caractère : si j'étois jamais assez heureuse pour obtenir quelque empire sur son esprit.... = Vous aurez tout celui qu'il vous plaira ; elle vous aime ; elle fait aujourd'hui pour vous précisément ce qu'elle a fait pour moi dans les commencemens. = Eh bien ! soyez sûre que je ne me servirai de la confiance qu'elle m'accordera, que pour vous rendre plus chérie. = Et cela dépendra-t-il de vous ? = Et pourquoi cela n'en dépendroit-il pas ? = Au-lieu de me répondre, elle se jeta à mon cou, et elle me dit en soupirant : Ce n'est pas votre faute, je le sais bien, je me le dis à tout moment ; mais promettez-moi.... = Que voulez-vous que je vous promette ? = Que.... = Achevez ; je ferai tout ce qui dépendra de moi. == Elle hésita, se couvrit les yeux de ses mains, et me dit d'une voix si basse qu'à-peine je l'entendois : Que vous la verrez le moins souvent que vous pourrez.... == Cette demande me parut si étrange, que je ne pus m'empêcher de lui répondre : Et que vous importe que je voye souvent ou rarement notre supérieure ? Je ne suis point fâchée que vous la voyiez sans cesse, moi. Vous ne devez pas être plus fâchée que j'en fasse autant ; ne suffit-il pas que je vous proteste que je ne vous nuirai auprès d'elle, ni à vous, ni à personne ? == Elle ne me répondit que par ces mots qu'elle prononça d'une manière douloureuse, en se séparant de moi, et en se jetant sur son lit : Je suis perdue ! == Perdue ! Et pourquoi ? Mais il faut que vous me croyiez la plus méchante créature qui soit au monde !

Nous en étions là lorsque la supérieure entra. Elle avoit passé à ma cellule ; elle ne m'y avoit point trouvée ; elle avoit parcouru presque toute la maison inutilement ; il ne lui vint pas en pensée que j'étois chez Sœur Sainte-Thérèse. Lorsqu'elle l'eut appris par celles qu'elle avoit envoyées à ma découverte, elle accourut. Elle avoit un peu de trouble dans le regard et sur son visage ; mais toute sa personne étoit si rarement ensemble ! Sainte-Thérèse étoit en silence, assise sur son lit, moi de bout. Je lui dis : Ma chère mère, je vous demande pardon d'être venue ici sans votre permission. = Il est vrai, me répondit-elle, qu'il eût été mieux de la demander. = Mais cette chère sœur m'a fait compassion ; j'ai vu qu'elle étoit en peine. = Et de quoi ? = Vous le dirai-je ? Et pourquoi ne vous le dirois-je pas ? C'est une délicatesse qui fait tant d'honneur à son ame, et qui marque si vivement son attachement pour vous. Les témoignages de bonté que vous m'avez donnés, ont allarmé sa tendresse ; elle a craint que je n'obtinsse dans votre cœur la préférence sur elle ; ce sentiment de jalousie, si honnête d'ailleurs, si naturel et si flatteur pour vous, chère Mère, étoit, à ce qu'il m'a semblé, devenu cruel pour ma Sœur ; et je la rassurois. = La supérieure, après m'avoir écoutée, prit un air sévère et imposant, et lui dit : Sœur Thérèse, je vous ai aimée, et je vous aime encore ; je n'ai point à me plaindre de vous, et vous n'aurez point à vous plaindre de moi ; mais je ne saurois souffrir ces prétentions exclusives. Défaites-vous-en, si vous craignez d'éteindre ce qui me reste d'attachement pour vous, et si vous vous rappelez le sort de la Sœur Agathe... Puis, se tournant vers moi, elle me dit : C'est cette grande brune que vous voyez au chœur vis-à-vis de moi. (Car je me répandois si peu ; il y avoit si peu de temps que j'étois à la maison ; j'étois si nouvelle, que je ne ne savois pas encore tous les noms de mes compagnes). Elle ajouta : Je l'aimois, lorsque Sœur Thérèse entra ici, et que je commençai à la chérir. Elle eut les mêmes inquiétudes ; elle fit les mêmes folies : je l'en avertis ; elle ne se corrigea point, et je fus obligée d'en venir à des voies sévères qui ont duré trop long-temps, et qui sont très-contraires à mon caractère ; car elles vous diront toutes que je suis bonne, et que je ne punis jamais qu'à contre-cœur.... Puis s'adressant à Sainte-Thérèse, elle ajouta : Mon enfant, je ne veux point être gênée, je vous l'ai déjà dit ; vous me connoissez ; ne me faites point sortir de mon caractère.... Ensuite elle me dit, en s'appuyant d'une main sur mon épaule : Venez, Sainte-Suzanne ; reconduisez-moi. Nous sortîmes. Sœur Thérèse voulut nous suivre ; mais la supérieure détournant la tête négligemment par-dessus mon épaule, lui dit d'un ton de despotisme : Rentrez dans votre cellule, et n'en sortez pas que je ne vous le permette.... Elle obéit, ferma sa porte avec violence, et s'échappa en quelques discours qui firent frémir la supérieure ; je ne sais pourquoi, car ils n'avoient pas de sens. Je vis sa colère, et je lui dis : Chère Mère, si vous avez quelque bonté pour moi, pardonnez à ma Sœur Thérèse ; elle a la tête perdue, elle ne sait ce qu'elle dit, elle ne sait ce qu'elle fait. = Que je lui pardonne ? Je le veux bien ; mais que me donnerez-vous ? =

Ah ! chère Mère, serai-je assez heureuse pour avoir quelque chose qui vous plût et qui vous appaisât ? = Elle baissa les yeux, rougit et soupira ; en vérité, c'étoit comme un amant. Elle me dit ensuite, en se jetant nonchalamment sur moi, comme si elle eut défailli : Approchez votre front, que je le baise.... Je me penchai, et elle me baisa le front. Depuis ce temps, si-tôt qu'une religieuse avoit fait quelque faute, j'intercédois pour elle, et j'étois sûre d'obtenir sa grace par quelque faveur innocente ; c'étoit toujours un baiser ou sur le front, ou sur le cou, ou sur les yeux, ou sur les joues, ou sur la bouche, ou sur les mains, ou sur la gorge, ou sur les bras, mais plus souvent sur la bouche ; elle trouvoit que j'avois l'haleine pure, les dents blanches, et les lèvres fraîches et vermeilles. En vérité je serois bien belle, si je méritois la plus petite partie des éloges qu'elle me donnoit : si c'étoit mon front, il étoit blanc, uni et d'une forme charmante ; si c'étoient mes yeux, ils étoient brillans ; si c'étoient mes joues, elles étoient vermeilles et douces ; si c'étoient mes mains, elles étoient petites et potelées ; si c'étoit ma gorge, elle étoit d'une fermeté de pierre et d'une forme admirable ; si c'étoient mes bras, il étoit impossible de les avoir mieux tournés et plus ronds ; si c'étoit mon cou, aucune des Sœurs ne l'avoit mieux fait et d'une beauté plus exquise et plus rare : que sais-je tout ce qu'elle me disoit ! Il y avoit bien quelque chose de vrai dans ses louanges ; j'en rabattois beaucoup, mais non pas tout. Quelquefois, en me regardant de la tête aux pieds, avec un air de complaisance que je n'ai jamais vu à aucune autre femme, elle me disoit: Non, c'est le plus grand bonheur que Dieu l'ait appelée dans la retraite ; avec cette figure-là, dans le monde, elle auroit damné autant d'hommes qu'elle en auroit vus ; et elle se seroit damnée avec eux. Dieu fait bien tout ce qu'il fait.

Cependant nous nous avancions vers sa cellule ; je me disposois à la quitter ; mais elle me prit par la main et me dit : Il est trop tard pour commencer votre histoire de Sainte-Marie et de Longchamp ; mais entrez, vous me donnerez une petite leçon de clavecin. Je la suivis. En un moment elle eut ouvert le clavecin, préparé un livre, approché une chaise ; car elle étoit vive. Je m'assis. Elle pensa que je pourrois avoir froid ; elle détacha de dessus les chaises un coussin qu'elle posa devant moi, se baissa et me prit les deux pieds qu'elle mit dessus ; ensuite elle alla se placer derrière la chaise et s'appuyer sur le dossier. Je fis d'abord des accords ; ensuite je jouai quelques pièces de Couperin, de Rameau, de Scarlatti : cependant elle avoit levé un coin de mon linge de cou, sa main étoit placée sur mon épaule nue, et l'extrémité de ses doigts posée sur ma gorge. Elle soupiroit ; elle paroissoit oppressée, son haleine s'embarrassoit; la main qu'elle tenoit sur mon épaule d'abord la pressoit fortement, puis elle ne la pressoit plus du tout, comme si elle eut été sans force et sans vie ; et sa tête tomboit sur la mienne. En vérité cette folle-là étoit d'une sensibilité incroyable, et avoit le goût le plus vif pour la musique ; je n'ai jamais connu personne sur qui elle eût produit des effets aussi singuliers.

Nous nous amusions ainsi d'une manière aussi simple que douce, lorsque tout-à-coup la porte s'ouvrit avec violence ; j'en eus frayeur, et la supérieure aussi : c'étoit cette extravagante de Sainte-Thérèse : son vêtement étoit en désordre, ses yeux étoient troublés ; elle nous parcouroit l'une et l'autre avec l'attention la plus bizarre ; les lèvres lui trembloient, elle ne pouvoit parler. Cependant elle revint à elle, et se jeta aux pieds de la supérieure ; je joignis ma prière à la sienne, et j'obtins encore son pardon : mais la supérieure lui protesta, de la manière la plus ferme, que ce seroit le dernier, du-moins pour des fautes de cette nature ; et nous sortîmes toutes deux ensemble.

En retournant dans nos cellules, je lui dis : Chère Sœur, prenez garde, vous indisposerez notre Mère ; je ne vous abandonnerai pas ; mais vous userez mon crédit auprès d'elle ; et je serai désespérée de ne pouvoir plus rien ni pour vous ni pour aucune autre. Mais quelles sont vos idées ? = Point de réponse. = Que craignez-vous de moi ? = Point de réponse. = Est-ce que notre Mère ne peut pas nous aimer également toutes deux ? = Non, non, me répondit-elle avec violence, cela ne se peut ; bientôt je lui répugnerai, et j'en mourrai de douleur. Ah ! pourquoi êtes-vous venue ici ? vous n'y serez pas heureuse long-temps, j'en suis sûre ; et je serai malheureuse pour toujours. = Mais, lui dis-je, c'est un grand malheur, je le sais, que d'avoir perdu la bienveillance de sa supérieure ; mais j'en connois un plus grand, c'est de l'avoir mérité : vous n'avez rien à vous reprocher. = Ah ! plût à Dieu ! = Si vous vous accusez en vous-même de quelque faute, il faut la réparer ; et le moyen le plus sûr, c'est d'en supporter patiemment la peine. = Je ne saurois, je ne saurois ; et puis, est-ce à elle à m'en punir ! = A elle, Sœur Thérèse, à elle ! est-ce qu'on parle ainsi d'une supérieure ? Cela n'est pas bien ; vous vous oubliez. Je suis sûre que cette faute est plus grande qu'aucune de celles que vous vous reprochez. = Ah ! plût à Dieu ! me dit-elle encore, plût à Dieu !.... et nous nous séparâmes ; elle pour se désoler dans sa cellule, moi pour aller rêver dans la mienne à la bizarrerie des têtes de femmes. Voilà l'effet de la retraite. L'homme est né pour la société ; séparez-le, isolez-le, ses idées se désuniront, son caractère se tournera, mille affections ridicules s'éléveront dans son cœur; des pensées extravagantes germeront dans son esprit, comme les ronces dans une terre sauvage. Placez un homme dans une forêt, il y deviendra féroce; dans un cloître, où l'idée de la nécessité se joint à celle de servitude, c'est pis encore. On sort d'une forêt, on ne sort plus d'un cloître; on est libre dans la forêt, on est esclave dans le cloître. Il faut peut-être plus de force d'ame encore pour résister à la solitude qu'à la misère; la misère avilit, la retraite déprave. Vaut-il mieux vivre dans l'abjection que dans la folie? C'est ce que je n'oserois décider; mais il faut éviter l'une et l'autre.

Je voyois croître de jour en jour la tendresse que la supérieure avoit conçue pour moi. J'étois sans cesse dans sa cellule, ou elle étoit dans la mienne; pour la moindre indisposition, elle m'ordonnoit l'infirmerie, elle me dispensoit des offices, elle m'envoyoit coucher de bonne heure, ou m'interdisoit l'oraison du matin. Au chœur, au réfectoire, à la récréation, elle trouvoit moyen de me donner des marques d'amitié; au chœur, s'il se rencontroit un verset qui contînt quelque sentiment affectueux et tendre, elle le chantoit en me l'adressant, ou elle me regardoit s'il étoit chanté par une autre; au réfectoire, elle m'envoyoit toujours quelque chose de ce qu'on lui servoit d'exquis; à la récréation, elle m'embrassoit par le milieu du corps, elle me disoit les choses les plus douces et les plus obligeantes; on ne lui faisoit aucun présent que je ne le partageasse; chocolat, sucre, café, liqueurs, tabac, linge, mouchoirs, quoi que ce fût; elle avoit déparé sa cellule d'estampes, d'ustensiles, de meubles et d'une infinité de choses agréables ou commodes, pour en orner la mienne; je ne pouvois presque pas m'en absenter un moment, qu'à mon retour je ne me trouvasse enrichie de quelques dons. J'allois l'en remercier chez elle, et elle en ressentoit une joie qui ne peut s'exprimer; elle m'embrassoit, me caressoit, me prenoit sur ses genoux, m'entretenoit des choses les plus secrètes de la maison, et se promettoit, si je l'aimois, une vie mille fois plus heureuse que celle qu'elle auroit passée dans le monde. Après cela elle s'arrêtoit, me regardoit avec des yeux attendris, et me disoit : Sœur Suzanne, m'aimez-vous ? = Et comment ferois-je pour ne pas vous aimer ? Il faudroit que j'eusse l'ame bien ingrate. = Cela est vrai. = Vous avez tant de bonté. = Dites de goût pour vous.... Et en prononçant ces mots, elle baissoit les yeux; la main dont elle me tenoit embrassée me serroit plus fortement; celle qu'elle avoit appuyée sur mon genou pressoit davantage; elle m'attiroit sur elle; mon visage se trouvoit placé sur le sien, elle soupiroit, elle se renversoit sur sa chaise ; elle trembloit; on eût dit qu'elle avoit à me confier quelque chose, et qu'elle n'osoit; elle versoit des larmes, et puis elle me disoit : Ah ! Sœur Suzanne, vous ne m'aimez pas ! = Je ne vous aime pas, chère Mère ! = Non. = Et dites-moi ce qu'il faut que je fasse pour vous le prouver. = Il faudroit que vous le devinassiez. = Je cherche, je ne devine rien. = Cependant elle avoit levé son linge de cou, et elle avoit mis une de mes mains sur sa gorge; elle se taisoit, je me taisois aussi ; elle paroissoit goûter le plus grand plaisir. Elle m'invitoit à lui baiser le front, les joues, les yeux et la bouche ; et je lui obéissois : je ne crois pas qu'il y eût du mal à cela; cependant son plaisir s'accroissoit; et comme je ne demandois pas mieux que d'ajouter à son bonheur d'une manière innocente, je lui baisois encore le front, les joues, les yeux et la bouche. La main qu'elle avoit posée sur mon genou se promenoit sur tous mes vêtemens, depuis l'extrémité de mes pieds jusqu'à ma ceinture, me pressant tantôt dans un endroit, tantôt dans un autre ; elle m'exhortoit en bégayant, et d'une voix altérée et basse, à redoubler mes caresses, je les redoublois ; enfin il vint un moment, je ne sais si ce fut de plaisir ou de peine, où elle devint pâle comme la mort ; ses yeux se fermèrent, tout son corps se tendit avec violence, ses lèvres se pressèrent d'abord, elles étoient humectées comme d'une mousse légère ; puis sa bouche s'entr'ouvrit, et elle me parut mourir en poussant un profond soupir. Je me levai brusquement ; je crus qu'elle se trouvoit mal ; je voulois sortir, appeler. Elle entr'ouvrit foiblement les yeux, et me dit d'une voix éteinte : Innocente ! ce n'est rien ; qu'allez-vous faire ? arrêtez.... Je la regardai avec des yeux hébétés, incertaine si je resterois ou si je sortirois. Elle rouvrit encore les yeux ; elle ne pouvoit plus parler du tout ; elle me fit signe d'approcher et de me replacer sur ses genoux. Je ne sais ce qui se passoit en moi ; je craignois, je tremblois, le cœur me palpitoit, j'avois de la peine à respirer, je me sentois troublée, oppressée, agitée, j'avois peur ; il me sembloit que les forces m'abandonnoient et que j'allois défaillir ; cependant je ne saurois dire que ce fût de la peine que je ressentisse. J'allois près d'elle ; elle me fit signe encore de la main de m'asseoir sur ses genoux ; je m'assis. Elle étoit comme morte, et moi comme si j'allois mourir. Nous demeurâmes assez long-temps l'une et l'autre dans cet état singulier. Si quelque religieuse fût survenue, en vérité elle eût été bien effrayée ; elle auroit imaginé, ou que nous nous étions trouvées mal, ou que nous nous étions endormies. Cependant cette bonne supérieure, car il est impossible d'être si sensible, et de n'être pas bonne, me parut revenir à elle.

Elle étoit toujours renversée sur sa chaise ; ses yeux étoient toujours fermés, mais son visage s'étoit animé des plus belles couleurs : elle prenoit une de mes mains qu'elle baisoit, et moi je lui disois : Ah ! chère Mère, vous m'avez bien fait peur..... Elle sourit doucement, sans ouvrir les yeux. Mais est-ce que vous n'avez pas souffert ? = Non. = Je l'ai cru. = L'innocente ! ah ! la chère innocente ! qu'elle me plaît !.... En disant ces mots elle se releva, se remit sur sa chaise, me prit à brasse-corps, et me baisa sur les joues avec beaucoup de force, puis elle me dit : Quel âge avez-vous ? = Je n'ai pas encore vingt ans. = Cela ne se conçoit pas. = Chère Mère, rien n'est plus vrai. = Je veux savoir toute votre vie ; vous me la direz ? = Oui, chère Mère. = Toute ? = Toute. = Mais on pourroit venir ; allons nous mettre au clavecin ; vous me donnerez leçon... = Nous y allâmes ; mais je ne sais comment cela se fit ; les mains me trembloient, le papier ne me montroit qu'un amas confus de notes ; je ne pus jamais jouer. Je le lui dis, elle se mit à rire ; elle prit ma place, mais ce fut pis encore ; à peine pouvoit-elle soutenir ses bras. Mon enfant, me dit-elle, je vois que tu n'es guère en état de me montrer ni moi d'apprendre ; je suis un peu fatiguée, il faut que je me repose, adieu. Demain, sans plus tarder, je veux savoir tout ce qui s'est passé dans cette chère petite ame-là ;

adieu...... Les autres fois, quand je sortois, elle m'accompagnoit jusqu'à sa porte; elle me suivoit des yeux tout le long du corridor jusqu'à la mienne; elle me jetoit un baiser avec les mains, et ne rentroit chez elle que quand j'étois rentrée chez moi; cette fois-ci, à-peine se leva-t-elle; ce fut tout ce qu'elle put faire que de gagner le fauteuil qui étoit à côté de son lit; elle s'assit, pencha la tête sur son oreiller, me jeta le baiser avec les mains : ses yeux se fermèrent, et je m'en allai.

Ma cellule étoit presque vis-à-vis de la cellule de Sainte-Thérèse; la sienne étoit ouverte; elle m'attendoit, elle m'arrêta, et me dit : Ah! Sainte-Suzanne, vous venez de chez notre Mère? = Oui, lui dis-je. = Vous y êtes demeurée long-temps. = Autant qu'elle l'a voulu. = Ce n'est pas là ce que vous m'aviez promis. = Je ne vous ai rien promis. = Oseriez-vous me dire ce que vous y avez fait?... = Quoique ma conscience ne me reprochât rien, je vous avouerai cependant, monsieur le marquis, que sa question me troubla; elle s'en apperçut, elle insista, et je lui répondis : Chère Sœur, peut-être ne m'en croiriez-vous pas; mais vous en croirez peut-être notre chère Mère, et je la prierai de vous en instruire. = Ma chère Sainte-Suzanne, me dit-elle avec vivacité, gardez-vous-en bien; vous ne voulez pas me rendre malheureuse; elle ne me le pardonneroit jamais ; vous ne la connoissez pas : elle est capable de passer de la plus grande sensibilité jusqu'à la férocité ; je ne sais pas ce que je deviendrois. Promettez-moi de ne lui rien dire. = Vous le voulez ? = Je vous le demande à genoux. Je suis désespérée, je vois bien qu'il faut se résoudre ; je me résoudrai. Promettez-moi de ne lui rien dire... = Je la relevai, je lui donnai ma parole, elle y compta, elle eut raison ; et nous nous renfermâmes, elle dans sa cellule, moi dans la mienne.

Rentrée chez moi, je me trouvai rêveuse ; je voulus prier, et je ne le pus pas ; je cherchai à m'occuper ; je commençai un ouvrage que je quittai pour un autre, que je quittai pour un autre encore ; mes mains s'arrêtoient d'elles-mêmes, et j'étois comme imbécille ; jamais je n'avois rien éprouvé de pareil. Mes yeux se fermèrent d'eux-mêmes ; je fis un petit sommeil, quoique je ne dorme jamais le jour. Réveillée, je m'interrogeai sur ce qui s'étoit passé entre la supérieure et moi, je m'examinai ; je crus entrevoir en m'examinant encore... mais c'étoit des idées si vagues, si folles, si ridicules, que je les rejetai loin de moi. Le résultat de mes réflexions, c'est que c'étoit peut-être une maladie à laquelle elle étoit sujette ; puis il m'en vint une autre, c'est que peut-être cette maladie se gagnoit, que Sainte-Thérèse l'avoit prise, et que je la prendrois aussi.

Le lendemain, après l'office du matin, notre supérieure me dit : Sainte-Suzanne, c'est aujourd'hui que j'espère savoir tout ce qui vous est arrivé ; venez.... J'allai. Elle me fit asseoir dans son fauteuil à côté de son lit, et elle se mit sur une chaise un peu plus basse ; je la dominois un peu, parce que je suis plus grande, et que j'étois plus élevée. Elle étoit si proche de moi, que mes deux genoux étoient entrelacés dans les siens, et elle étoit accoudée sur son lit. Après un petit moment de silence, je lui dis : Quoique je sois bien jeune, j'ai bien eu de la peine ; il y aura bientôt vingt ans que je suis au monde, et vingt ans que je souffre. Je ne sais si je pourrai vous dire tout, et si vous aurez le cœur de l'entendre ; peines chez mes parens, peines au couvent de Sainte-Marie, peines au couvent de Longchamp, peines par-tout ; chère Mère, par où voulez-vous que je commence ? = Par les premières. = Mais, lui dis-je, chère Mère, cela sera bien long et bien triste, et je ne voudrois pas vous attrister si long-temps. = Ne crains rien ; j'aime à pleurer : c'est un état délicieux pour une ame tendre, que celui de verser des larmes. Tu dois aimer à pleurer aussi ; tu esssuieras mes larmes, j'essuierai les tiennes, et peut-être nous serons heureuses au milieu du récit de tes souffrances ; qui sait jusqu'où l'attendrissement peut nous mener ?... et en prononçant ces derniers mots, elle me regarda de bas en haut avec des yeux déjà humides ; elle me prit les deux mains ; elle s'approcha de moi plus près encore, en sorte qu'elle me touchoit et que je la touchois. Raconte, mon enfant, dit-elle ; j'attends, je me sens les dispositions les plus pressantes à m'attendrir ; je ne pense pas avoir eu de ma vie un jour plus compatissant et plus affectueux..... Je commençai donc mon récit à-peu-près comme je viens de vous l'écrire. Je ne saurois vous dire l'effet qu'il produisit sur elle, les soupirs qu'elle poussa, les pleurs qu'elle versa, les marques d'indignation qu'elle donna contre mes cruels parens, contre les filles affreuses de Sainte-Marie, contre celles de Longchamp ; je serois bien fâchée qu'il leur arrivât la plus petite partie des maux qu'elle leur souhaita ; je ne voudrois pas avoir arraché un cheveu de la tête de mon plus cruel ennemi. De temps en temps elle m'interrompoit ; elle se levoit, elle se promenoit, puis elle se rasséyoit à sa place ; d'autres fois elle levoit les yeux et les mains au ciel, et puis elle se cachoit la tête entre mes genoux. Quand je lui parlai de ma scène du cachot, de celle de mon exorcisme, de mon amende honorable, elle poussa presque des cris ; quand je fus à la fin, je me tus, et elle resta pendant quelque temps le corps penché sur son lit, le visage caché dans sa couverture, et les bras étendus au-dessus de sa tête ; et moi, je lui disois : Chère Mère, je vous demande pardon de toute la peine que je vous ai causée ; je vous en avois prévenue, mais c'est vous qui l'avez voulu.... et elle ne me répondoit que par ces mots : Les méchantes créatures ! les horribles créatures ! Il n'y a que dans les couvens, où l'humanité puisse s'éteindre à ce point. Lorsque la haine vient à s'unir à la mauvaise humeur habituelle, on ne sait plus où les choses seront portées. Heureusement je suis douce ; j'aime toutes mes religieuses ; elles ont pris, les unes plus, les autres moins de mon caractère, et toutes elles s'aiment entre elles. Mais comment cette foible santé a-t-elle pu résister à tant de tourmens ? Comment tous ces petits membres n'ont-ils pas été brisés ? Comment toute cette machine délicate n'a-t-elle pas été détruite ? Comment l'éclat de ces yeux ne s'est-il pas éteint dans les larmes ? Les cruelles ! serrer ces bras, avec des cordes !... et elle me prenoit les bras et elle les baisoit.... Noyer de larmes ces yeux !... et elle les baisoit.... Arracher la plainte et le gémissement de cette bouche !... et elle la baisoit.... Condamner ce visage charmant et serein à se couvrir sans cesse des nuages de la tristesse !... et elle le baisoit... Faner les roses de ces joues !... et elle les flattoit de la main, et les baisoit.... Déparer cette tête ! arracher ces cheveux ! charger ce front de soucis !... et elle baisoit ma tête, mon front, mes cheveux.... Oser entourer ce cou d'une corde, et déchirer ces épaules avec des pointes aiguës !... et elle écartoit mon linge de cou et de tête ; elle entr'ouvroit le haut de ma robe ; mes cheveux tomboient épars sur mes épaules découvertes; ma poitrine étoit à demi-nue, et ses baisers se répandoient sur mon cou, sur mes épaules découvertes, et sur ma poitrine à demi-nue. Je m'apperçus alors, au tremblement qui la saisissoit, au trouble de son discours, à l'égarement de ses yeux et de ses mains, à son genou qui se pressoit entre les miens, à l'ardeur dont elle me serroit, et à la violence dont ses bras m'enlaçoient, que sa maladie ne tarderoit pas à la prendre. Je ne sais ce qui se passoit en moi ; mais j'étois saisie d'une frayeur, d'un tremblement et d'une défaillance qui me vérifioient le soupçon que j'avois eu que son mal étoit contagieux. Je lui dis : Chère Mère, voyez dans quel désordre vous m'avez mise ! si l'on venoit... = Reste, reste, me dit-elle d'une voix oppressée; on ne viendra pas..... Cependant je faisois effort pour me lever et m'arracher d'elle, et je lui disois : Chère Mère, prenez garde, voilà votre mal qui va vous prendre. Souffrez que je m'éloigne..... Je voulois m'éloigner ; je le voulois, cela est sûr ; mais je ne le pouvois pas. Je ne me sentois aucune force ; mes genoux se déroboient sous moi. Elle étoit assise, j'étois debout, elle m'attiroit ; je craignis de tomber sur elle et de la blesser; je m'assis sur le bord de son lit, et je lui dis : Chère Mère, je ne sais ce que j'ai, je me trouve mal. = Et moi aussi, me dit-elle; mais repose-toi un moment, cela passera, ce ne sera rien.... En effet, ma supérieure reprit du calme, et moi aussi. Nous étions l'une et l'autre abatues; moi, la tête penchée sur son oreiller; elle, la tête posée sur un de mes genoux, le front placé sur une de mes mains. Nous restâmes quelques momens dans cet état; je ne sais ce qu'elle pensoit; pour moi, je ne pensois à rien, je ne le pouvois, j'étois d'une foiblesse qui m'occupoit toute entière. Nous gardions le silence, lorsque la supérieure le rompit la première; elle me dit : Suzanne, il m'a paru par ce que vous m'avez dit de votre première supérieure, qu'elle vous étoit fort chère. = Beaucoup. = Elle ne vous aimoit pas mieux que moi, mais elle étoit mieux aimée de vous... Vous ne me répondez pas ? = J'étois malheureuse, elle adoucissoit mes peines. = Mais d'où vient votre répugnance pour la vie religieuse? Suzanne, vous ne m'avez pas tout dit. = Pardonnez-moi, madame. = Quoi! il n'est pas possible, aimable comme vous l'êtes, car, mon enfant, vous l'êtes beaucoup, vous ne savez pas combien, que personne ne vous l'ait dit. = On me l'a dit. = Et celui qui vous le disoit ne vous déplaisoit pas ? = Non. = Et vous vous êtes pris de goût pour lui ? = Point du tout. = Quoi!

votre cœur n'a jamais rien senti ? = Rien. = Quoi ! ce n'est pas une passion, ou secrète ou désaprouvée de vos parens, qui vous a donné de l'aversion pour le couvent ? Confiez-moi cela ; je suis indulgente. = Je n'ai, chère Mère, rien à vous confier là-dessus. = Mais, encore une fois, d'où vient votre répugnance pour la vie religieuse ? = De la vie même. J'en hais les devoirs, les occupations, la retraite, la contrainte ; il me semble que je suis appelée à autre chose. = Mais à quoi cela vous semble-t-il ? = A l'ennui qui m'accable ; je m'ennuie. = Ici même ? = Oui, chère Mère ; ici même, malgré toute la bonté que vous avez pour moi. = Mais, est-ce que vous éprouvez en vous-même des mouvemens, des désirs ? = Aucun. = Je le crois ; vous me paroissez d'un caractère tranquille. = Assez. = Froid, même. = Je ne sais. = Vous ne connoissez pas le monde ? = Je le connois peu. = Quel attrait peut-il donc avoir pour vous ? = Cela ne m'est pas bien expliqué ; mais il faut pourtant qu'il en ait. = Est-ce la liberté que vous regrettez ? = C'est cela, et peut-être beaucoup d'autres choses. = Et ces autres choses, quelles sont-elles ? Mon amie, parlez-moi à cœur ouvert, voudriez-vous être mariée ? = Je l'aimerois mieux que d'être ce que je suis ; cela est certain. = Pourquoi cette préférence ? = Je l'ignore. = Vous l'ignorez ? Mais, dites-moi, quelle impression fait sur vous la pré-

H *

sence d'un homme ? = Aucune : s'il a de l'esprit et qu'il parle bien, je l'écoute avec plaisir; s'il est d'une belle figure, je le remarque. = Et votre cœur est tranquille ? = Jusqu'à-présent, il est resté sans émotion. = Quoi ! lorsqu'ils ont attaché leurs regards animés sur les vôtres, vous n'avez pas ressenti.... = Quelquefois de l'embarras ; ils me faisoient baisser les yeux. = Et sans aucun trouble ? = Aucun. = Et vos sens ne vous disoient rien ? = Je ne sais ce que c'est que le langage des sens. = Ils en ont un, cependant. = Cela se peut. = Et vous ne le connoissez pas ? = Point du tout. = Quoi ! vous... C'est un langage bien doux ; et voudriez-vous le connoître ? = Non, chère Mère ; à quoi cela me serviroit-il ? = A dissiper votre ennui. = A l'augmenter, peut-être. Et puis, que signifie ce langage des sens, sans objet ? = Quand on parle, c'est toujours à quelqu'un ; cela vaut mieux sans doute que de s'entretenir seule, quoique ce ne soit pas tout-à-fait sans plaisir. = Je n'entends rien à cela. = Si tu voulois, chère enfant, je te deviendrois plus claire. = Non, chère Mère, non. Je ne sais rien ; et j'aime mieux ne rien savoir, que d'acquérir des connoissances qui me rendroient peut-être plus à plaindre que je ne le suis. Je n'ai point de désirs, et je n'en veux point chercher que je ne pourrois satisfaire. = Et pourquoi ne le pourrois-tu pas ? = Et comment le pourrois-je? = Comme moi. = Comme vous ! Mais il n'y a personne dans cette maison. = J'y suis, chère amie ; vous y êtes. = Eh bien ! que vous suis-je ? que m'êtes-vous ? = Qu'elle est innocente ! = Oh ! il est vrai, chère Mère, que je le suis beaucoup, et que j'aimerois mieux mourir que de cesser de l'être... = Je ne sais ce que ces derniers mots pouvoient avoir de fâcheux pour elle, mais ils la firent tout-à-coup changer de visage ; elle devint sérieuse, embarrassée ; sa main, qu'elle avoit posée sur un de mes genoux, cessa d'abord de le presser, et puis se retira ; elle tenoit ses yeux baissés. Je lui dis : Ma chère Mère, qu'est-ce qui m'est arrivé ? Est-ce qu'il me seroit échappé quelque chose qui vous auroit offensé ? Pardonnez-moi. J'use de la liberté que vous m'avez accordée ; je n'étudie rien de ce que j'ai à vous dire ; et puis quand je m'étudierois, je ne dirois pas autrement, peut-être plus mal. Les choses dont nous nous entretenons me sont si étrangères ! Pardonnez-moi..... En disant ces derniers mots, je jetai mes deux bras autour de son cou, et je posai ma tête sur son épaule. Elle jeta les deux siens autour de moi, et me serra fort tendrement. Nous demeurâmes ainsi quelques instans ; ensuite, reprenant sa tendresse et sa sérénité, elle me dit : Suzanne, dormez-vous bien ? = Fort bien, lui dis-je, sur-tout depuis quelque temps. = Vous endormez-vous tout-de-suite ? = Assez communément. = Mais quand vous ne vous endormez pas tout-de-suite, à quoi pensez-vous ? = A ma vie passée, à celle qui me reste, ou je prie Dieu, ou je pleure ; que sais-je ? = Et le matin, quand vous vous éveillez de bonne heure ? = Je me lève. = Tout-de-suite ? = Tout-de-suite. = Vous n'aimez donc pas à rêver ? = Non. = A vous reposer sur votre oreiller ? = Non. = A jouir de la douce chaleur du lit ? = Non. = Jamais ?... Elle s'arrêta à ce mot, et elle eut raison ; ce qu'elle avoit à me demander n'étoit pas bien, et peut-être ferois-je beaucoup plus mal de le dire, mais j'ai résolu de ne rien céler.... Jamais vous n'avez été tentée de regarder, avec complaisance, combien vous êtes belle ? = Non, chère Mère. Je ne sais pas si je suis si belle que vous le dites ; et puis, quand je le serois, c'est pour les autres qu'on est belle, et non pour soi. = Jamais vous n'avez pensé à promener vos mains sur cette belle gorge, sur ces cuisses, sur ce ventre, sur ces chairs si fermes, si douces et si blanches ? = Oh ! pour cela non, il y a du péché à cela ; et si cela m'étoit arrivé, je ne sais comment j'aurois fait pour l'avouer à confesse... Je ne sais ce que nous dîmes encore, lorsqu'on vint l'avertir qu'on la demandoit au parloir. Il me parut que cette visite lui causoit du dépit, et qu'elle auroit mieux aimé continuer de causer avec moi, quoique ce que nous disions ne valût guère la peine d'être regretté ; cependant nous nous séparâmes.

Jamais la communauté n'avoit été plus heureuse que depuis que j'y étois entrée. La supérieure paroissoit avoir perdu l'inégalité de son caractère ; on disoit que je l'avois fixée. Elle donna même en ma faveur plusieurs jours de récréation, et ce qu'on appelle des fêtes ; ces jours on est un peu mieux servi qu'à l'ordinaire ; les offices sont plus courts, et tout le temps qui les sépare est accordé à la récréation. Mais ce temps heureux devoit passer pour les autres et pour moi.

La scène que je viens de peindre fut suivie d'un grand nombre d'autres semblables que je néglige. Voici la suite de la précédente.

L'inquiétude commençoit à s'emparer de la supérieure ; elle perdoit sa gaîté, son embonpoint, son repos. La nuit suivante, lorsque tout le monde dormoit et que la maison étoit dans le silence, elle se leva ; après avoir erré quelque temps dans les corridors, elle vint à ma cellule. J'ai le sommeil léger, je crus la reconnoître. Elle s'arrêta. En s'appuyant le front apparemment contre ma porte, elle fit assez de bruit pour me réveiller, si j'avois dormi. Je gardai le silence ; il me sembla que j'entendois une voix qui se plaignoit, quelqu'un qui soupiroit ; j'eus d'abord un léger frisson, ensuite je me déterminai à dire *Ave*. Au-lieu de me répondre, on s'éloignoit à pas léger. On revint quelque temps après; les plaintes et les soupirs recommencèrent; je dis encore *Ave*, et l'on s'éloigna pour la seconde fois. Je me rassurai, et je m'endormis. Pendant que je dormois on entra, on s'assit à côté de mon lit; mes rideaux étoient entr'ouverts; on tenoit une petite bougie dont la lumière m'éclairoit le visage, et celle qui la portoit me regardoit dormir; ce fut du-moins ce que j'en jugeai à son attitude, lorsque j'ouvris les yeux; et cette personne c'étoit la supérieure. Je me levai subitement; elle vit ma frayeur; elle me dit: Suzanne, rassurez-vous; c'est moi.... Je me remis la tête sur mon oreiller, et je lui dis: Chère Mère, que faites-vous ici à l'heure qu'il est? Qu'est-ce qui peut vous avoir amenée? Pourquoi ne dormez-vous pas? = Je ne saurois dormir, me répondit-elle; je ne dormirai de long-temps. Ce sont des songes fâcheux qui me tourmentent; à-peine ai-je les yeux fermés, que les peines que vous avez souffertes se retracent à mon imagination; je vous vois entre les mains de ces inhumaines, je vois vos cheveux épars sur votre visage, je vous vois les pieds ensanglantés, la torche au poing, la corde au cou; je crois qu'elles vont disposer de votre vie; je frissonne, je tremble; une sueur froide se répand sur tout mon corps; je veux aller à votre secours; je pousse des cris, je m'éveille; et c'est inutilement que j'attends que le sommeil revienne. Voilà ce qui m'est arrivé cette nuit ; j'ai craint que le ciel ne m'annonçât quelque malheur arrivé à mon amie ; je me suis levée, je me suis approchée de votre porte, j'ai écouté; il m'a semblé que vous ne dormiez pas ; vous avez parlé, je me suis retirée ; je suis revenue, vous avez encore parlé, et je me suis encore éloignée ; je suis revenue une troisième fois; et lorsque j'ai cru que vous dormiez, je suis entrée. Il y a déjà quelque temps que je suis à côté de vous, et que je crains de vous éveiller : j'ai balancé d'abord si je tirerois vos rideaux ; je voulois m'en aller, crainte de troubler votre repos ; mais je n'ai pu résister au desir de voir si ma chère Suzanne se portoit bien ; je vous ai regardée : que vous êtes belle à voir, même quand vous dormez ! = Ma chère Mère, que vous êtes bonne ! = J'ai pris du froid; mais je sais que je n'ai rien à craindre de fâcheux pour mon enfant, et je crois que je dormirai. Donnez-moi votre main. = Je la lui donnai. = Que son pouls est tranquille ! qu'il est égal ! rien ne l'émeut. = J'ai le sommeil assez paisible. = Que vous êtes heureuse ! = Chère Mère, vous continuerez à vous refroidir. = Vous avez raison ; adieu, belle amie, adieu, je m'en vais. = Cependant elle ne s'en alloit pas, elle continuoit à me regarder ; deux larmes coulèrent de ses yeux. Chère Mère, lui dis-je, qu'avez-vous ? vous pleurez ; que je suis fâchée de vous avoir entretenue de mes peines !... A l'instant elle ferma ma porte, elle éteignit sa bougie, et elle se précipita sur moi. Elle me tenoit embrassée ; elle étoit sur ma couverture à côté de moi ; son visage étoit collé sur le mien, ses larmes mouilloient mes joues ; elle soupiroit, et elle me disoit d'une voix plaintive et entrecoupée : Chère amie, ayez pitié de moi ! = Chère Mère, lui dis-je, qu'avez-vous ? Est-ce que vous vous trouvez mal ? Que faut-il que je fasse ? = Je tremble, me dit-elle, je frissonne ; un froid mortel s'est répandu sur moi. = Voulez-vous que je me lève et que je vous cède mon lit ? = Non, me dit-elle, il ne seroit pas nécessaire que vous vous levassiez ; écartez seulement un peu la couverture, que je m'approche de vous ; que je me réchauffe, et que je guérisse. = Chère Mère, lui dis-je, mais cela est défendu. Que diroit-on si on le savoit ? J'ai vu mettre en pénitence des religieuses, pour des choses beaucoup moins graves. Il arriva dans le couvent de Sainte-Marie à une religieuse d'aller la nuit dans la cellule d'une autre, c'étoit sa bonne amie ; et je ne saurois vous dire tout le mal qu'on en pensoit. Le directeur m'a demandé quelquefois si l'on ne m'avoit jamais proposé de venir dormir à côté de moi ; et il m'a sérieusement recommandé de ne le pas souffrir. Je lui ai même parlé des caresses que vous me faisiez ; je les trouve très-innocentes ; mais, lui, il ne pense point ainsi ; je ne sais comment j'ai oublié ses conseils ; je m'étois bien proposé de vous en parler. = Chère amie, me dit-elle, tout dort autour de nous, personne n'en saura rien. C'est moi qui récompense ou qui punis; et quoi qu'en dise le directeur, je ne vois pas quel mal il y a à une amie, à recevoir à côté d'elle une amie que l'inquiétude a saisie, qui s'est éveillée, et qui est venue, pendant la nuit et malgré la rigueur de la saison, voir si sa bien-aimée n'étoit dans aucun péril. Suzanne, n'avez-vous jamais partagé le même lit chez vos parens avec une de vos sœurs ? = Non, jamais. = Si l'occasion s'en étoit présentée, ne l'auriez-vous pas fait sans scrupule? Si votre sœur allarmée et transie de froid, étoit venue vous demander place à côté de vous, l'auriez-vous refusée ? = Je crois que non. = Et ne suis-je pas votre chère Mère ? = Oui, vous l'êtes; mais cela est défendu. = Chère amie, c'est moi qui le défends aux autres, et qui vous le permets et vous le demande. Que je me réchauffe un moment, et je m'en irai. Donnez-moi votre main.... Je la lui donnai. Tenez, me dit-elle, tâtez, voyez; je tremble, je frissonne, je suis comme un marbre.... et cela étoit vrai. Oh! la chère Mère, lui dis-je, elle en sera malade. Mais attendez, je vais m'éloigner sur le bord, et vous vous mettrez dans l'endroit chaud.... Je me rangeai de côté, je levai la couverture, et elle se mit à ma place. Oh! qu'elle étoit mal! Elle avoit un tremblement général dans tous les membres; elle

La Religieuse. I

vouloit me parler, elle vouloit s'approcher de moi; elle ne pouvoit articuler, elle ne pouvoit se remuer. Elle me disoit à voix basse : Suzanne, mon amie, approchez-vous un peu.... Elle étendoit ses bras ; je lui tournois le dos ; elle me prit doucement, elle me tira vers elle ; elle passa son bras droit sous mon corps et l'autre dessus, et elle me dit : Je suis glacée ; j'ai si froid que je crains de vous toucher, de peur de vous faire mal. = Chère Mère, ne craignez rien. = Aussitôt elle mit une de ses mains sur ma poitrine et l'autre autour de ma ceinture ; ses pieds étoient posés sous les miens, et je les pressois pour les réchauffer ; et la chère Mère me disoit : Ah ! chère amie, voyez comme mes pieds se sont promptement réchauffés, parce qu'il n'y a rien qui les sépare des vôtres. = Mais, lui dis-je, qui empêche que vous ne vous réchauffiez par-tout de la même manière. = Rien, si vous voulez. = Je m'étois retournée, elle avoit écarté son linge, et j'allois écarter le mien lorsque tout-à-coup on frappa deux coups violens à la porte. Effrayée, je me jette sur-le-champ hors du lit d'un côté, et la supérieure de l'autre ; nous écoutons, et nous entendons quelqu'un qui regagnoit, sur la pointe du pied, la cellule voisine. Ah ! lui dis-je, c'est ma Sœur Sainte-Thérèse ; elle vous aura vu passer dans le corridor, et entrer chez moi ; elle nous aura écoutées, elle aura surpris nos discours ; que dira-t-elle ?.... J'étois plus morte que vive. = Oui, c'est elle, me dit la supérieure d'un ton irrité ; c'est elle, je n'en doute pas ; mais j'espère qu'elle se ressouviendra long-temps de sa témérité. = Ah ! chère Mère, lui dis-je, ne lui faites point de mal. = Suzanne, me dit-elle, adieu, bon soir ; recouchez-vous, dormez bien, je vous dispense de l'oraison. Je vais chez cette étourdie. Donnez-moi votre main.... Je la lui tendis d'un bord du lit à l'autre ; elle releva la manche qui me couvroit le bras, elle le baisa en soupirant, sur toute la longueur, depuis l'extrémité des doigts jusqu'à l'épaule ; et elle sortit en protestant que la téméraire qui avoit osé la troubler, s'en ressouviendroit. Aussitôt je m'avançai promptement à l'autre bord de ma couche vers la porte, et j'écoutai : elle entra chez Sœur Thérèse. Je fus tentée de me lever et d'aller m'interposer entre elle et la supérieure, s'il arrivoit que la scène devînt violente ; mais j'étois si troublée, si mal à mon aise, que j'aimai mieux rester dans mon lit ; mais je n'y dormis pas. Je pensai que j'allois devenir l'entretien de la maison ; que cette aventure, qui n'avoit rien en soi que de bien simple, seroit racontée avec les circonstances les plus défavorables ; qu'il en seroit ici pis encore qu'à Longchamp, où je fus accusée de je ne sais quoi ; que notre faute parviendroit à la connoissance des supérieurs ; que notre Mère seroit déposée ; et que nous serions l'une et l'autre sévèrément punies. Cependant j'avois l'oreille au guet, j'attendois avec impatience que notre Mère sortît de chez Sœur Thérèse ; cette affaire fut difficile à accommoder apparemment, car elle y passa presque la nuit. Que je la plaignois ! elle étoit en chemise, toute nue, et transie de colère et de froid.

Le matin, j'avois bien envie de profiter de la permission qu'elle m'avoit donnée, et de demeurer couchée ; cependant il me vint en esprit qu'il n'en falloit rien faire. Je m'habillai bien vîte, et me trouvai la première au chœur, où la supérieure et Sainte-Thérèse ne parurent point, ce qui me fit grand plaisir ; premièrement, parce que j'aurois eu de la peine à soutenir la présence de cette Sœur sans embarras ; secondement, c'est que, puisqu'on lui avoit permis de s'absenter de l'office, elle avoit apparemment obtenu un pardon qu'elle ne lui auroit accordé qu'à des conditions qui devoient me tranquiliser. J'avois deviné. A-peine l'office fut-il achevé, que la supérieure m'envoya chercher. J'allai la voir : elle étoit encore au lit, elle avoit l'air abattu ; elle me dit : J'ai souffert, je n'ai point dormi ; Sainte-Thérèse est folle ; si cela lui arrive encore, je l'enfermerai. = Ah ! chère Mère, lui dis-je ; ne l'enfermez jamais. = Cela dépendra de sa conduite : elle m'a promis qu'elle seroit meilleure ; et j'y compte. Et vous, chère Suzanne, comment vous portez-vous ? = Bien, chère Mère. = Avez-vous un peu reposé ? = Fort peu. = On m'a dit que vous aviez été au chœur ; pourquoi n'êtes-vous pas restée sur votre traversin ? = J'y aurois été mal ; et puis j'ai pensé qu'il valoit mieux.... = Non, il n'y avoit point d'inconvénient. Mais je me sens quelqu'envie de sommeiller ; je vous conseille d'en aller faire autant chez vous, à-moins que vous n'aimiez mieux accepter une place à côté de moi. = Chère Mère, je vous suis infiniment obligée ; j'ai l'habitude de coucher seule, et je ne saurois dormir avec une autre. = Allez donc. Je ne descendrai point au réfectoire à dîner ; on me servira ici : peut-être ne me leverai-je pas du reste de la journée. Vous viendrez avec quelques autres que j'ai fait avertir. = Et Sœur Sainte-Thérèse en sera-t-elle, lui demandai-je ? = Non, me répondit-elle. = Je n'en suis pas fâchée. = Et pourquoi ? = Je ne sais : il me semble que je crains de la rencontrer. = Rassurez-vous, mon enfant ; je te réponds qu'elle a plus de frayeur de toi que tu n'en dois avoir d'elle.

Je la quittai, j'allai me reposer. L'après-midi, je me rendis chez la supérieure, où je trouvai une assemblée assez nombreuse des religieuses les plus jeunes et les plus jolies de la maison ; les autres avoient fait leur visite, et s'étoient retirées. Vous qui vous connoissez en peinture, je vous assure, M. le marquis, que c'étoit un assez agréable tableau à voir. Imaginez un atelier de dix à douze personnes, dont la plus jeune pouvoit avoir quinze ans, et la plus âgée n'en avoit pas vingt-trois; une supérieure qui touchoit à la quarantaine, blanche, fraîche, pleine d'embonpoint, à moitié levée sur son lit, avec deux mentons qu'elle portoit d'assez bonne grace; des bras ronds comme s'ils avoient été tournés, des doigts en fuseau, et tout parsemés de fossettes; des yeux noirs, grands, vifs et tendres, presque jamais entièrement ouverts, à demi-fermés, comme si celle qui les possédoit eut éprouvé quelque fatigue à les ouvrir; des lèvres vermeilles comme la rose, des dents blanches comme le lait, les plus belles joues, une tête fort agréable, enfoncée dans un oreiller profond et mollet; les bras étendus mollement à ses côtés, avec de petits coussins sous les coudes pour les soutenir. J'étois assise sur le bord de son lit, et je ne faisois rien; une autre dans un fauteuil, avec un petit métier à broder sur ses genoux; d'autres, vers les fenêtres, faisoient de la dentelle; il y en avoit à terre assises sur les coussins qu'on avoit ôtés des chaises, qui cousoient, qui brodoient, qui parfiloient ou qui filoient au petit rouet. Les unes étoient blondes, d'autres brunes; aucune ne se ressembloit, quoiqu'elles fussent toutes belles. Leurs caractères étoient aussi variés que leurs physionomies; celles-ci étoient sereines, celles-là gaies, d'autres sérieuses, mélancoliques ou tristes. Toutes travailloient, excepté moi, comme je vous l'ai dit. Il n'étoit pas difficile de discerner les amies des indifférentes et des ennemies ; les amies s'étoient placées, ou l'une à côté de l'autre, ou en face ; et tout en faisant leur ouvrage, elles causoient, elles se conseilloient, elles se regardoient furtivement, elles se pressoient les doigts, sous prétexte de se donner une épingle, une aiguille, des ciseaux. La supérieure les parcouroit des yeux ; elle reprochoit à l'une son application, à l'autre son oisiveté, à celle-ci son indifférence, à celle-là sa tristesse ; elle se faisoit apporter l'ouvrage, elle louoit ou blâmoit ; elle racommodoit à l'une son ajustement de tête.... Ce voile est trop avancé.... Ce linge prend trop du visage, on ne vous voit pas assez les joues.... Voilà des plis qui font mal.... Elle distribuoit à chacune, ou de petits reproches, ou de petites caresses.

Tandis qu'on étoit ainsi occupé, j'entendis frapper doucement à la porte, j'y allai. La supérieure me dit : Sainte-Suzanne, vous reviendrez. = Oui, chère Mère. = N'y manquez pas, car j'ai quelque chose d'important à vous communiquer. = Je vais rentrer.... = C'étoit cette pauvre Sainte-Thérèse. Elle demeura un petit moment sans parler, et moi aussi ; ensuite je lui dis : Chère Sœur, est-ce à moi que vous en voulez ? = Oui. = A quoi puis-je vous servir ? = Je vais vous

le dire. J'ai encouru la disgrace de notre chère
Mère ; je croyois qu'elle m'avoit pardonné, et
j'avois quelque raison de le penser ; cependant
vous êtes toutes assemblées chez elle, je n'y suis
pas, et j'ai ordre de demeurer chez moi. = Est-
ce que vous voudriez entrer ? = Oui. = Est-ce
que vous souhaiteriez que j'en sollicitasse la permission ? = Oui. = Attendez, chère amie ; j'y
vais. = Sincèrement, vous lui parlerez pour moi ?
= Sans-doute ; et pourquoi ne vous le promet-
trois-je pas, et pourquoi ne le ferois-je pas après
vous l'avoir promis ? = Ah ! me dit-elle, en me
regardant tendrement, je lui pardonne, je lui
pardonne le goût qu'elle a pour vous ; c'est que
vous possédez tous les charmes, la plus belle ame
et le plus beau corps.... = J'étois enchantée
d'avoir ce petit service à lui rendre. Je rentrai. Une
autre avoit pris ma place en mon absence sur le
bord du lit de la supérieure, étoit penchée vers
elle, le coude appuyé entre ses deux cuisses,
et lui montroit son ouvrage ; la supérieure, les
yeux presque fermés, lui disoit, oui et non, sans
presque la regarder ; et j'étois debout à côté d'elle
sans qu'elle s'en apperçût. Cependant elle ne tarda
pas à revenir de sa légère distraction. Celle qui
s'étoit emparée de ma place, me la rendit ; je me
rassis ; ensuite me penchant doucement vers la
supérieure, qui s'étoit un peu relevée sur ses
oreillers, je me tus, mais je la regardai comme

si j'avois une grace à lui demander. Eh bien! me dit-elle, qu'est-ce qu'il y a? parlez, que voulez-vous? est-ce qu'il est en moi de vous refuser quelque chose? = La Sœur Sainte-Thérèse.... J'entends. Je suis très-mécontente d'elle; mais Sainte-Suzanne intercède pour elle, et je lui pardonne; allez lui dire qu'elle peut entrer.... = J'y courus. La pauvre petite Sœur attendoit à la porte; je lui dis d'avancer: elle le fit en tremblant, elle avoit les yeux baissés; elle tenoit un long morceau de mousseline attaché sur un patron qui lui échappa des mains au premier pas; je le ramassai; je la pris par un bras et la conduisis à la supérieure. Elle se jeta à genoux; elle saisit une de ses mains qu'elle baisa en poussant quelques soupirs, et en versant une larme; puis elle s'empara d'une des miennes qu'elle joignit à celle de la supérieure, et les baisa l'une et l'autre. La supérieure lui fit signe de se lever, et de se placer où elle voudroit; elle obéit. On servit une collation. La supérieure se leva; elle ne s'assit point avec nous, mais elle se promenoit autour de la table, posant sa main sur la tête de l'une, la renversant doucement en arrière, et lui baisant le front; levant le linge de cou à une autre, plaçant sa main dessus, et demeurant appuyée sur le dos de son fauteuil; passant à une troisième, et laissant aller sur elle une de ses mains, ou la plaçant sur sa bouche; goûtant du bout des lèvres aux choses qu'on avoit servies, et les distribuant à celle-ci, à celle-là. Après avoir circulé ainsi un moment, elle s'arrêta en face de moi, me regardant avec des yeux très-affectueux et très-tendres; cependant les autres les avoient baissés, comme si elles eussent craint de la contraindre ou de la distraire, mais sur-tout la Sœur Sainte-Thérèse. La collation faite, je me mis au clavecin; et j'accompagnai deux Sœurs qui chantèrent sans méthode, avec du goût, de la justesse et de la voix. Je chantai aussi, et je m'accompagnai. La supérieure étoit assise au pied du clavecin, et paroissoit goûter le plus grand plaisir à m'entendre et à me voir; les autres écoutoient debout sans rien faire, ou s'étoient remises à l'ouvrage. Cette soirée fut délicieuse. Cela fait, toutes se retirèrent.

Je m'en allois avec les autres; mais la supérieure m'arrêta. Quelle heure est-il, me dit-elle? = Tout-à-l'heure six heures. = Quelque-unes de nos discrètes vont entrer. J'ai réfléchi sur ce que vous m'avez dit de votre sortie de Longchamp; je leur ai communiqué mes idées; elles les ont approuvées, et nous avons une proposition à vous faire. Il est impossible que nous ne réussissions pas; et si nous réussissons, cela fera un petit bien à la maison et quelque douceur pour vous... = A six heures, les discrètes entrèrent; la discrétion des maisons religieuses est toujours bien décrépite et bien vieille. Je me levai, elles s'assirent; et la supérieure me dit : Sœur Sainte-Suzanne, ne m'avez-vous pas appris que vous deviez à la bienfaisance de M. Manouri la dot qu'on vous a faite ici ? = Oui, chère Mère. = Je ne me suis donc pas trompée, et les Sœurs de Longchamp sont restées en possession de la dot que vous leur avez payée en entrant chez elles ? = Oui, chère Mère. = Elles ne vous en ont rien rendu ? = Non, chère Mère. = Elles ne vous en font point de pension ? = Non, chère Mère. = Cela n'est pas juste; c'est ce que j'ai communiqué à nos discrètes; et elles pensent comme moi, que vous êtes en droit de demander contre elles, ou que cette dot vous soit restituée au profit de notre maison, ou qu'elles vous en fassent la rente. Ce que vous tenez de l'intérêt que M. Manouri a pris à votre sort, n'a rien de commun avec ce que les Sœurs de Longchamp vous doivent; ce n'est point à leur acquit qu'il a fourni votre dot. = Je ne le crois pas; mais pour s'en assurer, le plus court c'est de lui écrire. = Sans doute; mais au cas que sa réponse soit telle que nous la desirons, voici les propositions que nous avons à vous faire : Nous entreprendrons le procès en votre nom contre la maison de Longchamp; la nôtre fera les frais, qui ne seront pas considérables, parce qu'il y a bien de l'apparence que M. Manouri ne refusera pas de se charger de cette affaire; et si nous gagnons, la maison partagera avec vous moitié par moitié le fonds ou la rente. Qu'en pensez-vous, chère Sœur ? vous ne répondez pas, vous rêvez. = Je rêve que ces Sœurs de Longchamp m'ont fait beaucoup de mal, et que je serois au désespoir qu'elles imaginassent que je me venge. = Il ne s'agit pas de se venger ; il s'agit de redemander ce qui vous est dû. = Se donner encore une fois en spectacle ! = C'est le plus petit inconvénient ; il ne sera presque pas question de vous. Et puis notre communauté est pauvre, et celle de Longchamp est riche. Vous serez notre bienfaitrice, du-moins tant que vous vivrez ; nous n'avons pas besoin de ce motif, pour nous intéresser à votre conservation ; nous vous aimons toutes... Et toutes les discrètes à-la-fois : Et qui est-ce qui ne l'aimeroit pas ? elle est parfaite..... Je puis cesser d'être d'un moment à l'autre, une autre supérieure n'auroit pas peut-être pour vous les mêmes sentimens que moi ; ah ! non sûrement, elle ne les auroit pas. Vous pouvez avoir de petites indispositions, de petits besoins ; il est fort doux de posséder un petit argent dont on puisse disposer pour se soulager soi-même ou pour obliger les autres. = Chères Mères, leur dis-je, ces considérations ne sont pas à négliger, puisque vous avez la bonté de les faire ; il y en a d'autres qui me touchent davantage ; mais il n'y a point de répugnance que je ne sois prête à vous sacrifier,

La seule grace que j'aye à vous demander, chère Mère, c'est de ne rien commencer sans en avoir conféré en ma présence avec M. Manouri. = Rien n'est plus convenable. Voulez-vous lui écrire vous-même? = Chère Mère, comme il vous plaira. = Ecrivez-lui; et pour ne pas revenir deux fois là-dessus, car je n'aime pas ces sortes d'affaires, elles m'ennuient à périr; écrivez à l'instant. = On me donna une plume, de l'encre et du papier, et sur-le-champ je priai M. Manouri de vouloir bien se transporter à Arpajon aussi-tôt que ses occupations le lui permettroient; que j'avois besoin encore de ses secours et de son conseil dans une affaire de quelque importance, etc. Le concile assemblé lut cette lettre, l'approuva, et elle fut envoyée.

M. Manouri vint quelques jours après. La supérieure lui exposa ce dont il s'agissoit; il ne balança pas un moment à être de son avis; on traita mes scrupules de ridiculités; il fut conclu que les religieuses de Longchamp seroient assignées dès le lendemain. Elles le furent; et voilà que, malgré que j'en aie, mon nom reparoît dans des mémoires, des factums, à l'audience, et cela avec des détails, des suppositions, des mensonges, et toutes les noirceurs qui peuvent rendre une créature défavorable à ses juges et odieuse aux yeux du public. Mais, M. le marquis, est-ce qu'il est permis aux avocats de calomnier tant qu'il leur plaît? Est-ce qu'il n'y a point de justice contre eux? Si j'avois pu prévoir toutes les amertumes que cette affaire entraîneroit, je vous proteste que je n'aurois jamais consenti à ce qu'elle s'entamât. On eut l'attention d'envoyer à plusieurs religieuses de notre maison les pièces qu'on publia contre moi. A tout moment elles venoient me demander les détails d'événemens horribles qui n'avoient pas l'ombre de la vérité. Plus je montrois d'ignorance, plus on me croyoit coupable; parce que je n'expliquois rien, que je n'avouois rien, que je niois tout, on croyoit que tout étoit vrai; on sourioit, on me disoit des mots entortillés, mais très-offensans; on haussoit les épaules à mon innocence. Je pleurois, j'étois désolée.

Mais une peine ne vient jamais seule. Le temps d'aller à confesse arriva. Je m'étois déjà accusée des premières caresses que ma supérieure m'avoit faites; le directeur m'avoit très-expressément défendu de m'y prêter davantage; mais le moyen de se refuser à des choses qui font grand plaisir à une autre dont on dépend entièrement, et auxquelles on n'entend soi-même aucun mal?

Ce directeur devant jouer un grand rôle dans le reste de mes mémoires, je crois qu'il est à propos que vous le connoissiez.

C'est un cordelier; il s'appelle le Père Lemoine; il n'a pas plus de quarante-cinq ans. C'est une des plus belles physionomies qu'on puisse voir;

elle est douce, sereine, ouverte, riante, agréable quand il n'y pense pas ; mais quand il y pense, son front se ride, ses sourcils se froncent, ses yeux se baissent, et son maintien devient austère. Je ne connois pas deux hommes plus différens que le Père Lemoine à l'autel et le Père Lemoine au parloir, et le Père Lemoine au parloir seul ou en compagnie. Au reste, toutes les personnes religieuses en sont là ; et moi-même je me suis surprise plusieurs fois sur-le-point d'aller à la grille, arrêtée tout court, rajustant mon voile, mon bandeau, composant mon visage, mes yeux, ma bouche, mes mains, mes bras, ma contenance, ma démarche, et me faisant un maintien et une modestie d'emprunt qui duroit plus ou moins, selon les personnes avec lesquelles j'avois à parler. Le Père Lemoine est grand, bien fait, gai, très-aimable quand il s'oublie ; il parle à merveille ; il a dans sa maison la réputation d'un grand théologien, et dans le monde celle d'un grand prédicateur ; il converse à ravir. C'est un homme très-instruit d'une infinité de connoissances étrangères à son état : il a la plus belle voix, il sait la musique, l'histoire et les langues ; il est docteur de Sorbonne. Quoiqu'il soit jeune, il a passé par les dignités principales de son ordre. Je le crois sans intrigue et sans ambition ; il est aimé de ses confrères. Il avoit sollicité la supériorité de la maison d'Etampes, comme un poste tranquille où il pourroit se livrer sans distraction à quelques études qu'il avoit commencées ; et on la lui avoit accordée. C'est une grande affaire pour une maison de religieuses que le choix d'un confesseur : il faut être dirigée par un homme important et de marque. On fit tout pour avoir le Père Lemoine, et on l'eut, du-moins par extraordinaire.

On lui envoyoit la voiture de la maison la veille des grandes fêtes, et il venoit. Il falloit voir le mouvement que son attente produisoit dans toute la communauté ; comme on étoit joyeuse, comme on se renfermoit, comme on travailloit à son examen, comme on se préparoit à l'occuper le plus long-temps qu'il seroit possible.

C'étoit la veille de la pentecôte. Il étoit attendu. J'étois inquiète, la supérieure s'en apperçut, elle m'en parla. Je ne lui cachai point la raison de mon souci ; elle m'en parut plus allarmée encore que moi, quoiqu'elle fît tout pour me le céler. Elle traita le Père Lemoine d'homme ridicule, se moqua de mes scrupules, me demanda si le Père Lemoine en savoit plus sur l'innocence de ses sentimens et des miens que notre conscience, et si la mienne me reprochoit quelque chose. Je lui répondis que non. Eh bien ! me dit-elle, je suis votre supérieure, vous me devez l'obéissance, et je vous ordonne de ne lui point parler de ces sottises. Il est inutile que vous alliez à confesse, si vous n'avez que des bagatelles à lui dire.

Cependant le Père Lemoine arriva; et je me disposois à la confession, tandis que de plus pressées s'en étoient emparées. Mon tour approchoit, lorsque la supérieure vint à moi, me tira à l'écart, et me dit : Sainte-Suzanne, j'ai pensé à ce que vous m'avez dit ; retournez-vous-en dans votre cellule, je ne veux pas que vous alliez à confesse aujourd'hui. = Et pourquoi, lui répondis-je, chère Mère? C'est demain un grand jour de communion générale : que voulez-vous qu'on pense, si je suis la seule qui n'approche point de la sainte Table? = N'importe, on dira tout ce qu'on voudra, mais vous n'irez point à confesse. = Chère Mère, lui dis-je, s'il est vrai que vous m'aimiez, ne me donnez point cette mortification, je vous le demande en grace. = Non, non, cela ne se peut ; vous me feriez quelque tracasserie avec cet homme-là, et je n'en veux point. = Non, chère Mère, je ne vous en ferai point! = Promettez-moi donc.... Cela est inutile, vous viendrez demain matin dans ma chambre, vous vous accuserez à moi : vous n'avez commis aucune faute, dont je ne puisse vous réconcilier et vous absoudre ; et vous communierez avec les autres. Allez....
= Je me retirai donc, et j'étois dans ma cellule, triste, inquiète, rêveuse, ne sachant quel parti prendre, si j'irois au Père Lemoine malgré ma supérieure, si je m'en tiendrois à son absolution le lendemain, et si je ferois mes dévotions avec le reste

I *

de la maison, ou si je m'éloignerois des sacremens, quoi qu'on en pût dire. Lorsqu'elle rentra, elle s'étoit confessée, et le Père Lemoine lui avoit demandé pourquoi il ne m'avoit point apperçue, si j'étois malade; je ne sais ce qu'elle lui avoit répondu, mais la fin de cela, c'est qu'il m'attendoit au confessionnal. Allez-y donc, me dit-elle, puisqu'il le faut; mais assurez-moi que vous vous tairez. J'hésitois, elle insistoit. Eh! folle, me disoit-elle, quel mal veux-tu qu'il y ait à taire ce qu'il n'y a point eu de mal à faire? = Et quel mal y a-t-il à le dire, lui répondis-je? = Aucun, mais il y a de l'inconvénient. Qui sait l'importance que cet homme peut y mettre? = Assurez-moi donc.... = Je balançai encore; mais enfin je m'engageai à ne rien dire, s'il ne me questionnoit pas; et j'allai.

Je me confessai, et je me tus; mais le directeur m'interrogea; et je ne dissimulai rien. Il me fit mille demandes singulières, auxquelles je ne comprends rien encore à-présent que je me les rappelle. Il me traita avec indulgence; mais il s'exprima sur la supérieure dans des termes qui me firent frémir; il l'appela indigne, libertine, mauvaise religieuse, femme pernicieuse, ame corrompue; et m'enjoignit, sous peine de péché mortel, de ne me trouver jamais seule avec elle, et de ne souffrir aucune de ses caresses. = Mais, mon Père, lui dis-je, c'est ma supérieure; elle peut entrer chez moi, m'appeler chez elle quand il lui plaît. = Je le sais, je le sais, et j'en suis désolé. Chère enfant, me dit-il, loué soit Dieu qui vous a préservée jusqu'à-présent ! Sans oser m'expliquer avec vous plus clairement, dans la crainte de devenir moi-même le complice de votre indigne supérieure, et de faner, par le souffle empoisonné qui sortiroit malgré moi de mes lèvres, une fleur délicate, qu'on ne garde fraîche et sans tache jusqu'à l'âge où vous êtes, que par une protection spéciale de la Providence ; je vous ordonne de fuir votre supérieure, de repousser loin de vous ses caresses, de ne jamais entrer seule chez elle, de lui fermer votre porte, surtout la nuit ; de sortir de votre lit, si elle entre chez vous malgré vous ; d'aller dans le corridor, d'appeler s'il le faut, de descendre toute nue jusqu'au pied des autels, de remplir la maison de vos cris, et de faire tout ce que l'amour de Dieu, la crainte du crime, la sainteté de votre état et l'intérêt de votre salut vous inspireroient, si satan en personne se présentoit à vous et vous poursuivoit. Oui, mon enfant, satan ; c'est sous cet aspect que je suis contraint de vous montrer votre supérieure ; elle est enfoncée dans l'abîme du crime, elle cherche à vous y plonger ; et vous y seriez déjà peut-être avec elle, si votre innocence même ne l'avoit remplie de terreur, et ne l'avoit arrêtée.... Puis levant les yeux au ciel, il s'écria : Mon Dieu ! continuez de protéger cette enfant.... Dites avec moi : *Satana, vade retrò, apage, satana.* Si cette malheureuse vous interroge, dites-lui tout, répétez-lui mon discours ; dites-lui qu'il vaudroit mieux qu'elle ne fût pas née, ou qu'elle se précipitât seule aux enfers par une mort violente. ⸺ Mais, mon Père, lui répliquai-je, vous l'avez entendue elle-même tout-à-l'heure ? ⸺ Il ne me répondit rien ; mais poussant un soupir profond, il porta ses bras contre un des parois du confessionnal, et appuya sa tête dessus comme un homme pénétré de douleur : il demeura quelque temps dans cet état. Je ne savois que penser ; les genoux me trembloient ; j'étois dans un trouble, un désordre qui ne se conçoit pas. Tel seroit un voyageur qui marcheroit dans les ténèbres entre des précipices qu'il ne verroit pas, et qui seroit frappé de tout côté par des voix souterraines qui lui crieroient : C'est fait de toi !.... Me regardant ensuite avec un air tranquille, mais attendri, il me dit : Avez-vous de la santé ? ⸺ Oui, mon Père. ⸺ Ne seriez-vous point trop incommodée d'une nuit que vous passeriez sans dormir ? ⸺ Non, mon Père. ⸺ Eh bien ! me dit-il, vous ne vous coucherez point celle-ci ; aussitôt après votre collation vous irez dans l'église, vous vous prosternerez au pied des autels, vous y passerez la nuit en prières. Vous ne savez pas le danger que vous avez couru ;

vous remercierez Dieu de vous en avoir garantie ; et demain vous approcherez de la sainte Table avec toutes les autres religieuses. Je ne vous donne pour pénitence que de vous tenir loin de votre supérieure, et que de repousser ses caresses empoisonnées. Allez ; je vais de mon côté unir mes prières aux vôtres. Combien vous m'allez causer d'inquiétudes ! je sens toutes les suites du conseil que je vous donne ; mais je vous le dois, et je me le dois à moi-même. Dieu est le maître; et nous n'avons qu'une loi.

Je ne me rappelle, monsieur, que très-imparfaitement tout ce qu'il me dit. A présent que je compare son discours tel que je viens de vous le rapporter, avec l'impression terrible qu'il me fit, je n'y trouve pas de comparaison ; mais cela vient de ce qu'il est brisé, décousu ; qu'il y manque beaucoup de choses que je n'ai pas retenues, parce que je n'y attachois aucune idée distincte, et que je ne voyois et ne vois encore aucune importance à des choses sur lesquelles il se récrioit avec le plus de violence. Par exemple, qu'est-ce qu'il trouvoit de si étrange dans la scène du clavecin ? N'y a-t-il pas des personnes sur lesquelles la musique fait la plus violente impression ? On m'a dit à moi-même que certains airs, certaines modulations changeoient entièrement ma physionomie : alors j'étois tout-à-fait hors de moi, je ne savois presque pas ce que je devenois ; je ne crois pas que j'en fusse moins innocente. Pourquoi n'en eût-il pas été de même de ma supérieure, qui étoit certainement, malgré toutes ses folies et ses inégalités, une des femmes les plus sensibles qu'il y eût au monde? Elle ne pouvoit entendre un récit un peu touchant sans fondre en larmes ; quand je lui racontai mon histoire, je la mis dans un état à faire pitié. Que ne lui faisoit-il un crime aussi de sa commisération ? Et la scène de la nuit, dont il attendoit l'issue avec une frayeur mortelle... Certainement cet homme est trop sévère.

Quoi qu'il en soit, j'exécutai ponctuellement ce qu'il m'avoit prescrit, et dont il avoit sans-doute prévu la suite immédiate. Tout au sortir du confessionnal, j'allai me prosterner au pied des autels ; j'avois la tête troublée d'effroi; j'y demeurai jusqu'à souper. La supérieure, inquiète de ce que j'étois devenue, m'avoit fait appeler ; on lui avoit répondu que j'étois en prière. Elle s'étoit montrée plusieurs fois à la porte du chœur; mais j'avois fait semblant de ne la point appercevoir. L'heure du souper sonna ; je me rendis au réfectoire ; je soupai à la hâte ; et le souper fini, je revins aussi-tôt à l'église; je ne parus point à la récréation du soir ; à l'heure de se retirer et de se coucher je ne remontai point. La supérieure n'ignoroit pas ce que j'étois devenue. La nuit étoit fort avancée ; tout étoit en silence dans la maison, lorsqu'elle descendit auprès de moi. L'image sous laquelle le directeur me l'avoit montrée, se retraça à mon imagination ; le tremblement me prit, je n'osai la regarder ; je crus que je la verrois avec un visage hideux, et toute enveloppée de flammes ; et je disois au-dedans de moi : *Satana, vade retro, apage, satana.* Mon Dieu, conservez-moi, éloignez de moi ce démon.

Elle se mit à genoux, et après avoir prié quelque temps, elle me dit : Sainte-Suzanne, que faites-vous ici ? = Madame, vous le voyez. = Savez-vous l'heure qu'il est ? = Oui, madame. = Pourquoi n'êtes-vous pas rentrée chez vous à l'heure de la retraite ? = C'est que je me disposois à célébrer demain le grand jour. = Votre dessein étoit donc de passer ici la nuit ? = Oui, madame. = Et qui est-ce qui vous l'a permis ? = Le directeur me l'a ordonné. = Le directeur n'a rien à ordonner contre la règle de la maison ; et moi, je vous ordonne de vous aller coucher. = Madame, c'est la pénitence qu'il m'a imposée. = Vous la remplacerez par d'autres œuvres. = Cela n'est pas à mon choix. = Allons, me dit-elle, mon enfant, venez. La fraîcheur de l'église pendant la nuit vous incommodera ; vous prierez dans votre cellule.... Après cela, elle voulut me prendre par la main; mais je m'éloignai avec vitesse. Vous me fuyez, me dit-elle. = Oui, madame, je vous fuis.... Rassurée par la sainteté du lieu, par la présence de la Divinité, par l'innocence de mon cœur, j'osai lever les yeux sur elle ; mais à-peine l'eus-je apperçue, que je me mis à courir dans le chœur comme une insensée, en criant : Loin de moi, satan !.... Elle ne me suivoit point, elle restoit à sa place, et elle me disoit, en tendant doucement ses deux bras vers moi, et de la voix la plus touchante et la plus douce : Qu'avez-vous ? D'où vient cet effroi ? Arrêtez. Je ne suis point satan, je suis votre supérieure et votre amie.... = Je m'arrêtai, je retournai encore la tête vers elle ; et je vis que j'avois été effrayée par une apparence bizarre que mon imagination avoit réalisée ; c'est qu'elle étoit placée, par rapport à la lampe de l'église, de manière qu'il n'y avoit que son visage et que l'extrémité de ses mains qui fussent éclairées, et que le reste étoit dans l'ombre, ce qui lui donnoit un aspect singulier. Un peu revenue à moi, je me jetai dans une stalle. Elle s'approcha, elle alloit s'asseoir dans la stalle voisine, lorsque je me levai et me plaçai dans la stalle au-dessous. Je voyageai ainsi de stalle en stalle, et elle aussi jusqu'à la dernière : là, je m'arrêtai, et je la conjurai de laisser du-moins ; une place vide entre elle et moi. Je le veux bien, me dit-elle. Nous nous assîmes toutes deux ; une stalle nous séparoit; alors la supérieure prenant la parole, me dit : Pourroit-on savoir de vous,

Sainte-Suzanne, d'où vient l'effroi que ma présence vous cause ? == Chère Mère, lui dis-je, pardonnez-moi ; ce n'est pas moi, c'est le Père Lemoine. Il m'a représenté la tendresse que vous avez pour moi, les caresses que vous me faites, et auxquelles je vous avoue que je n'entends aucun mal, sous les couleurs les plus affreuses. Il m'a ordonné de vous fuir, de ne plus entrer chez vous, seule ; de sortir de ma cellule, si vous y veniez ; il vous a peinte à mon esprit comme le démon. Que sais-je ce qu'il ne m'a pas dit là-dessus. == Vous lui avez donc parlé ? == Non, chère Mère ; mais je n'ai pu me dispenser de lui répondre. == Me voilà donc bien horrible à vos yeux ? == Non, chère Mère, je ne saurois m'empêcher de vous aimer, de sentir tout le prix de vos bontés, de vous prier de me les continuer ; mais j'obéirai à mon directeur. == Vous ne viendrez donc plus me voir ? == Non, chère Mère. == Vous ne me recevrez plus chez vous ? == Non, chère Mère. == Vous repousserez mes caresses ? == Il m'en coûtera beaucoup, car je suis née caressante, et j'aime à être caressée ; mais il le faudra ; je l'ai promis à mon directeur, et j'en ai fait le serment au pied des autels. Si je pouvois vous rendre la manière dont il s'explique ! C'est un homme pieux, c'est un homme éclairé ; quel intérêt a-t-il à me montrer du péril où il n'y en a point ? A éloigner le cœur d'une religieuse du cœur de sa supérieure ? Mais peut-être reconnoît-il, dans des actions très-innocentes de votre part et de la mienne, un germe de corruption secrète qu'il croit tout développé en vous, et qu'il craint que vous ne développiez en moi. Je ne vous cacherai pas qu'en revenant sur les impressions que j'ai quelquefois ressenties.... D'où vient, chère Mère, qu'au sortir d'auprès de vous, en rentrant chez moi, j'étois agitée, rêveuse ? D'où vient que je ne pouvois ni prier, ni m'occuper ? D'où vient une espèce d'ennui que je n'avois jamais éprouvé ? Pourquoi, moi qui n'ai jamais dormi le jour, me sentois-je aller au sommeil ? Je croyois que c'étoit en vous une maladie contagieuse, dont l'effet commençoit à s'opérer en moi ; mais le Père Lemoine voit cela bien autrement. = Et comment voit-il cela ? = Il y voit toutes les noirceurs du crime, votre perte consommée, la mienne projetée. Que sais-je ? = Allez, me dit-elle, votre Père Lemoine est un visionnaire ; ce n'est pas la première algarade de cette nature qu'il m'ait causée. Il suffit que je m'attache à quelqu'un d'une amitié tendre, pour qu'il s'occupe à lui tourner la cervelle ; peu s'en est fallu qu'il n'ait rendu folle cette pauvre Sainte-Thérèse. Cela commence à m'ennuyer, et je me déferai de cet homme-là ; aussi bien il demeure à dix lieues d'ici ; c'est un embarras que de le faire venir ; on ne l'a pas quand on veut : mais nous parlerons de cela plus à l'aise. Vous ne voulez donc pas remonter ? = Non, chère Mère ; je vous demande en grace de me permettre de passer ici la nuit. Si je manquois à ce devoir, demain je n'oserois approcher des sacremens avec le reste de la communauté. Mais vous, chère Mère, communierez-vous? = Sans doute. = Mais le père Lemoine ne vous a donc rien dit? = Non. = Mais comment cela s'est-il fait ? = C'est qu'il n'a point été dans le cas de me parler. On ne va à confesse que pour s'accuser de ses péchés ; et je n'en vois point à aimer bien tendrement une enfant aussi aimable que Sainte-Suzanne. S'il y avoit quelque faute, ce seroit de rassembler sur elle seule un sentiment qui devroit se répandre également sur toutes celles qui composent la communauté ; mais cela ne dépend pas de moi ; je ne saurois m'empêcher de distinguer le mérite où il est, et de m'y porter d'un goût de préférence. J'en demande pardon à Dieu ; et je ne conçois pas comment votre Père Lemoine voit ma damnation scellée dans une partialité si naturelle, et dont il est si difficile de se garantir. Je tâche de faire le bonheur de toutes ; mais il y en a que j'estime et que j'aime plus que d'autres, parce qu'elles sont plus aimables et plus estimables. Voilà tout mon crime avec vous; Sainte-Suzanne, le trouvez-vous bien grand ? = Non, chère Mère. = Allons, chère enfant, faisons encore chacune une petite prière, et retirons-nous. = Je la suppliai de rechef, de permettre que je passasse la nuit dans l'église ; elle y consentit, à condition que cela n'arriveroit plus ; et elle se retira.

Je revins sur ce qu'elle m'avoit dit ; je demandai à Dieu de m'éclairer ; je réfléchis et je conclus, tout bien considéré, que, quoique des personnes fussent d'un même sexe, il pouvoit y avoir du moins de l'indécence dans la manière dont elles se témoignoient leur amitié ; que le père Lemoine, homme austère, avoit peut-être outré les choses ; mais que le conseil d'éviter l'extrême familiarité de ma supérieure par beaucoup de réserve, étoit bon à suivre ; et je me le promis.

Le matin, lorsque les religieuses vinrent au chœur, elles me trouvèrent à ma place ; elles approchèrent toutes de la sainte table, et la supérieure à leur tête, ce qui acheva de me persuader son innocence, sans me détacher du parti que j'avois pris. Et puis il s'en manquoit beaucoup que je sentisse pour elle tout l'attrait qu'elle éprouvoit pour moi. Je ne pouvois m'empêcher de la comparer à ma première supérieure : quelle différence ! ce n'étoit ni la même piété, ni la même gravité, ni la même dignité, ni la même ferveur, ni le même esprit, ni le même goût de l'ordre.

Il arriva dans l'intervalle de peu de jours deux grands événemens : l'un, c'est que je gagnai mon procès contre les religieuses de Longchamp ; elles furent condamnées à payer à la maison de Sainte-Eutrope, où j'étois, une pension proportionnée à ma dot : l'autre, c'est le changement de directeur. Ce fut la supérieure qui m'apprit elle-même ce dernier.

Cependant je n'allois plus chez elle qu'accompagnée ; elle ne venoit plus seule chez moi. Elle me cherchoit toujours, mais je l'évitois ; elle s'en appercevoit, et m'en faisoit des reproches. Je ne sais ce qui se passoit dans cette ame, mais il falloit que ce fût quelque chose d'extraordinaire. Elle se levoit la nuit et se promenoit dans les corridors, sur-tout dans le mien ; je l'entendois passer et repasser, s'arrêter à ma porte, se plaindre, soupirer ; je tremblois, et je me renfonçois dans mon lit. Le jour, si j'étois à la promenade, dans la salle du travail, ou dans la chambre de récréation, de manière que je ne pusse l'appercevoir, elle passoit des heures entières à me considérer ; elle épioit toutes mes démarches : si je descendois, je la trouvois au bas des dégrés ; elle m'attendoit au haut quand je remontois. Un jour elle m'arrêta, elle se mit à me regarder sans mot dire ; des pleurs coulèrent abondamment de ses yeux, puis tout-à-coup se jetant à terre et me serrant un genou entre ses deux mains, elle me dit : Sœur cruelle, demande-moi ma vie, je te la donnerai, mais ne m'évite pas ; je ne saurois plus vivre sans toi.... Son état me fit pitié, ses yeux étoient éteints ; elle avoit perdu son embonpoint et ses couleurs. C'étoit ma supérieure, elle étoit à mes pieds, la tête appuyée contre mon genou qu'elle tenoit embrassé ; je lui tendis les mains, elle les prit avec ardeur, elle les baisoit, et puis elle me regardoit, et puis elle les baisoit encore et me regardoit encore ; je la relevai. Elle chanceloit, elle avoit peine à marcher ; je la reconduisis à sa cellule. Quand sa porte fut ouverte, elle me prit par la main, et me tira doucement pour me faire entrer, mais sans me parler et sans me regarder. Non, lui dis-je, chère Mère, non, je me le suis promis ; c'est le mieux pour vous et pour moi ; j'occupe trop de place dans votre ame, c'est autant de perdu pour Dieu à qui vous la devez toute entière. = Est-ce à vous à me le reprocher ?.... Je tâchois, en lui parlant, à dégager ma main de la sienne. = Vous ne voulez donc pas entrer, me dit-elle ? = Non, chère Mère, non. = Vous ne le voulez pas, Sainte-Suzanne ? vous ne savez pas ce qui peut en arriver, non, vous ne le savez pas : vous me ferez mourir.... = Ces derniers mots m'inspirèrent un sentiment tout contraire à celui qu'elle se proposoit ; je retirai ma main avec vivacité, et je m'enfuis. Elle se retourna, me regarda aller quelques pas, puis, rentrant dans sa cellule dont la porte demeura ouverte, elle se mit à pousser les plaintes les plus aiguës. Je les entendis ; elles me pénétrèrent. Je fus un moment incertaine si je continuerois de m'éloigner ou si je retournerois ; cependant je ne sais par quel mouvement d'aversion je m'éloignai, mais ce

ne fut pas sans souffrir de l'état où je la laissois ;
je suis naturellement compatissante. Je me renfermai chez moi, je m'y trouvai mal à mon aise ;
je ne savois à quoi m'occuper ; je fis quelques tours
en long et en large, distraite et troublée ; je sortis,
je rentrai ; enfin j'allai frapper à la porte de Sainte-
Thérèse, ma voisine. Elle étoit en conversation
intime avec une autre jeune religieuse de ses amies ;
je lui dis : Chère Sœur, je suis fâchée de vous interrompre ; mais je vous prie de m'écouter un
moment, j'aurois un mot à vous dire.... Elle me
suivit chez moi, et je lui dis : Je ne sais ce qu'a
notre Mère supérieure ; elle est désolée ; si vous
alliez la trouver, peut-être la consoleriez-vous...
Elle ne me répondit pas ; elle laissa son amie chez
elle, ferma sa porte, et courut chez notre supérieure.

Cependant le mal de cette femme empira de jour
en jour ; elle devint mélancolique et sérieuse ; la
gaîté qui, depuis mon arrivée dans la maison, n'avoit point cessé, disparut tout-à-coup ; tout rentra
dans l'ordre le plus austère ; les offices se firent
avec la dignité convenable ; les étrangers furent
presque entièrement exclus du parloir ; défense aux
religieuses de fréquenter les unes chez les autres ;
les exercices reprirent avec l'exactitude la plus
scrupuleuse ; plus d'assemblée chez la supérieure,
plus de collation ; les fautes les plus légères furent
sévèrement punies ; on s'adressoit encore à moi

quelquefois pour obtenir grace, mais je refusois absolument de la demander. La cause de cette révolution ne fut ignorée de personne ; les anciennes n'en étoient pas fâchées, les jeunes s'en désespéroient ; elles me regardoient de mauvais œil ; pour moi, tranquille sur ma conduite, je négligeois leur humeur et leurs reproches.

Cette supérieure, que je ne pouvois ni soulager, ni m'empêcher de plaindre, passa successivement de la mélancolie à la piété, et de la piété au délire. Je ne la suivrai point dans le cours de ces différens progrès, cela me jetteroit dans un détail qui n'auroit point de fin ; je vous dirai seulement que, dans son premier état, tantôt elle me cherchoit, tantôt elle m'évitoit ; nous traitoit quelquefois, les autres et moi, avec sa douceur accoutumée ; quelquefois aussi elle passoit subitement à la rigueur la plus outrée ; elle nous appeloit et nous renvoyoit ; donnoit récréation et révoquoit ses ordres un moment après ; nous faisoit appeler au chœur ; et lorsque tout étoit en mouvement pour lui obéir, un second coup de cloche renfermoit la communauté. Il est difficile d'imaginer le trouble de la vie que l'on menoit ; la journée se passoit à sortir de chez soi et à y rentrer, à prendre son bréviaire et à le quitter, à monter et à descendre, à baisser son voile et à le relever. La nuit étoit presque aussi interrompue que le jour.

Quelques religieuses s'adressèrent à moi, et

tâchèrent de me faire entendre qu'avec un peu plus de complaisance et d'égards pour la supérieure, tout reviendroit à l'ordre ; elles auroient dû dire au désordre accoutumé : je leur répondois tristement : Je vous plains ; mais dites-moi clairement ce qu'il faut que je fasse.... Les unes s'en retournoient en baissant la tête et sans me répondre ; d'autres me donnoient des conseils qu'il m'étoit impossible d'arranger avec ceux de notre directeur ; je parle de celui qu'on avoit révoqué, car, pour son successeur, nous ne l'avions pas encore vu.

La supérieure ne sortoit plus de nuit ; elle passoit des semaines entières sans se montrer, ni à l'office, ni au chœur, ni au réfectoire, ni à la récréation ; elle demeuroit renfermée dans sa chambre ; elle erroit dans les corridors, ou elle descendoit à l'église ; elle alloit frapper aux portes des religieuses, et elle leur disoit d'une voix plaintive: Sœur une telle, priez pour moi ; Sœur une telle, priez pour moi.... Le bruit se répandit qu'elle se disposoit à une confession générale.

Un jour que je descendis la première à l'église, je vis un papier attaché au voile de la grille, je m'en approchai et je lus : « Chères Sœurs, vous » êtes invitées à prier pour une religieuse qui s'est » égarée de ses devoirs, et qui veut retourner à » Dieu... ». Je fus tentée de l'arracher, cependant je le laissai. Quelques jours après, c'en étoit

un autre, sur lequel on avoit écrit : « Chères
» Sœurs, vous êtes invitées à implorer la misé-
» ricorde de Dieu sur une religieuse qui a reconnu
» ses égaremens ; ils sont grands.... » Un autre
jour, c'étoit une autre invitation qui disoit :
» Chères Sœurs, vous êtes priées de demander
» à Dieu d'éloigner le désespoir d'une religieuse
» qui a perdu toute confiance dans la miséricorde
» divine.... »

Toutes ces invitations où se peignoient les cruelles
vicissitudes de cette ame en peine, m'attristoient
profondément. Il m'arriva une fois de demeurer
comme un Terme vis-à-vis un de ces placards ;
je m'étois demandée à moi-même qu'est-ce que
c'étoit que ces égaremens qu'elle se reprochoit ;
d'où venoient les transes de cette femme ; quels
crimes elle pouvoit avoir à se reprocher ; je re-
venois sur les exclamations du directeur, je me
rappelois ses expressions, j'y cherchois un sens,
je n'y en trouvois point, et je demeurois comme
absorbée. Quelques religieuses qui me regardoient
causoient entre elles ; et si je ne me suis pas
trompée, elles me regardoient comme incessamment menacée des mêmes terreurs.

Cette pauvre supérieure ne se montroit que son
voile baissé ; elle ne se méloit plus des affaires
de la maison ; elle ne parloit à personne ; elle
avoit de fréquentes conférences avec le nouveau
directeur qu'on nous avoit donné. C'étoit un jeune

bénédictin. Je ne sais s'il lui avoit imposé toutes les mortifications qu'elle pratiquoit ; elle jeûnoit trois jours de la semaine ; elle se macéroit, elle entendoit l'office dans les stales inférieures. Il falloit passer devant sa porte pour aller à l'église ; là, nous la trouvions prosternée, le visage contre terre, et elle ne se relevoit que quand il n'y avoit plus personne. La nuit, elle descendoit en chemise, nus pieds ; si Sainte-Thérèse ou moi nous la rencontrions par hasard, elle se retournoit et se colloit le visage contre le mur. Un jour que je sortois de ma cellule, je la trouvai prosternée, les bras étendus et la face contre terre ; et elle me dit : Avancez, marchez, foulez-moi aux pieds ; je ne mérite pas un autre traitement.

Pendant des mois entiers que cette maladie dura, le reste de la communauté eut le temps de pâtir et de me prendre en aversion. Je ne reviendrai pas sur les désagrémens d'une religieuse qu'on hait dans sa maison, vous en devez être instruit à-présent. Je sentis peu-à-peu renaître le dégoût de mon état. Je portai ce dégout et mes peines dans le sein du nouveau directeur ; il s'appelle dom Morel ; c'est un homme d'un caractère ardent ; il touche à la quarantaine. Il parut m'écouter avec attention et avec intérêt ; il désira de connoître les événemens de ma vie ; il me fit entrer dans les détails les plus minutieux sur ma famille, sur mes penchans, mon caractère, les maisons où j'avois été, celle où j'étois, sur ce qui s'étoit passé entre ma supérieure et moi. Je ne lui cachai rien. Il ne me parut pas mettre à la conduite de la supérieure avec moi la même importance que le Père Lemoine ; à-peine daigna-t-il me jeter là-dessus quelques mots ; il regarda cette affaire comme finie ; la chose qui le touchoit le plus, c'étoient mes dispositions secrètes sur la vie religieuse. A mesure que je m'ouvrois, sa confiance faisoit les mêmes progrès ; si je me confessois à lui, il se confioit à moi ; ce qu'il me disoit de ses peines avoit la plus parfaite conformité avec les miennes ; il étoit entré en religion malgré lui ; il supportoit son état avec le même dégoût, et il n'étoit guère moins à plaindre que moi. Mais, chère Sœur, ajoutoit-il, que faire à cela ? Il n'y a plus qu'une ressource, c'est de rendre notre condition la moins fâcheuse qu'il sera possible. Et puis il me donnoit les mêmes conseils qu'il suivoit ; ils étoient sages. Avec cela, ajoutoit-il, on n'évite pas les chagrins, on se résout seulement à les supporter. Les personnes religieuses ne sont heureuses qu'autant qu'elles se font un mérite devant Dieu de leurs croix ; alors elles s'en réjouissent, elles vont au-devant des mortifications ; plus elles sont amères et fréquentes, plus elles s'en félicitent ; c'est un échange qu'elles ont fait de leur bonheur présent contre un bonheur à venir ; elles s'assurent celui-ci par le sacrifice volontaire de celui-là. Quand elles ont bien souffert, elles disent à Dieu : *Ampliùs, Domine ;* Seigneur, encore davantage..... et c'est une prière que Dieu ne manque guère d'exaucer. Mais si ces peines sont faites pour vous et pour moi comme pour elles, nous ne pouvons pas nous en promettre la même récompense ; nous n'avons pas la seule chose qui leur donneroit de la valeur, la résignation ; cela est triste. Hélas ! comment vous inspirerai-je la vertu qui vous manque et que je n'ai pas ? Cependant sans cela nous nous exposons à être perdus dans l'autre vie, après avoir été bien malheureux dans celle-ci. Au sein des pénitences, nous nous damnons presqu'aussi sûrement que les gens du monde au milieu des plaisirs ; nous nous privons, ils jouissent ; et après cette vie les mêmes supplices nous attendent. Que la condition d'un religieux, d'une religieuse qui n'est point appelée, est fâcheuse ! c'est la nôtre, pourtant ; et nous ne pouvons la changer. On nous a chargés de chaînes pesantes, que nous sommes condamnés à secouer sans cesse, sans aucun espoir de les rompre ; tâchons, chère Sœur, de les traîner. Allez, je reviendrai vous voir.

Il revint quelques jours après ; je le vis au parloir, je l'examinai de plus près. Il acheva de me confier de sa vie, moi de la mienne, une infinité de circonstances qui formoient entre lui et moi autant de points de contact et de ressemblance ;

il avoit presque subi les mêmes persécutions domestiques et religieuses. Je ne m'appercevois pas que la peinture de ses dégoûts étoit peu propre à dissiper les miens ; cependant cet effet se produisoit en moi, et je crois que la peinture de mes dégoûts produisoit le même effet en lui. C'est ainsi que la ressemblance des caractères se joignant à celle des événemens, plus nous nous revoyions, plus nous nous plaisions l'un à l'autre ; l'histoire de ses momens, c'étoit l'histoire des miens ; l'histoire de ses sentimens, c'étoit l'histoire des miens ; l'histoire de son ame, c'étoit l'histoire de la mienne.

Lorsque nous nous étions bien entretenus de nous, nous parlions aussi des autres, et sur-tout de la supérieure. Sa qualité de directeur le rendoit très-réservé ; cependant j'apperçus à travers ses discours que la diposition actuelle de cette femme ne dureroit pas ; qu'elle luttoit contre elle-même, mais en-vain ; et qu'il arriveroit de deux choses l'une, ou qu'elle reviendroit incessamment à ses premiers penchans, ou qu'elle perdroit la tête. J'avois la plus forte curiosité d'en savoir davantage ; il auroit bien pu m'éclairer sur des questions que je m'étois faites, et auxquelles je n'avois jamais pu me répondre ; mais je n'osois l'interroger ; je me hasardai seulement à lui demander s'il connoissoit le Père Lemoine. = Oui, me dit-il, je le connois ; c'est un homme de mérite, il en a beaucoup. = Nous avons cessé de l'avoir d'un moment à l'autre. = Il est vrai. = Ne pourriez-vous point me dire comment cela s'est fait ? = Je serois fâché que cela transpirât. = Vous pouvez compter sur ma discrétion. = On a, je crois, écrit contre lui à l'archevêché. = Et qu'a-t-on pu dire ? = Qu'il demeuroit trop loin de la maison ; qu'on ne l'avoit pas quand on vouloit ; qu'il étoit d'une morale trop austère ; qu'on avoit quelque raison de le soupçonner des sentimens des novateurs ; qu'il semoit la division dans la maison, et qu'il éloignoit l'esprit des religieuses de leur supérieure. = Et d'où savez-vous cela ? = De lui-même. = Vous le voyez donc ? = Oui, je le vois ; il m'a parlé de vous quelquefois. = Qu'est-ce qu'il vous en a dit ? = Que vous étiez bien à plaindre ; qu'il ne concevoit pas comment vous aviez pu résister à toutes les peines que vous aviez souffertes ; que, quoiqu'il n'ait eu l'occasion de vous entretenir qu'une ou deux fois, il ne croyoit pas que vous puissiez jamais vous accommoder de la vie religieuse ; qu'il avoit dans l'esprit.... là, il s'arrêta tout court ; et moi j'ajoutai : qu'avoit-il dans l'esprit ? = Dom Morel me répondit : Ceci est une affaire de confiance trop particulière pour qu'il me soit libre d'achever.... = Je n'insistai pas, j'ajoutai seulement : Il est vrai que c'est le Père Lemoine qui m'a inspiré de l'éloignement pour ma supérieure. =

Il a bien fait. = Et pourquoi ? = Ma Sœur, me répondit-il, en prenant un air grave, tenez-vous-en à ses conseils, et tâchez d'en ignorer la raison tant que vous vivrez. = Mais il me semble que si je connoissois le péril, je serois d'autant plus attentive à l'éviter. = Peut-être aussi seroit-ce le contraire. = Il faut que vous ayez bien mauvaise opinion de moi. = J'ai de vos mœurs et de votre innocence l'opinion que j'en dois avoir ; mais croyez qu'il y a des lumières funestes que vous ne pourriez acquérir sans y perdre. C'est votre innocence même qui en a imposé à votre supérieure ; plus instruite, elle vous auroit moins respectée. = Je ne vous entends pas. = Tant mieux. = Mais que la familiarité et les caresses d'une femme peuvent-elles avoir de dangereux pour une autre femme ? = Point de réponse de la part de dom Morel. = Ne suis-je pas la même que j'étois en entrant ici ? = Point de réponse de la part de dom Morel. = N'aurois-je pas continué d'être la même ? Où est donc le mal de s'aimer, de se le dire, de se le témoigner ? cela est si doux ! = Il est vrai, dit dom Morel, en levant les yeux sur moi, qu'il avoit toujours tenus baissés tandis que je parlois. = Et cela est-il donc si commun dans les maisons religieuses ? Ma pauvre supérieure ! dans quel état elle est tombée ! = Il est fâcheux, et je crains bien qu'il n'empire. Elle n'étoit pas faite pour son état ; et voilà ce qui en arrive tôt ou tard, quand on s'oppose au penchant général de la nature : cette contrainte la détourne à des affections déréglées, qui sont d'autant plus violentes, qu'elles sont mal fondées; c'est une espèce de folie. = Elle est folle ? = Oui, elle l'est, et le deviendra davantage. = Et vous croyez que c'est-là le sort qui attend ceux qui sont engagés dans un état auquel ils n'étoient point appelés ? = Non, pas tous ; il y en a qui meurent auparavant ; il y en a dont le caractère flexible se prête à la longue ; il y en a que des espérances vagues soutiennent quelque temps. = Et quelles espérances pour une religieuse ? = Quelles ? d'abord celle de faire résilier ses vœux. = Et quand on n'a plus celle-là ? = Celles qu'on trouvera les portes ouvertes, un jour ; que les hommes reviendront de l'extravagance d'enfermer dans des sépulcres de jeunes créatures toutes vivantes, et que les couvens seront abolis ; que le feu prendra à la maison ; que les murs de la clôture tomberont; que quelqu'un les secourra. Toutes ces suppositions roulent par la tête ; on s'en entretient ; on regarde, en se promenant dans le jardin, sans y penser, si les murs sont bien hauts ; si l'on est dans sa cellule, on saisit les barreaux de sa grille, et on les ébranle doucement, de distraction ; si l'on a la rue sous ses fenêtres, on y regarde ; si l'on entend passer quelqu'un, le cœur palpite, on soupire sourdement après un libérateur ; s'il

K *

s'élève quelque tumulte dont le bruit pénètre jusque dans la maison, on espère ; on compte sur une maladie qui nous approchera d'un homme, ou qui nous enverra aux eaux. == Il est vrai, il est vrai, m'écriai-je, vous lisez au fond de mon cœur ; je me suis faite, je me fais encore ces illusions. == Et lorsqu'on vient à les perdre en y réfléchissant, car ces vapeurs salutaires, que le cœur envoie vers la raison, sont par intervalles dissipées, alors on voit toute la profondeur de sa misère ; on se déteste soi-même ; on déteste les autres ; on pleure, on gémit, on crie, on sent les approches du désespoir. Alors les unes courent se jeter aux genoux de leur supérieure, et vont y chercher de la consolation ; d'autres se prosternent ou dans leur cellule ou au pied des autels, et appellent le ciel à leur secours ; d'autres déchirent leurs vêtemens, et s'arrachent les cheveux ; d'autres cherchent un puits profond, des fenêtres bien hautes, un lacet, et le trouvent quelquefois ; d'autres, après s'être tourmentées long-temps tombent dans une espèce d'abrutissement, et restent imbécilles ; d'autres, qui ont des organes foibles et délicats, se consument de langueur : il y en a en qui l'organisation se dérange, l'imagination se trouble, et qui deviennent furieuses. Les plus heureuses sont celles en qui les mêmes illusions consolantes renaissent, et les bercent presque jusqu'au tombeau ; leur vie se passe

dans les alternatives de l'erreur et du désespoir.
= Et les plus malheureuses, ajoutai-je apparemment en poussant un profond soupir, sont celles qui éprouvent successivement tous ces états.... Ah! mon Père, que je suis fâchée de vous avoir entendu! = Et pourquoi ? = Je ne me connoissois pas ; je me connois ; mes illusions dureront moins. Dans les momens.....

J'allois continuer, lorsqu'une autre religieuse entra, et puis une autre, et puis une troisième, et puis quatre, cinq, six, je ne sais combien. La conversation devint générale ; les unes regardoient le directeur ; d'autres l'écoutoient en silence et les yeux baissés ; plusieurs l'interrogeoient à-la-fois ; toutes se récrioient sur la sagesse de ses réponses ; cependant je m'étois retirée dans un angle où je m'abandonnois à une rêverie profonde. Au milieu de ces entretiens où chacune cherchoit à se faire valoir, et à fixer la préférence de l'homme saint par son côté avantageux, on entendit arriver quelqu'un à pas lents, s'arrêter par intervalles et pousser des soupirs ; on écouta ; l'on dit à voix basse : C'est elle, c'est notre supérieure ; ensuite l'on se tut et l'on s'assit en rond. Ce l'étoit en effet : elle entra ; son voile lui tomboit jusqu'à la ceinture ; ses bras étoient croisés sur sa poitrine, et sa tête penchée. Je fus la première qu'elle apperçut ; à l'instant elle dégagea de dessous son voile une de ses mains dont elle se couvrit le les yeux ; et se détournant un peu de côté, de l'autre main elle nous fit signe à toutes de sortir ; nous sortîmes en silence, et elle demeura seule avec dom Morel.

Je prévois, monsieur le marquis, que vous allez prendre mauvaise opinion de moi ; mais puisque je n'ai point eu honte de ce que j'ai fait, pourquoi rougirois-je de l'avouer ? Et puis comment supprimer dans ce récit un événement qui n'a pas laissé que d'avoir des suites ? Disons donc que j'ai un tour d'esprit bien singulier ; lorsque les choses peuvent exciter votre estime ou accroître votre commisération, j'écris bien ou mal, mais avec une vitesse et une facilité incroyable ; mon ame est gaie, l'expression me vient sans peine, mes larmes coulent avec douceur, il me semble que vous êtes présent, que je vous vois et que vous m'écoutez. Si je suis forcée au contraire de me montrer à vos yeux sous un aspect défavorable, je pense avec difficulté, l'expression se refuse, la plume va mal, le caractère même de mon écriture s'en ressent, et je ne continue que parce que je me flatte secrètement que vous ne lirez pas ces endroits. En voici un :

Lorsque toutes nos sœurs furent retirées.... = Eh bien ! que fîtes-vous ? = Vous ne devinez pas ? Non, vous êtes trop honnête pour cela. Je descendis sur la pointe du pied, et je vins me placer doucement à la porte du parloir, et écou-

ter ce qui se disoit là. Cela est fort mal, direz-vous.... Oh! pour cela oui, cela est fort mal : je me le dis à moi-même ; et mon trouble, les précautions que je pris pour n'être pas apperçue, les fois que je m'arrêtai, la voix de ma conscience qui me pressoit à chaque pas de m'en retourner, ne me permettoient pas d'en douter ; cependant la curiosité fut la plus forte, et j'allai. Mais s'il est mal d'avoir été surprendre les discours de deux personnes qui se croyoient seules, n'est-il pas plus mal encore de vous les rendre ? Voilà encore un de ces endroits que j'écris, parce que je me flatte que vous ne me lirez pas; cependant cela n'est pas vrai, mais il faut que je me le persuade.

Le premier mot que j'entendis après un assez long silence me fit frémir ; ce fut : Mon Père, je suis damnée (*).... Je me rassurai. J'écoutois,

───────────

(*) Ce mot si heureux, dont l'effet est si piquant, si dramatique, et qu'on peut même appeler un de ces mots *trouvés*, que l'homme de génie regarde avec raison comme une bonne fortune, et pour ainsi dire comme une espèce d'inspiration, toutes les fois qu'il les rencontre, n'est pas de l'invention de Diderot. Il lui a été donné par madame d'Holbach, qu'il consultoit sur la manière dont il commenceroit la confession de la supérieure ; et qui, surprise de son embarras, et de le voir ainsi arrêté depuis plus d'un mois dans une route où elle n'appercevoit pas le plus léger obstacle, lui dit, sur le simple exposé des faits précédens: Il n'y a

voile qui jusqu'alors m'avoit dérobé le péril que j'avois couru se déchiroit lorsqu'on m'appela ; il fallut aller, j'allai donc ; mais, hélas ! je n'en avois que trop entendu. Quelle femme, monsieur le marquis, quelle abominable femme !....

Ici les mémoires de la Sœur Suzanne sont interrompus ; ce qui suit ne sont plus que les réclames de ce qu'elle se promettait apparemment d'employer dans le reste de son récit. Il paraît que la supérieure devint folle, et que c'est à son état malheureux qu'il faut rapporter les fragmens que je vais transcrire.

---

pas ici à choisir entre plusieurs débuts, également heureux. Il n'y a qu'une seule manière d'être vrai. Votre supérieure n'a qu'un mot à dire, et ce mot, le voici : *Mon Père, je suis damnée.* Ce mot, qui dans la circonstance donnée, paroit être en effet le véritable accent de la passion, le mot de la nature, devoit plaire à Diderot, par sa justesse et sa simplicité. Il en fût fortement frappé ; et il se plaisoit à citer cet exemple de l'extrême finesse de tact et d'instinct de certaines femmes : il croyoit même, et avec raison, ce me semble, que ce mot, dont il n'oublioit jamais de faire honneur à son auteur, étoit un de ceux que l'homme qui connoîtroit le mieux la nature humaine, chercheroit peut-être inutilement, et qui ne pouvoient être trouvés que par une femme. Cette anecdote, peu connue, m'a paru curieuse sous plusieurs rapports ; et j'ai cru devoir la consigner ici.

Note de l'Éditeur.

Après cette confession nous eûmes quelques jours de sérénité. La joie rentre dans la communauté, et l'on m'en fait des complimens que je rejette avec indignation.

Elle ne me fuyoit plus ; elle me regardoit ; mais ma présence ne paroissoit plus la troubler. Je m'occupois à lui dérober l'horreur qu'elle m'inspiroit, depuis que par une heureuse ou fatale curiosité j'avois appris à la mieux connoître.

Bientôt elle devient silencieuse ; elle ne dit plus que oui ou non ; elle se promène seule ; elle se refuse les alimens, son sang s'allume, la fièvre la prend, et le délire succède à la fièvre.

Seule dans son lit, elle me voit, elle me parle, elle m'invite à m'approcher, elle m'adresse les propos les plus tendres. Si elle entend marcher autour de sa chambre, elle s'écrie : C'est elle qui passe ; c'est son pas, je le reconnois. Qu'on l'appelle.... Non, non, qu'on la laisse.

Une chose singulière, c'est qu'il ne lui arrivoit jamais de se tromper, et de prendre une autre pour moi.

Elle rioit aux éclats ; le moment d'après elle fondoit en larmes. Nos Sœurs l'entouroient en silence, et quelques-unes pleuroient avec elle.

Elle disoit tout-à-coup : Je n'ai point été à l'église, je n'ai point prié Dieu.... Je veux sortir de ce lit, je veux m'habiller ; qu'on m'habille....
Si l'on s'y opposoit, elle ajoutoit : Donnez-moi

du-moins mon bréviaire... On le lui donnoit ; elle l'ouvroit, elle en tournoit les feuillets avec le doigt, et elle continuoit de les tourner lors même qu'il n'y en avoit plus ; cependant elle avoit les yeux égarés.

Une nuit, elle descendit seule à l'église ; quelques-unes de nos Sœurs la suivirent ; elle se prosterna sur les marches de l'autel, elle se mit à gémir, à soupirer, à prier tout haut ; elle sortit, elle rentra ; elle dit : Qu'on l'aille chercher, c'est une ame si pure ! c'est une créature si innocente ! si elle joignoit ses prières aux miennes..... Puis s'adressant à toute la communauté, et se tournant vers des stalles qui étoient vides, elle s'écrioit : Sortez, sortez toutes, qu'elle reste seule avec moi. Vous n'êtes pas dignes d'en approcher ; si vos voix se mêloient à la sienne, votre encens profane corromproit devant Dieu la douceur du sien. Qu'on s'éloigne, qu'on s'éloigne.... Puis elle m'exhortoit à demander au ciel assistance et pardon. Elle voyoit Dieu ; le ciel lui paroissoit se sillonner d'éclairs, s'entr'ouvrir et gronder sur sa tête ; des anges en descendoient en courroux ; les regards de la divinité la faisoient trembler ; elle couroit de tous côtés, elle se renfonçoit dans les angles obscurs de l'église, elle demandoit miséricorde, elle se colloit la face contre terre, elle s'y assoupissoit, la fraîcheur humide du lieu l'avoit saisie, on la transportoit dans sa cellule comme morte.

Cette terrible scène de la nuit, elle l'ignoroit le lendemain. Elle disoit: Où sont nos Sœurs? je ne vois plus personne, je suis restée seule dans cette maison; elles m'ont toutes abandonnée, et Sainte-Thérèse aussi; elles ont bien fait. Puisque Sainte-Suzanne n'y est plus, je puis sortir, je ne la rencontrerai pas... Ah! si je la rencontrois! mais elle n'y est plus, n'est-ce pas? n'est-ce pas qu'elle n'y est plus?.. Heureuse la maison qui la possède! Elle dira tout à sa nouvelle supérieure; que pensera-t-elle de moi?... Est-ce que Sainte-Thérèse est morte? j'ai entendu sonner en mort toute la nuit.... La pauvre fille! elle est perdue à jamais; et c'est moi! c'est moi!...Un jour, je lui serai confrontée; que lui dirai-je? que lui répondrai-je?.... Malheur à elle! Malheur à moi!

Dans un autre moment elle disoit: Nos Sœurs sont-elles revenues? Dites-leur que je suis bien malade...Soulevez mon oreiller...Délacez-moi... Je sens là quelque chose qui m'oppresse.... La tête me brûle, ôtez-moi mes coiffes... Je veux me laver... Apportez-moi de l'eau; versez, versez encore... Elles sont blanches, mais la souillure de l'ame est restée...Je voudrois être morte; je voudrois n'être point née, je ne l'aurois point vue.

Un matin, on la trouva pieds nus, en chemise, échevelée, hurlant, écumant; et courant autour de sa cellule, les mains posées sur ses oreilles, les yeux fermés, et le corps pressé contre la muraille... Éloignez-vous de ce gouffre; entendez-vous ces cris ? Ce sont les enfers; il s'élève de cet abîme profond des feux que je vois; du milieu des feux j'entends des voix confuses qui m'appellent.... Mon Dieu, ayez pitié de moi !.... Allez vîte ; sonnez, assemblez la communauté; dites qu'on prie pour moi, je prierai aussi... Mais à peine fait-il jour, nos Sœurs dorment.... Je n'ai pas fermé l'œil de la nuit; je voudrois dormir, et je ne saurois.

Une de nos Sœurs lui disoit : Madame, vous avez quelque peine; confiez-la-moi, cela vous soulagera peut-être. = Sœur Agathe, écoutez, approchez-vous de moi... plus près... plus près encore... il ne faut pas qu'on nous entende. Je vais tout révéler, tout; mais gardez-moi le secret.... Vous l'avez vue ? = Qui, madame ? = N'est-il pas vrai que personne n'a la même douceur ? Comme elle marche ! Quelle décence ! quelle noblesse ! quelle modestie !... Allez à elle; dites-lui... Eh ! non, ne dites rien ; n'allez pas.... Vous n'en pourriez approcher; les anges du ciel la gardent, ils veillent autour d'elle; je les ai vus, vous les verriez, vous en seriez effrayée comme moi. Restez.... Si vous alliez, que lui diriez-vous ? Inventez quelque chose dont elle ne rougisse pas... = Mais, madame, si vous consultiez votre directeur. = Oui, mais oui.... Non, non, je sais ce qu'il me dira; je l'ai tant entendu..... De quoi l'entretiendrai-je ?... Si je pouvois perdre la mémoire !... Si je pouvois rentrer dans le néant, ou renaître !... N'appelez point le directeur. J'aimerois mieux qu'on me lût la passion de Notre - Seigneur Jésus - Christ. Lisez.... Je commence à respirer.... Il ne faut qu'une goutte de ce sang pour me purifier... Voyez, il s'élance en bouillonnant de son côté.... Inclinez cette plaie sacrée sur ma tête... Son sang coule sur moi, et ne s'y attache pas.... Je suis perdue !... Eloignez ce Christ.... Rapportez-le-moi.... On le lui rapportoit; elle le serroit entre ses bras, elle le baisoit par-tout, et puis elle ajoutoit : Ce sont ses yeux, c'est sa bouche ; quand la reverrai-je ?.. Sœur Agathe, dites-lui que je l'aime ; peignez-lui bien mon état; dites-lui que je meurs.

Elle fut saignée ; on lui donna les bains ; mais son mal sembloit s'accroître par les remèdes. Je n'ose vous décrire toutes les actions indécentes qu'elle fit, vous répéter tous les discours malhonnêtes qui lui échappèrent dans son délire. A tout moment elle portoit la main à son front, comme pour en écarter des idées importunes, des images, que sais-je quelles images ! Elle se renfonçoit la tête dans son lit, elle se couvroit le visage de ses draps. C'est le tentateur, disoit-elle, c'est lui ! Quelle forme bizarre il a prise ! Prenez de l'eau-bénite ; jetez de l'eau-bénite sur moi.... Cessez, cessez ; il n'y est plus.

On ne tarda pas à la séquestrer ; mais sa prison ne fut pas si bien gardée, qu'elle ne réussit un jour à s'en échapper. Elle avoit déchiré ses vêtemens, elle parcouroit les corridors toute nue ; seulement deux bouts de corde rompue descendoient de ses deux bras; elle crioit : Je suis votre supérieure, vous en avez toutes fait le serment; qu'on m'obéisse. Vous m'avez emprisonnée, malheureuses ! voilà donc la récompense de mes bontés ! vous m'offensez, parce que je suis trop bonne; je ne le serai plus.... Au feu !.. au meurtre !.. au voleur !... à mon secours !.. A moi, Sœur Thérèse.... A moi, Sœur Suzanne... Cependant on l'avoit saisie, et on la reconduisoit dans sa prison; et elle disoit : Vous avez raison, vous avez raison, hélas ! je suis devenue folle, je le sens...

Quelquefois elle paroissoit obsédée du spectacle de différens supplices ; elle voyoit des femmes la corde au cou ou les mains liées sur le dos ; elle en voyoit avec des torches à la main ; elle se joignoit à celles qui faisoient amende honorable; elle se croyoit conduite à la mort; elle disoit au bourreau : J'ai mérité mon sort, je l'ai mérité ; encore si ce tourment étoit le dernier; mais une éternité ! une éternité de feux !...Je ne dis rien ici qui ne soit vrai; et tout ce que j'aurois encore à dire de vrai ne me revient pas, ou je rougirois d'en souiller ces papiers.

Après avoir vécu plusieurs mois dans cet état

déplorable, elle mourut. Quelle mort, M. le marquis ! je l'ai vue, je l'ai vue la terrible image du désespoir et du crime à sa dernière heure ; elle se croyoit entourée d'esprits infernaux ; ils attendoient son ame pour s'en saisir ; elle disoit d'une voix étouffée : Les voilà ! les voilà !... et leur opposant de droite et de gauche un Christ qu'elle tenoit à la main ; elle hurloit, elle crioit : Mon Dieu !... mon Dieu !... La Sœur Thérèse la suivit de près ; et nous eûmes une autre supérieure, agée et pleine d'humeur et de superstition.

On m'accuse d'avoir ensorcelé sa devancière ; elle le croit, et mes chagrins se renouvellent. Le nouveau directeur est également persécuté par ses supérieurs, et me persuade de me sauver de la maison.

Ma fuite est projetée. Je me rends dans le jardin entre onze heures et minuit. On me jette des cordes, je les attache autour de moi ; elles se cassent, et je tombe ; j'ai les jambes dépouillées, et une violente contusion aux reins. Une seconde, une troisième tentative m'élèvent au haut du mur ; je descends. Quelle est ma surprise ! au-lieu d'une chaise de poste, dans laquelle j'espérois d'être reçue, je trouve un mauvais carrosse public. Me voilà sur le chemin de Paris avec un jeune bénédictin. Je ne tardai pas à m'appercevoir, au ton indécent qu'il prenoit, et aux libertés qu'il se permettoit, qu'on ne tenoit avec moi aucune des conditions qu'on avoit stipulées ; alors je regrettai ma cellule, et je sentis toute l'horreur de ma situation.

C'est ici que je peindrai ma scène dans le fiacre. Quelle scène! Quel homme! Je crie; le cocher vient à mon secours. Rixe violente entre le fiacre et le moine.

J'arrive à Paris. La voiture arrête dans une petite rue, à une porte étroite qui s'ouvroit dans une allée obscure et mal-propre. La maîtresse du logis vient au-devant de moi, et m'installe à l'étage le plus élevé, dans une petite chambre où je trouve à-peu-près les meubles nécessaires. Je reçois des visites de la femme qui occupoit le premier. Vous êtes jeune, vous devez vous ennuyer, mademoiselle. Descendez chez moi, vous y trouverez bonne compagnie en hommes et en femmes, pas toutes aussi aimables, mais presque aussi jeunes que vous. On cause, on joue, on chante, on danse; nous réunissons toutes les sortes d'amusemens. Si vous tournez la tête à tous nos cavaliers, je vous jure que nos dames n'en seront ni jalouses, ni fâchées. Venez, mademoiselle.... Celle qui me parloit ainsi étoit d'un certain age; elle avoit le regard tendre, la voix douce, et le propos très-insinuant.

Je passe une quinzaine dans cette maison, exposée à toutes les instances de mon perfide ravisseur, et à toutes les scènes tumultueuses d'un lieu suspect, épiant à chaque instant l'occasion de m'échapper.

Un jour enfin je la trouvai ; la nuit étoit avancée : si j'eusse été voisine de mon couvent, j'y retournois. Je cours sans savoir où je vais. Je suis arrêtée par des hommes ; la frayeur me saisit. Je tombe évanouie de fatigue sur le seuil de la boutique d'un chandelier ; on me secourt ; en revenant à moi, je me trouve étendue sur un grabat, environnée de plusieurs personnes. On me demande qui j'étois ; je ne sais ce que je répondis. On me donna la servante de la maison pour me conduire ; je prends son bras ; nous marchons. Nous avions déjà fait beaucoup de chemin, lorsque cette fille me dit : Mademoiselle, vous savez apparemment où nous allons ? = Non, mon enfant ; à l'hôpital, je crois. = A l'hôpital ! est-ce que vous seriez hors de maison ? = Hélas ! oui. = Qu'avez-vous donc fait pour avoir été chassée à l'heure qu'il est ? Mais nous voilà à la porte de Sainte-Catherine, voyons si nous pourrions nous faire ouvrir ; en tout cas, ne craignez rien, vous ne resterez pas dans la rue, vous coucherez avec moi.

Je reviens chez le chandelier. Effroi de la servante, lorsqu'elle voit mes jambes dépouillées de leur peau par la chûte que j'avois faite en sortant du couvent. J'y passe la nuit. Le lendemain au soir, je retourne à Sainte-Catherine ; j'y demeure trois jours, au bout desquels on m'annonce qu'il faut, ou me rendre à l'hôpital-général, ou prendre la première condition qui s'offrira.

Danger que je courus à Sainte-Catherine, de la

part des hommes et des femmes ; car c'est là, à ce qu'on m'a dit depuis, que les libertins et les matrones de la ville vont se pourvoir. L'attente de la misère ne donna aucune force aux séductions grossières auxquelles j'y fus exposée. Je vends mes hardes, et j'en choisis de plus conformes à mon état.

J'entre au service d'une blanchisseuse, chez laquelle je suis actuellement. Je reçois le linge et je le repasse ; ma journée est pénible ; je suis mal nourrie, mal logée, mal couchée, mais en revanche traitée avec humanité. Le mari est cocher de place ; sa femme est un peu brusque, mais bonne du reste. Je serois assez contente de mon sort, si je pouvois espérer d'en jouir paisiblement.

J'ai appris que la police s'étoit saisie de mon ravisseur, et l'avoit remis entre les mains de ses supérieurs. Le pauvre homme ! il est plus à plaindre que moi ; son attentat a fait bruit ; et vous ne savez pas la cruauté avec laquelle les religieux punissent les fautes d'éclat : un cachot sera sa demeure pour le reste de sa vie ; et c'est aussi le sort qui m'attend, si je suis reprise ; mais il y vivra plus long-temps que moi.

La douleur de ma chûte se fait sentir ; mes jambes sont enflées, et je ne saurois faire un pas : je travaille assise, car j'aurois peine à me tenir debout. Cependant j'appréhende le moment de ma guérison ; alors quel prétexte aurai-je pour ne point sortir ? et à quel péril ne m'exposerai-je pas en me

montrant ? Mais heureusement j'ai encore du temps
devant moi. Mes parens, qui ne peuvent douter
que je ne sois à Paris, font sûrement toutes les perquisitions imaginables. J'avois résolu d'appeler M.
Manouri dans mon grenier, de prendre et de suivre
ses conseils ; mais il n'étoit plus.

Je vis dans des allarmes continuelles ; au moindre bruit que j'entends dans la maison, sur l'escalier, dans la rue, la frayeur me saisit, je tremble
comme la feuille, mes genoux me refusent le sou-
tien, et l'ouvrage me tombe des mains. Je passe
presque toutes les nuits sans fermer l'œil ; si je dors,
c'est d'un sommeil interrompu ; je parle, j'appelle,
je crie ; je ne conçois pas comment ceux qui m'entourent ne m'ont pas encore devinée.

Il paroît que mon évasion est publique ; je m'y
attendois. Une de mes camarades m'en parloit hier,
y ajoutant des circonstances odieuses, et les réflexions les plus propres à désoler. Par bonheur
elle étendoit sur des cordes le linge mouillé, le
dos tourné à la lampe ; et mon trouble n'en pouvoit
être apperçu : cependant ma maîtresse ayant remarqué que je pleurois, m'a dit : Marie, qu'avez-
vous ? Rien, lui ai-je répondu. Quoi donc, a-t-
elle ajouté, est-ce que vous seriez assez bête pour
vous appitoyer sur une mauvaise religieuse sans
mœurs, sans religion, et qui s'amourache d'un
vilain moine, avec lequel elle se sauve de son couvent ? Il faudroit que vous eussiez bien de la compassion de reste. Elle n'avoit qu'à boire, manger,

prier Dieu et dormir ; elle étoit bien où elle étoit, que ne s'y tenoit-elle ? Si elle avoit été seulement trois ou quatre fois à la rivière par le temps qu'il fait, cela l'auroit raccommodée avec son état.... A cela j'ai répondu qu'on ne connoissoit bien que ses peines ; j'aurois mieux fait de me taire, car elle n'auroit pas ajouté : Allez, c'est une coquine que Dieu punira.... A ce propos, je me suis penchée sur ma table ; et j'y suis restée jusqu'à ce que ma maîtresse m'ait dit : Mais, Marie, à quoi rêvez-vous donc ? Tandis que vous dormez là, l'ouvrage n'avance pas.

Je n'ai jamais eu l'esprit du cloître, et il y paroît assez à ma démarche ; mais je me suis accoutumée en religion à certaines pratiques que je répète machinalement ; par exemple, une cloche vient-elle à sonner ? ou je fais le signe de la croix, ou je m'agenouille. Frappe-t-on à la porte ? je dis *Ave*. M'interroge-t-on ? c'est toujours une réponse qui finit par oui ou non, chère Mère, ou ma Sœur. S'il survient un étranger, mes bras vont se croiser sur ma poitrine, et au-lieu de faire la révérence, je m'incline. Mes compagnes se mettent à rire, et croient que je m'amuse à contrefaire la religieuse; mais il est impossible que leur erreur dure; mes étourderies me décèleront, et je serai perdue.

Monsieur, hâtez-vous de me secourir. Vous me direz, sans-doute : Enseignez-moi ce que je puis faire pour vous. Le voici ; mon ambition n'est pas grande. Il me faudroit une place de femme-de-chambre ou de femme-de-charge, ou même de simple domestique, pourvu que je vécusse ignorée dans une campagne, au fond d'une province, chez d'honnêtes-gens qui ne reçussent pas un grand monde. Les gages n'y feront rien ; de la sécurité, du repos, du pain et de l'eau. Soyez très-assuré qu'on sera satisfait de mon service. J'ai appris dans la maison de mon père à travailler ; et au couvent, à obéir ; je suis jeune, j'ai le caractère très-doux ; quand mes jambes seront guéries, j'aurai plus de force qu'il n'en faut pour suffire à l'occupation. Je sais coudre, filer, broder et blanchir ; quand j'étois dans le monde, je raccommodois moi-même mes dentelles, et j'y serois bientôt remise ; je ne suis mal-adroite à rien ; et je saurai m'abaisser à tout. J'ai de la voix, je sais la musique, et je touche assez bien du clavecin pour amuser quelque mère qui en auroit le goût ; et j'en pourrois même donner leçon à ses enfans ; mais je craindrois d'être trahie par ces marques d'une éducation recherchée. S'il falloit apprendre à coiffer, j'ai du goût, je prendrois un maître, et je ne tarderois pas à me procurer ce petit talent. Monsieur, une condition supportable, s'il se peut, ou une condition telle quelle, c'est tout ce qu'il me faut, et je ne souhaite rien au-delà. Vous pouvez répondre de mes mœurs ; malgré les apparences, j'en ai, j'ai même de la piété. Ah ! monsieur, tous mes maux seroient finis, et je n'aurois plus rien à craindre des hommes, si Dieu ne m'avoit arrêtée ;

ce puits profond, situé au bout du jardin de la maison, combien je l'ai visité de fois ! Si je ne m'y suis pas précipitée, c'est qu'on m'en laissoit l'entière liberté. J'ignore quel est le destin qui m'est réservé ; mais s'il faut que je rentre un jour dans un couvent, quel qu'il soit, je ne réponds de rien ; il y a des puits par-tout. Monsieur, ayez pitié de moi, et ne vous préparez pas à vous-même de longs regrets.

P. S. Je suis accablée de fatigues, la terreur m'environne, et le repos me fuit. Ces mémoires que j'écrivois à la hâte, je viens de les relire à tête reposée, et je me suis apperçue que sans en avoir le moindre projet, je m'étois montrée à chaque ligne aussi malheureuse-à-la vérité que je l'étois, mais beaucoup plus aimable que je ne le suis. Seroit-ce que nous croyons les hommes moins sensibles à la peinture de nos peines qu'à l'image de nos charmes ? et nous promettrions-nous encore plus de facilité à les séduire qu'à les toucher ? Je les connois trop peu, et je ne me suis pas assez étudiée pour savoir cela. Cependant si le marquis, à qui l'on accorde le tact le plus délicat, venoit à se persuader que ce n'est pas à sa bienfaisance, mais à son vice que je m'adresse, que penseroit-il de moi ? Cette réflexion m'inquiète. En vérité, il auroit bien tort de m'imputer personnellement un instinct propre à tout mon sexe. Je suis une femme, peut-être un peu coquette, que sais-je ? Mais c'est naturellement, et sans artifice.

EXTRAIT

DE LA

CORRESPONDANCE LITTÉRAIRE DE M***.

ANNÉE 1770.

AVERTISSEMENT DE L'ÉDITEUR.

Les lettres suivantes ne se trouvent point dans le manuscrit autographe de la *Religieuse*; et je les aurois certainement retranchées, si j'avois été le premier éditeur de ce roman. Il m'a toujours semblé que cette espèce de canevas, sur lequel l'imagination vive et brillante de Diderot a brodé avec beaucoup d'art, et souvent avec un goût exquis, cet ouvrage si intéressant, devoit disparoître entièrement sous l'ingénieux tissu auquel il sert de fond, et ne laisser voir que ce résultat important. S'il est vrai, comme on n'en peut douter, que dans tous nos plaisirs, même les plus délicieux et les plus substantiels, si j'ose m'exprimer ainsi, il entre toujours un peu d'illusion; s'ils se prolongent et s'accroissent même pour nous, en raison de la force et de la durée de ce prestige enchanteur; en nous l'ôtant, on détruit en nous une source féconde de jouissances diverses, et peut-être même une des causes les plus actives de notre bonheur : il en est de nous, à cet égard, comme de ce fou d'Argos, que ses amis rendirent malheureux (*), en le guérissant de sa folie. Il y a tant de points de vue divers, sous lesquels on peut considérer le même objet ! et les hommes, en général, sont si diversement affectés des mêmes choses et souvent des mêmes mots, que ces lettres n'ont pas produit sur quelques lecteurs l'impression que j'en ai reçue. Cette différente manière de sentir et de voir ne m'a point étonné : j'en ai seulement conclu que mon premier jugement, ainsi que cela est toujours nécessaire pour éviter l'erreur, devoit être soumis à une nouvelle révision. J'ai donc relu ces lettres de suite, afin d'en mieux prendre l'esprit, et d'en voir, pour ainsi dire, tout l'effet d'un coup-d'œil : et je persiste à croire que, lues avant ou après le drame dont elles sont

---

(*) . . . . pol me occidistis, amici,
Non servastis, ait, cui sic extorta voluptas,
Et demptus per vim mentis gratissimus error.
HORAT Epist. lib, 2. Epist. 2, vers. 138 et seqq.

la fable, elles en affoiblissent également l'intérêt, et lui font perdre ce caractère de vérité si difficile à saisir dans tous les arts d'imitation, et qui distingue particulièrement cet ouvrage de Diderot. Quoique, dans toutes les matières qui sont l'objet des connoissances humaines, le raisonnement, l'observation, l'expérience ou le calcul doivent seuls être consultés; quoique les autorités, quelle qu'en soit la source, soient en général assez insignifiantes aux yeux du philosophe, et doivent être employées dans tous les cas avec autant de sobriété que de circonspection et de choix; je dirai néanmoins que le suffrage de Diderot semble devoir être ici de quelque poids: on doit naturellement supposer que le parti auquel il s'est enfin arrêté, lui a paru en dernière analyse le plus propre à produire un grand effet : or, il a supprimé ces lettres, comme après la construction d'un édifice, on détruit l'échafaud qui a servi à l'élever. Elles ne font point partie du manuscrit de la *Religieuse*, qu'il m'a remis plusieurs mois avant sa mort, quoique ce manuscrit, qui a servi de copie pour la collection générale de ses œuvres, soit d'ailleurs chargé d'un grand nombre de corrections, et de deux additions très-importantes qui ne se trouvent point dans la première édition (*).

Je sais que le commun des lecteurs (et à cet égard, comme à beaucoup d'autres, le public est plus ou moins peuple), veut avoir indistinctement tout ce qu'un auteur célèbre a écrit; ce qui est presque aussi ridicule que de vouloir savoir tout ce qu'il a fait et tout ce qu'il a dit dans le cours de sa vie : mais il faut avouer aussi que la cupidité et le mauvais goût des éditeurs n'ont pas peu contribué à corrompre, à cet égard, l'esprit public. On a dit d'eux qu'*ils vivoient des sottises des morts;* et cela n'est que trop vrai. Manquant, en général, de cette espèce de tact et d'instinct, qui fait découvrir une belle page, une belle ligne par-tout où

(*) Imprimée chez Buisson en 1796, v. st., ainsi que *Jacques le Fataliste*.

elle se trouve ; plus occupés sur-tout de grossir le nombre des volumes que du soin de la gloire de celui dont ils publient les ouvrages, ils recueillent avidement et avec le même respect tout ce qu'il a produit de bon, de médiocre et de mauvais ; ils enlèvent en-même-temps, pour me servir de l'expression d'un ancien poëte, la paille, la bale, la poussière et le grain ; *rem auferunt cum pulvisculo.* Voltaire, qui apperçoit, qui saisit d'un coup-d'œil si juste et si prompt le côté ridicule des personnes et des choses ; Voltaire, qui a l'art si difficile et si rare de dire tout avec grace, compare finement la manie des éditeurs à celle des sacristains. « Tous, *dit-il*, rassemblent des gue-
» nilles qu'ils veulent faire révérer. Mais
» on ne doit imprimer d'un auteur que
» ce qu'il a écrit de digne d'être lu. Avec
» cette règle honnête, il y auroit moins
» de livres, et plus de goût dans le pu-
» blic ». Convaincu depuis long-temps de la vérité de cette observation, je n'ai pu voir sans peine qu'on imprimât *la*

Religieuse et *Jacques le Fataliste* avec tous les défauts qui les déparent plus ou moins aux yeux des lecteurs d'un goût sévère et délicat. Un éditeur qui, sans avoir connu personnellement Diderot, n'auroit eu pour chérir, pour respecter sa mémoire, d'autres motifs que les progrès qu'il a fait faire à la raison, à l'esprit philosophique, et la forte impulsion qu'il a donnée à son siècle; en un mot, un éditeur tel qu'Horace nous peint (*) un excellent critique, et tel que Diderot même le désiroit, parce qu'il en sentoit vivement le besoin, auroit réduit *Jacques le Fataliste* à cent pages, ou peut-être même il ne l'eût jamais publié. Mon dessein n'est point d'anticiper ici sur le juge-

---

(*) Vir bonus et prudens versus reprehendet inertes;
  Culpabit duros; incomtis allinet atrum
  Transverso calamo signum; ambitiosa recidet
  Ornamenta; parum claris lucem dare coget;
  Arguet ambiguè dictum; mutanda notabit.
  Fiet Aristarchus : nec dicet, cur ego amicum
  Offendam in nugis? hæ nugæ seria ducent
  In mala derisum semel, exceptumque sinistrè.
    HORAT. de Art. Poet. vers. 445 et seqq.

ment que j'ai porté ailleurs (*) de ces deux contes de Diderot, et en général de tous ses manuscrits ; je dirai seulement que *Jacques le Fataliste* est un de ceux où il y avoit le plus à élaguer, ou plutôt à abattre. Il n'en falloit conserver que l'épisode de Madame de la Pommeraye, qui seul auroit fait un conte charmant, du plus grand intérêt, et d'un but très-moral. Ce n'est pas que dans ce même roman, dont *Jacques* est le héros, on ne trouve çà et là des réflexions très-fines, souvent profondes, telles enfin qu'on les peut attendre d'un esprit ferme, étendu, hardi, et qui sait généraliser ses idées. Mais ces réflexions si philosophiques, placées dans la bouche d'un valet, tel qu'il n'en exista jamais ; amenées d'ailleurs peu naturellement, et n'étant point liées à un sujet grave, dont toutes les parties for-

---

(*) *Voyez* Mémoires historiques et philosophiques sur la vie et les ouvrages de Diderot. Ce volume, qui pourra servir d'introduction à l'édition que je publie aujourd'hui de ses ouvrages, sera très-incessamment sous presse.

tement enchaînées entre elles s'éclaircissent, se fortifient réciproquement, et forment un tout, un système UN, n'ont fait aucune sensation. Ce sont quelques paillettes d'or éparses, enfouies dans un fumier où personne assurément ne sera tenté de les chercher; et, par cela même, des idées isolées, stériles et perdues.

Au reste, si je pense que pour l'intérêt même de la gloire de Diderot, il falloit jeter au feu les trois quarts de *Jacques le Fataliste*; et que les règles inflexibles du goût et de l'honnête en imposoient même impérieusement la loi à l'anonyme qui a publié le premier ce roman ; je n'aurois supprimé de la *Religieuse* que la peinture très-fidelle, sans doute, mais aussi très-dégoûtante des amours infâmes de la supérieure. Les divers moyens qu'elle emploie pour séduire, pour corrompre une jeune enfant, dont tout lui faisoit un devoir sacré de respecter la candeur et l'innocence ; cette description vive et animée de l'ivresse, du trouble et du désordre de ses sens à la vue de l'objet de sa passion criminelle ; en un mot, ce tableau hideux et vrai d'un genre de débauche, d'ailleurs assez rare, mais vers lequel la seule curiosité pourroit entraîner avec violence une ame mobile, simple et pure, ne peut jamais être sans danger pour les mœurs et pour la santé : et quand il ne feroit qu'échauffer l'imagination, éveiller le tempérament, de tous les maîtres le plus impérieux, le plus absolu, et le mieux obéi, et hâter, dans quelques individus plus sensibles, plus irritables, ce moment d'orgasme marqué par la nature, où le désir, le besoin général et commun de jouir et de se propager, précipite avec fureur un sexe vers l'autre ; ce seroit encore un grand mal. J'en ai souvent fait l'observation à Diderot ; et je dois dire ici, pour disculper à cet égard ce philosophe, que frappé des raisons dont j'appuyois mon opinion, il étoit bien déterminé à faire à la décence, à la pudeur et aux convenances morales, ce sacrifice de quelques pages froides, insignifiantes et fastidieuses pour l'homme, même le plus dissolu, et révoltantes ou inintelligibles pour une femme honnête. Il est certain que l'ouvrage ainsi épuré, n'auroit rien perdu de son effet. Alors la mère la plus réservée, la plus sévère, en eût prescrit sans crainte la lecture à sa fille; et le but de l'auteur eût été pleinement rempli.

Ces retranchemens, que *Jacques le Fataliste* et *la Religieuse* semblent exiger, et dont, si je ne me trompe, on sentira d'autant plus la nécessité, qu'on aura soi-même un goût plus sûr, un tact plus fin et plus exquis des convenances et du beau, seroient aujourd'hui très-inutiles. La première impression, toujours si difficile à effacer, est faite; et tout l'art, tout le talent de Diderot, appliqués à la correction, au perfectionnement de ces deux contes, ne pourroient ni la détruire, ni même l'affoiblir dans l'esprit de la plûpart des lecteurs. Les uns, par cette étrange manie (*)

―――――――――

(*) Voyez combien cette manie a grossi la collection des Œuvres de Piron, de J.-J. Rousseau, de Mad'avoir sans exception tous les ouvrages d'un philosophe, d'un poëte, ou d'un littérateur illustre ; les autres, par humeur ou par envie, et par ce besoin plus ou moins vif qu'ont tous les hommes médiocres de se consoler de leur nullité, en dépréciant les plus grands génies, et en recherchant curieusement leurs fautes, s'obstineroient à redemander *la Religieuse* et *Jacques le Fataliste* tels qu'on les avoit d'abord publiés ; et bientôt ces presses, aujourd'hui si multipliées, et qui semblent avoir pris pour leur devise commune, *Rem, rem, quocumque modo, rem*, rouleroient de toutes parts pour reproduire ces romans dans l'état informe où Diderot, atteint tout-à-coup d'une maladie chronique qui l'a conduit lentement et par

---

bly, de Condillac, de Voltaire même, qui leur est si supérieur sous tous les rapports : et jugez par ces divers exemples combien la même manie grossira un jour le recueil des ouvrages de Diderot, dont on ne voudra pas perdre une feuille, quoiqu'assurément il y en ait beaucoup dans cette collection, d'ailleurs très-riche, qui, ne méritant pas d'être écrites, ne sont pas dignes d'être lues.

La Religieuse. M

un affoiblissement successif au tombeau, a été forcé de les laisser.

Ces différentes considérations, sur lesquelles il suffit de s'arrêter un moment pour en sentir la force, m'ont déterminé à ne rien retrancher des deux romans dont il est question. Je les publie seulement ici plus corrects et plus complets qu'ils ne le sont dans la première édition, et revus par-tout avec une attention scrupuleuse sur les manuscrits de l'auteur, ou sur des copies très-exactes corrigées de sa main. Enfin, pour tranquilliser ceux qui se sont plû aux peintures lascives, aux détails licencieux et quelquefois orduriers que Diderot s'est trop souvent permis dans *Jacques le Fataliste*, je leur déclare que ces passages mêmes que l'auteur trouvoit très-plaisans et qui ne sont que sales, n'ont pas même été adoucis : de sorte qu'ils pourront dire de cette édition ce que l'abbé Terrasson disoit de celle du *Nouveau Testament* du P. Quesnel, que c'étoit *un bon livre, où le scandale du texte étoit conservé dans toute sa pureté.*

EXTRAIT

DE LA

CORRESPONDANCE (*) LITTÉRAIRE DE M***.

ANNÉE 1770.

La Religieuse de M. de la Harpe a réveillé ma conscience endormie depuis dix ans, en me rappelant un horrible complot dont j'ai été l'ame, de concert avec M. Diderot, et deux ou trois autres bandits de cette trempe de nos amis intimes. Ce n'est pas trop tôt de s'en confesser, et de tâcher, en ce saint temps de carême, d'en obtenir la ré-

---

(*) Les lettres attribuées ici au marquis de Croismare, le seul de tous les acteurs de ce drame qui ne fut pas dans le secret de la plaisanterie, sont véritablement de cet homme honnête, sensible et bienfaisant. Ceux qui l'ont connu, y retrouveront partout la candeur et la simplicité de son ame. Les autres lettres, où l'on remarque de même un grand caractère de vérité, mais qui n'est que l'heureux effet de l'art et du talent, sont de Diderot, à l'exception de quelques lignes que lui ont fournies Grimm et madame d'Epinay. C'est chez cette femme, amie des lettres, et qui les cultivoit, que s'ourdissoit gaîment, et par un motif d'une honnêteté très-délicate, toute la trame de cet ingénieux roman, où le bon et vertueux Croismare joue un si beau rôle. Ses amis, dont il embellissoit la société par les graces et l'omission avec mes autres péchés, et de noyer le tout dans le puits-perdu des miséricordes divines.

L'année 1760 est marquée dans les fastes des badauds en Parisis, par la réputation soudaine et éclatante de Ramponeau, et par la comédie des Philosophes, jouée en vertu d'ordres supérieurs sur le théâtre de la comédie françoise. Il ne reste aujourd'hui de toute cette entreprise qu'un souvenir plein de mépris pour l'auteur de cette belle rapsodie, appelé Palissot, qu'aucun de ses protecteurs ne s'est soucié de partager; les plus grands personnages, en favorisant en secret son entreprise, se croyoient obligés de s'en défendre en public comme d'une tache de déshonneur.

---

riginalité de son esprit, le voyoient avec peine confiné depuis deux ans dans sa terre, et presque résolu à s'y fixer tout-à-fait. Cette longue absence et ce projet d'une retraite totale les affligeoient également; et ils imaginèrent ce moyen de le tirer d'une solitude pour laquelle d'ailleurs son ame aimante, active et douce n'étoit point faite. Mais, l'intérêt qu'ils lui inspirèrent pour la jeune religieuse devenant très-vif, ils furent obligés de la faire mourir, et de terminer ainsi un roman qui n'avoit pour but que de le ramener au milieu d'eux, en lui offrant une occasion de secourir la vertu malheureuse, et de faire une bonne action de plus. *Voyez* dans cette première lettre, qui est de Grimm, d'autres détails relatifs au marquis de Croismare et à la prétendue religieuse. *Note de l'Éditeur.*

Tandis que ce scandale occupoit tout Paris, M. Diderot, que ce polisson d'Aristophane français avoit choisi pour son Socrate, fut le seul qui ne s'en occupoit pas. Mais quelle étoit notre occupation ! Plût à Dieu quelle eût été innocente ! L'amitié la plus tendre nous attachoit depuis long-temps à M. le marquis de Croismare, ancien officier du régiment du roi, retiré du service, et un des plus aimables hommes de ce pays-ci. Il est à-peu-près de l'âge de M. de Voltaire; et il conserve, comme cet homme immortel, la jeunesse de l'esprit avec une grace, une légéreté et des agrémens dont le piquant ne s'est jamais émoussé pour moi. On peut dire qu'il est un de ces hommes aimables, dont la tournure et le moule ne se trouvent qu'en France, quoique l'amabilité ainsi que la maussaderie soient de tous les pays de la terre. Il ne s'agit pas ici des qualités du cœur, de l'élévation des sentimens, de la probité la plus stricte et la plus délicate, qui rendent M. de Croismare aussi respectable pour ses amis qu'il leur est cher; il n'est question que de son esprit. Une imagination vive et riante, un tour de tête original, des opinions qui ne sont arrêtées qu'à un certain point, et qu'il adopte ou qu'il proscrit alternativement, de la verve toujours modérée par la grace, une activité d'ame incroyable, qui, combinée avec une vie oisive et avec la multiplicité des ressources de Paris, le porte aux occupations les plus diverses et les plus disparates, lui fait créer des besoins que personne n'a jamais imaginés avant lui, et des moyens tout aussi étranges pour les satisfaire, et par conséquent une infinité de jouissances qui se succèdent les unes aux autres ; voilà une partie des élémens qui constituent l'être de M. de Croismare, appelé par ses amis le charmant marquis par excellence, comme l'abbé Galiani étoit pour eux le charmant abbé. M. Diderot, comparant sa bonhommie au tour piquant du marquis de Croismare, lui dit quelquefois : *Votre plaisanterie est comme la flamme de l'esprit-de-vin, douce et légère, qui se promène par-tout sur ma toison, mais sans jamais la brûler.*

Ce charmant marquis nous avoit quittés au commencement de l'année 1759, pour aller dans ses terres en Normandie, près de Caën. Il nous avoit promis de ne s'y arrêter que le temps nécessaire pour mettre ses affaires en ordre ; mais son séjour s'y prolongea insensiblement ; il y avoit réuni ses enfans ; il aimoit beaucoup son curé ; il s'étoit livré à la passion du jardinage ; et comme il falloit à une imagination aussi vive que la sienne des objets d'attachement réels ou imaginaires, il s'étoit tout-à-coup jeté dans la plus grande dévotion. Malgré cela, il nous aimoit toujours tendrement ; mais vraisemblablement nous ne l'aurions jamais revu à Paris, s'il n'avoit pas successivement perdu ses deux fils. Cet événement nous l'a rendu depuis environ quatre ans, après une absence de plus de huit années ; sa dévotion s'est évaporée comme tout s'évapore à Paris, et il est aujourd'hui plus aimable que jamais.

Comme sa perte nous étoit infiniment sensible, nous délibérâmes en 1760, après l'avoir supporté pendant près de quinze mois, sur les moyens de l'engager à revenir à Paris. Nous nous rappelâmes que, quelque temps avant son départ, on avoit parlé dans le monde, avec beaucoup d'intérêt, d'une jeune Religieuse qui réclamoit juridiquement contre ses vœux, auxquels elle avoit été forcée par ses parens. Cette pauvre recluse intéressa tellement notre marquis, que, sans l'avoir vue, sans savoir son nom, sans même s'assurer de la vérité des faits, il alla solliciter en sa faveur tous les conseillers de grand'chambre du parlement de Paris. Malgré cette intercession généreuse, la Religieuse, je ne sais par quel malheur, perdit son procès, et ses vœux furent jugés valides. En nous rappelant toute cette aventure, nous résolûmes de la faire revivre à notre profit. Nous supposâmes que la Religieuse en question avoit eu le bonheur de se sauver de son couvent ; et en conséquence nous la fîmes écrire à M. de Croismare, pour lui demander secours et protection. Nous ne désespérions pas de le voir arriver en toute diligence, pour voler au secours de sa Religieuse ; ou bien,

s'il devinoit notre scélératesse au premier coup-
d'œil, nous nous préparions matière à rire. Cette
insigne fourberie prit toute une autre tournure,
comme vous allez voir par la correspondance que
je vais mettre sous vos yeux, entre la prétendue Religieuse et le loyal et charmant marquis de Croismare, qui ne se douta pas un instant de notre
perfidie ; c'est cette perfidie, que nous avons toujours sur notre conscience. Nous employions alors
nos soupers à composer, au milieu des éclats de
rire, les lettres de la Religieuse, qui devoient faire
pleurer notre bon marquis ; et nous y lisions,
avec les mêmes éclats de rire, les réponses honnêtes que ce digne et généreux ami lui faisoit.
Cependant, dès que nous nous apperçûmes que le
sort de notre infortunée commençoit à trop intéresser son tendre bienfaiteur, nous prîmes le parti
de la faire mourir, comme vous pourrez remar-
quer, préférant de lui faire ce chagrin au danger
certain de lui échauffer l'imagination en la laissant
vivre plus long-temps. Depuis son retour à Paris,
nous lui avons avoué tout ce complot d'iniquité ; il
en a ri, comme vous pouvez penser ; et le malheur
de la pauvre Religieuse n'a fait que resserrer les
liens d'amitié entre ceux qui lui ont survécu. Une
circonstance qui n'est pas moins singulière, c'est
que tandis que cette plaisanterie échauffoit l'imagination de notre ami en Normandie, celle de M.
Diderot s'échauffoit de son côté. Il se mit à écrire

en détail toute l'histoire de notre Religieuse ; s'il l'avoit achevée, il en auroit fait le roman le plus vrai, le plus intéressant et le plus pathétique qui eût jamais existé. On n'en pouvoit pas lire une page sans fondre en larmes ; et cependant il n'y avoit point d'amour, autant que je puis m'en souvenir. C'étoit un ouvrage de génie, qui se ressentoit de la chaleur d'imagination de son auteur : c'étoit aussi un ouvrage d'une utilité publique et générale ; car c'étoit la plus cruelle satire qu'on eût jamais faite des cloîtres ; elle étoit d'autant plus dangereuse qu'elle n'en renfermoit que des éloges ; notre jeune Religieuse étoit d'une dévotion angélique, et conservoit dans son cœur simple et tendre le respect le plus sincère pour tout ce qu'on lui avoit appris à respecter. Mais ce roman n'a jamais existé que par lambeaux, et en est resté là : il est perdu, ainsi qu'une infinité d'autres ouvrages d'un des plus beaux génies de la France, qui se seroit immortalisé par vingt chef-d'œuvres, s'il avoit su être avare de son temps, et ne l'abandonner pas à tous les indiscrets de Paris que je cite tous au jugement dernier, en les rendant responsables devant Dieu et devant les hommes du tort dont ils sont les auteurs.

La correspondance que vous allez lire, et notre repentir, sont donc tout ce qui nous reste de notre pauvre Religieuse. Vous voudrez bien vous souvenir que toutes ses lettres, ainsi que celles de sa receleuse, ont été fabriquées par nous autres enfans de Bélial, et que toutes les lettres de son généreux protecteur sont véritables, et ont été écrites de bonne-foi (*).

Billet de la Religieuse à M. le Comte de Croismare, gouverneur de l'École-royale-militaire.

UNE femme malheureuse, à laquelle M. le marquis de Croismare s'est intéressé il y a trois ans, lorsqu'il demeuroit à côté de l'académie de musique, apprend qu'il demeure à-présent à l'École-militaire. Elle envoie savoir si elle pourroit encore compter sur ses bontés, maintenant qu'elle est plus à plaindre que jamais.

Un mot de réponse, s'il lui plaît; sa situation est pressante; et il est de conséquence que la personne qui remettra ce billet, n'en soupçonne rien.

A répondu:

Qu'on se trompoit, et que M. de Croismare en question étoit actuellement à Caën.

Ce billet étoit écrit de la main d'une jeune personne, dont nous nous servîmes pendant tout le cours de cette correspondance. Un savoyard le

---

(*) *Voyez* la note de la page 237.

porta à l'École-militaire, et nous apporta la réponse verbale. Cette démarche préliminaire fut jugée nécessaire par plusieurs bonnes raisons. La Religieuse avoit l'air de confondre les deux cousins ensemble, et d'ignorer la véritable ortographe de leur nom ; elle apprenoit par ce moyen, bien naturellement, que son protecteur étoit à Caën. Il se pouvoit que le gouverneur de l'École-militaire plaisantât son cousin à l'occasion de ce billet, et le lui envoyât ; ce qui donnoit un grand air de vérité à notre vertueuse aventurière. Ce gouverneur très-aimable, ainsi que tout ce qui porte son nom, étoit aussi ennuyé de l'absence de son cousin que nous ; et nous espérions le ranger au nombre de nos complices. Après sa réponse, la Religieuse écrivit à Caën.

Lettre de la Religieuse à M. le marquis de Croismare, à Caën.

Monsieur, je ne sais à qui j'écris ; mais, dans la détresse où je me trouve, qui que vous soyez, c'est à vous que je m'adresse. Si l'on ne m'a point trompée à l'Ecole-militaire, et que vous soyez le marquis généreux que je cherche, je bénirai Dieu ; si vous ne l'êtes pas, je ne sais ce que je ferai. Mais je me rassure sur le nom que vous portez ; j'espère que vous secourrez une infortunée, que vous, monsieur, ou un autre M. de Croismare, qui n'est pas celui de l'École-militaire, avez appuyée de votre sollicitation, dans une tentative qu'elle fit, il y a trois ans, pour se tirer d'une prison perpétuelle, à laquelle la dureté de ses parens l'avoit condamnée. Le désespoir vient de me porter à une seconde démarche, dont vous aurez sans-doute entendu parler; je me suis sauvée de mon couvent. Je ne pouvois plus supporter mes peines; et il n'y avoit que cette voie, ou un plus grand forfait encore, pour me procurer une liberté que j'avois espérée de l'équité des loix.

Monsieur, si vous avez été autrefois mon protecteur; que ma situation présente vous touche, et qu'elle réveille dans votre cœur quelque sentiment de pitié! Peut-être trouverez-vous de l'indiscrétion d'avoir recours à un inconnu, dans une circonstance pareille à la mienne. Hélas! monsieur, si vous saviez l'abandon où je suis réduite; si vous aviez quelque idée de l'inhumanité dont on punit les fautes d'éclat dans les maisons religieuses, vous m'excuseriez: mais vous avez l'ame sensible, et vous craindrez de vous rappeler un jour une créature innocente, jetée, pour le reste de sa vie, dans le fond d'un cachot. Sécourez-moi, monsieur, secourez-moi. Voici l'espèce de service que j'ose attendre de vous, et qu'il vous est plus facile de me rendre en province qu'à Paris. Ce seroit de me trouver, ou par vous-même, ou par vos connoissances, à Caën, ou ailleurs, une place de femme-de-chambre ou de femme-de-charge, ou même de simple domestique. Pourvu que je sois ignorée chez d'honnêtes-gens, et qui vivent retirés ; les gages n'y feront rien. Que j'aie du pain et de l'eau, et que je sois à l'abri des recherches ; soyez sûr qu'on sera content de mon service. J'ai appris à travailler, dans la maison de mon père ; et à obéir, en religion. Je suis jeune, j'ai le caractère doux, et je suis d'une bonne santé. Lorsque mes forces seront revenues, j'en aurai assez pour suffire à toutes sortes d'occupations domestiques. Je sais broder, coudre et blanchir ; quand j'étois dans le monde, je raccommodois mes dentelles, et j'y serai bientôt remise. Je ne suis pas mal-adroite, je saurai me faire à tout. S'il falloit apprendre à coiffer, je ne manque pas de goût, et je ne tarderois pas à le savoir. Une condition supportable, s'il se peut, ou une condition telle qu'elle, c'est tout ce que je demande. Vous pouvez répondre de mes mœurs : malgré les apparences, monsieur, j'ai de la piété. Il y avoit, au fond de la maison que j'ai quittée, un puits que j'ai souvent regardé ; tous mes maux seroient finis, si Dieu ne m'avoit retenue. Monsieur, que je ne retourne pas dans cette maison funeste ! Rendez-moi le service que je vous demande ; c'est une bonne œuvre, dont vous vous souviendrez avec satisfaction tant que vous vivrez, et que Dieu récompensera dans ce monde ou dans l'autre. Sur-tout, monsieur, songez que je vis dans une allarme perpétuelle, et que je vais compter les momens. Mes parens ne peuvent douter que je ne sois à Paris; ils font sûrement toutes sortes de perquisitions pour me découvrir; ne leur laissez pas le temps de me trouver. J'ai emporté avec moi toutes mes nippes. Je subsiste de mon travail et des secours d'une digne femme que j'avois pour amie, et à laquelle vous pouvez adresser votre réponse. Elle s'appelle madame Madin. Elle demeure à Versailles. Cette bonne amie me fournira tout ce qu'il me faudra pour mon voyage; et quand je serai placée, je n'aurai plus besoin de rien, et ne lui serai plus à charge. Monsieur, ma conduite justifiera la protection que vous m'aurez accordée : quelle que soit la réponse que vous me ferez, je ne me plaindrai que de mon sort.

Voici l'adresse de madame Madin : *A madame Madin, au pavillon de Bourgogne, rue d'Anjou, à Versailles.*

Vous aurez la bonté de mettre deux enveloppes, avec son adresse sur la première, et une croix sur la seconde.

Mon Dieu, que je desire d'avoir votre réponse ! Je suis dans des transes continuelles.

Votre très-humble et très-obéissante servante,

Signé, Suzanne de la Marre.

Nous avions besoin d'une adresse pour recevoir les réponses, et nous choisîmes une certaine dame Madin, femme d'un ancien officier d'infanterie, qui vivoit réellement à Versailles. Elle ne savoit rien de notre coquinerie ni des lettres que nous lui fîmes écrire à elle-même par la suite, et pour lesquelles nous nous servîmes de l'écriture d'une autre jeune personne. Madame Madin savoit seulement qu'il falloit recevoir et me remettre toutes les lettres timbrées *Caën*. Le hasard voulut que M. de Croismare, après son retour à Paris, et environ huit ans après notre péché, trouvât madame Madin un matin chez une femme de nos amies, qui avoit été du complot. Ce fut un vrai coup de théâtre; M. de Croismare se proposoit de prendre mille informations sur une infortunée qui l'avoit tant intéressé, et dont madame Madin ne savoit pas le premier mot. Ce fut aussi le moment de notre confession générale et de notre pardon.

Réponse de M. le marquis de Croismare.

MADEMOISELLE, votre lettre est parvenue à la personne même que vous réclamiez. Vous ne vous êtes point trompée sur ses sentimens; vous pouvez partir aussi-tôt pour Caën, pour être femme-de-chambre d'une jeune demoiselle.

Que la dame votre amie me mande qu'elle m'envoie une femme-de-chambre telle que je puis la desirer, avec tel éloge qu'il lui plaira de vos qualités, sans entrer dans aucun autre détail d'état. Qu'elle me marque aussi le nom que vous aurez choisi, la voiture que vous aurez prise, et le jour, s'il se peut, que vous arriverez. Si vous preniez la voiture du carrosse de Caën, il part le lundi de grand matin de Paris, pour arriver ici le vendredi ; il loge à Paris, rue Saint-Denis, au Grand-Cerf. S'il ne se trouvoit personne pour vous recevoir à votre arrivée à Caën, vous vous adresseriez de ma part, en attendant, chez M. Gassion, vis-à-vis la place royale. Comme l'incognito est d'une extrême nécessité de part et d'autre, que la dame votre amie me renvoie cette lettre, à laquelle, quoique non signée, vous pouvez ajouter foi entière. Gardez-en seulement le cachet, qui vous servira à vous faire connoître, à Caën, à la personne à qui vous vous adresserez.

Suivez, mademoiselle, exactement et diligemment ce que cette lettre vous prescrit ; et pour agir avec prudence, ne vous chargez ni de papiers ni de lettres, ou autre chose qui puisse donner occasion de vous reconnoître : il sera facile de les faire venir dans un autre temps. Comptez avec une confiance parfaite sur les bonnes intentions de votre serviteur.

A...... proche Caën, ce mercredi
6 Février 1760.

Cette lettre étoit adressée à madame Madin.

Il y avoit sur l'autre enveloppe une croix, suivant la convention. Le cachet représentoit un amour tenant d'une main un flambeau, et de l'autre deux cœurs, avec une devise qu'on n'a pu lire, parce que le cachet avoit souffert à l'ouverture de la lettre. Il étoit naturel que la Religieuse, qui ne connoissoit pas l'amour, le prît pour son ange gardien.

Réponse de la Religieuse à M. le marquis de Croismare.

Monsieur, j'ai reçu votre lettre. Je crois que j'ai été fort mal, fort mal. Je suis bien foible. Si Dieu me retire à lui, je prierai sans cesse pour votre salut ; si j'en reviens, je ferai tout ce que vous m'ordonnerez. Mon cher monsieur ! digne homme ! je n'oublierai jamais votre bonté.

Ma digne amie doit arriver de Versailles, elle vous dira tout.

Ce saint jour de dimanche en février.

Je garderai le cachet avec soin. C'est un saint ange que j'y trouve imprimé ; c'est vous ; c'est mon ange gardien.

M. Diderot n'ayant pu se rendre à l'assemblée des bandits, cette réponse fut envoyée sans son attache. Il ne la trouva pas de son gré ; il prétendit qu'elle découvriroit notre trahison ; il se trompa ; et il eut tort, je crois, de ne pas trouver cette réponse bonne. Cependant, pour le satisfaire, on coucha sur les registres du commun conseil de la fourberie la réponse qui suit, et qui ne fut point envoyée. Au reste, cette maladie nous étoit indispensable, pour différer le départ pour Caën.

Extrait des Registres.

Voici la lettre qui a été envoyée, et voici celle que Sœur Suzanne auroit dû écrire.

Monsieur, je vous remercie de vos bontés; il ne faut plus penser à rien, tout va finir pour moi. Je serai dans un moment devant le Dieu de la miséricorde; c'est là que je me souviendrai de vous. Ils délibèrent s'ils me saigneront encore une fois; ils ordonneront tout ce qu'il leur plaira. Adieu, mon cher monsieur. J'espère que le séjour où je vais sera plus heureux; un jour nous nous y verrons.

Lettre de madame Madin à M. le marquis de Croismare.

Je suis à côté de son lit, et elle me presse de vous écrire. Elle a été à toute extrémité; et mon état qui m'attache à Versailles ne m'a point permis de venir plus-tôt à son secours. Je savois qu'elle étoit fort mal, et abandonnée de tout le monde; et je ne pouvois quitter. Vous pensez bien, monsieur, qu'elle avoit beaucoup souffert. Elle avoit fait une chûte qu'elle cachoit. Elle a été attaquée tout d'un coup d'une fièvre ardente qu'on n'a pu abattre qu'à force de saignées. Je la crois hors de danger. Ce qui m'inquiette à-présent, est la crainte que sa convalescence ne soit longue, et qu'elle ne puisse partir avant un mois ou six semaines; elle est déjà si foible, et elle le sera bien davantage. Tâchez donc, monsieur, de gagner du temps, et travaillons de concert à sauver la créature la plus malheureuse et la plus intéressante qu'il y ait au monde. Je ne saurois vous dire tout l'effet de votre billet sur elle ; elle a beaucoup pleuré, elle a écrit l'adresse de M. Gassion derrière une Sainte-Suzanne de son Diurnal, et puis elle a voulu vous répondre malgré sa foiblesse. Elle sortoit d'une crise ; je ne sais ce qu'elle vous aura dit, car sa pauvre tête n'y étoit guère. Pardon, monsieur, je vous écris ceci à la hâte. Elle me fait pitié, je voudrois ne la point quitter; mais il m'est impossible de rester ici plusieurs jours de suite. Voilà la lettre que vous lui avez écrite. J'en fais partir une autre, telle à-peu-près que vous la demandez. Je n'y parle point des talens agréables ; ils ne sont pas de l'état qu'elle va prendre, et il faut, ce me semble, qu'elle y renonce absolument, si elle veut être ignorée. Du reste, tout ce que je dis d'elle est vrai : non, monsieur, il n'y a point de mère qui ne fût comblée de l'avoir pour enfant. Mon premier soin, comme vous pouvez penser, a été de la mettre à couvert; et c'est une affaire faite. Je ne me résoudrai à la laisser aller, que quand sa santé sera tout-à-fait rétablie; mais ce ne peut être avant un mois ou six semaines, comme j'ai eu l'honneur de vous dire; encore faut-il qu'il ne survienne point d'accident. Elle garde le cachet de votre lettre, il est dans ses Heures et sous son chevet. Je n'ai osé lui dire que ce n'étoit pas le votre; je l'avois brisé en ouvrant votre réponse, et je l'avois remplacé par le mien : dans l'état fâcheux où elle étoit, je ne devois pas risquer de lui envoyer votre lettre sans la lire. J'ose vous demander pour elle un mot qui la soutienne dans ses espérances; ce sont les seules qu'elle ait, et je ne répondrois pas de sa vie, si elles venoient à lui manquer. Si vous aviez la bonté de me faire à part un petit détail de la maison où elle entrera, je m'en servirois pour la tranquilliser. Ne craignez rien pour vos lettres; elles vous seront toutes renvoyées aussi exactement que la première; et reposez-vous sur l'intérêt que j'ai moi-même à ne rien faire d'inconsidéré. Nous nous conformerons à tout, à moins que vous ne changiez vos dispositions. Adieu, monsieur. La chère infortunée prie Dieu pour vous à tous les instans où sa tête le lui permet.

J'attends, monsieur, votre réponse, toujours

au pavillon de Bourgogne, rue d'Anjou à Versailles.

Ce 16 février 1760.

Lettre ostensible de madame Madin, telle que M. le marquis de Croismare l'avoit demandée.

Monsieur, la personne que je vous propose s'appelle Suzanne Saulier. Je l'aime, comme si c'étoit mon enfant : cependant vous pouvez prendre à la lettre ce que je vais vous en dire, parce qu'il n'est pas dans mon caractère d'exagérer. Elle est orpheline de père et de mère ; elle est bien née, et son éducation n'a pas été négligée. Elle s'entend à tous les petits ouvrages qu'on apprend quand on est adroite et qu'on aime à s'occuper ; elle parle peu, mais assez bien ; elle écrit naturellement. Si la personne à qui vous la destinez vouloit se faire lire, elle lit à merveille. Elle n'est ni grande, ni petite. Sa taille est fort bien ; pour sa phisionomie, je n'en ai guère vu de plus intéressante. On la trouvera peut-être un peu jeune, car je ne lui crois pas vingt-deux ans accomplis ; mais si l'expérience de l'âge lui manque, elle est remplacée de reste par celle du malheur. Elle a beaucoup de retenue, et un jugement peu commun. Je réponds de l'innocence de ses mœurs. Elle est pieuse, mais point bigotte. Elle a l'esprit naïf, une gaîté douce, jamais d'humeur. J'ai deux filles:

si des circonstances particulières n'empêchoient pas mademoiselle Saulier de se fixer à Paris, je ne leur chercherois pas d'autre gouvernante; je n'espère pas rencontrer aussi bien. Je la connois depuis son enfance, et je ne l'ai point perdue de vue. Elle partira d'ici bien nippée. Je me chargerai des petits frais de son voyage, et même de ceux de son retour, s'il arrive qu'on me la renvoye: c'est la moindre chose que je puisse faire pour elle. Elle n'est jamais sortie de Paris; elle ne sait où elle va; elle se croit perdue; j'ai toute la peine du monde à la rassurer. Un mot de vous, monsieur, sur la personne à laquelle elle doit appartenir, la maison qu'elle habitera, et les devoirs qu'elle aura à remplir, fera plus sur son esprit que tous mes discours. Ne seroit-ce point trop exiger de votre complaisance que de vous le demander? Toute sa crainte est de ne pas réussir: la pauvre enfant ne se connoît guère.

J'ai l'honneur d'être, avec tous les sentimens que vous méritez, monsieur, votre très-humble et très-obéissante servante,

Signé, MOREAU MADIN.

A Paris, ce 16 Février 1760.

Lettre de M. le marquis de Croismare à madame Madin.

MADAME, j'ai reçu il y a deux jours deux mots de lettre, qui m'apprennent l'indisposition de mademoiselle ***. Son malheureux sort me fait gémir; sa santé m'inquiette. Puis-je vous demander la consolation d'être instruit de son état, du parti qu'elle compte prendre, en un mot la réponse à la lettre que je lui ai écrite ? J'ose espérer le tout de votre complaisance, et de l'intérêt que vous y prenez.

Votre très-humble et très-obéissant serviteur.

A Caën, ce 17 février 1760.

Autre lettre de M. le marquis de Croismare à madame Madin.

J'ÉTOIS, madame, dans l'impatience, et heureusement votre lettre a suspendu mon inquiétude sur l'état de mademoiselle ***, que vous m'assurez hors de danger, et à couvert des recherches. Je lui écris; et vous pouvez encore la rassurer sur la continuation de mes sentimens. Sa lettre m'avoit frappé; et dans l'embarras où je l'ai vue, j'ai cru ne pouvoir mieux faire que de me l'attacher, en la mettant auprès de ma fille, qui malheureusement n'a plus de mère. Voilà, madame, la maison que je lui destine. Je suis sûr de moi-même, et de pouvoir lui adoucir ses peines sans manquer au secret, ce qui seroit peut-être plus difficile en d'autres mains. Je ne pourrai m'empêcher de gémir et sur son état et sur ce que ma fortune ne me permettra pas d'en agir comme je le desirerois; mais que faire, quand on est soumis aux loix de la nécessité? Je demeure à deux lieues de la ville, dans une campagne assez agréable, où je vis fort retiré avec ma fille et mon fils aîné, qui est un garçon plein de sentimens et de religion, à qui cependant je laisserai ignorer ce qui peut la regarder. Pour les domestiques, ce sont toutes personnes attachées à moi depuis long-temps, de sorte que tout est dans un état fort tranquille et fort uni. J'ajouterai encore que ce parti que je lui propose ne sera que son pis-aller: si elle trouvoit quelque chose de mieux, je n'entends point la contraindre par aucun engagement; mais qu'elle soit certaine qu'elle trouvera toujours en moi une ressource assurée. Ainsi qu'elle rétablisse sa santé sans inquiétude; je l'attendrai, et serai bien aise cependant d'avoir souvent de ses nouvelles.

J'ai l'honneur d'être, madame, votre très-humble et très-obéissant serviteur.

A Caën, ce 21 février 1760.

Lettre de M. le marquis de Croismare, à Sœur Suzanne. Sur l'enveloppe étoit une croix.

PERSONNE n'est, mademoiselle, plus sensible que je le suis à l'état où vous vous trouvez. Je ne puis que m'intéresser de plus en plus à vous procurer quelque consolation dans le sort malheureux qui vous poursuit. Tranquillisez-vous, reprenez vos forces, et comptez toujours avec une entière confiance sur mes sentimens. Rien ne doit plus vous occuper que le soin de rétablir votre santé, et de demeurer ignorée. S'il m'étoit possible de vous rendre votre sort plus doux, je le ferois : mais votre situation me contraint, et je ne pourrai que gémir sur la dure nécessité. La personne à laquelle je vous destine m'est des plus chères, et c'est à moi principalement que vous aurez à répondre. Ainsi, autant qu'il me sera possible, j'aurai soin d'adoucir les petites peines inséparables de l'état que vous prenez. Vous me devrez votre confiance, je me reposerai entièrement sur vos soins : cette assurance doit vous tranquilliser et vous prouver ma manière de penser, et l'attachement sincère avec lequel je suis, mademoiselle, votre très-humble et très-obéissant serviteur.

A Caën, ce 21 février 1760.

J'écris à madame Madin, qui pourra vous en dire davantage.

La Religieuse.

Lettre de madame Madin à M. le marquis de Croismare.

Monsieur, la guérison de notre chère malade est assurée : plus de fièvre, plus de mal de tête, tout annonce la convalescence la plus prompte, et la meilleure santé. Les lèvres sont encore un peu pâles ; mais les yeux reprennent de l'éclat. La couleur commence à reparoître sur les joues ; les chairs ont de la fraîcheur, et ne tarderont pas à reprendre leur fermeté ; tout va bien depuis qu'elle a l'esprit tranquille. C'est à-présent, monsieur, qu'elle sent le prix de votre bienveillance ; et rien n'est plus touchant que la manière dont elle s'en exprime. Je voudrois bien pouvoir vous peindre ce qui se passa entre elle et moi, lorsque je lui portai vos dernières lettres. Elle les prit, les mains lui trembloient ; elle respiroit avec peine en les lisant ; à chaque ligne elle s'arrêtoit ; et après avoir fini, elle me dit, en se jetant à mon cou, et en pleurant à chaudes larmes : « Eh » bien ! maman Madin, Dieu ne m'a donc pas » abandonnée ; il veut donc enfin que je sois heu- » reuse. C'est Dieu qui m'a inspiré de m'adresser » à ce cher monsieur : quel autre au monde eût » pris pitié de moi ? Remercions le ciel de ses » premières graces, afin qu'il nous en accorde » d'autres ». Et puis elle s'assit sur son lit, et elle

se mit à prier Dieu ; ensuite revenant sur quelques endroits de vos lettres, elle dit : « C'est sa
» fille qu'il me confie. Ah, maman ! elle lui res-
» semblera ; elle sera douce, bienfaisante et sen-
» sible comme lui ». Après s'être arrêtée, elle
dit avec un peu de souci : « Elle n'a plus sa mère !
» Je regrette de n'avoir pas l'expérience qu'il me
» faudroit. Je ne sais rien, mais je ferai de mon
» mieux ; je me rappellerai le soir et le matin ce
» que je dois à son père : il faut que la recon-
» noissance supplée à bien des choses. Serai-je
» encore long-temps malade ? Quand est-ce
» qu'on me permettra de manger ? Je ne me sens
» plus de ma chûte, plus du tout ». Je vous fais
ce petit détail, monsieur, parce que j'espère qu'il
vous plaira. Il y avoit dans son discours et son
action tant d'innocence et de zèle, que j'en étois
hors de moi. Je ne sais ce que je n'aurois pas
donné pour que vous l'eussiez vue et entendue.
Non, monsieur, ou je ne me connois à rien, ou
vous aurez une créature unique, et qui fera la
bénédiction de votre maison. Ce que vous avez eu
la bonté de m'apprendre de vous, de mademoiselle votre fille, de M. votre fils, de votre situation, s'arrange parfaitement avec ses vœux. Elle
persiste dans les premières propositions qu'elle
vous a faites. Elle ne demande que la nourriture
et le vêtement ; et vous pouvez la prendre au
mot, si cela vous convient : quoique je ne sois pas

riche, le reste sera mon affaire. J'aime cette enfant, je l'ai adoptée dans mon cœur ; et le peu que j'aurai fait pour elle de mon vivant, lui sera continué après ma mort. Je ne vous dissimule pas que ces mots *d'être son pis-aller, et de la laisser libre d'accepter mieux si l'occasion s'en présente*, lui ont fait de la peine ; je n'ai pas été fâchée de lui trouver cette délicatesse. Je ne négligerai pas de vous instruire des progrès de sa convalescence ; mais j'ai un grand projet dans lequel je ne désespérerois pas de réussir pendant qu'elle se rétablira, si vous pouviez m'adresser à un de vos amis : vous en devez avoir beaucoup ici. Il me faudroit un homme sage, discret, adroit, pas trop considérable, qui approchât par lui ou par ses amis de quelques grands que je lui nommerois, et qui eût accès à la cour sans en être. De la manière dont la chose est arrangée dans mon esprit, il ne seroit point mis dans la confidence ; il nous serviroit sans savoir en quoi : quand ma tentative seroit infructueuse, nous en tirerions au-moins l'avantage de persuader qu'elle est en pays étranger. Si vous pouvez m'adresser à quelqu'un, je vous prie de me le nommer, et de me dire sa demeure, et ensuite de lui écrire que madame Madin, que vous connoissez depuis long-temps, doit venir lui demander un service, et que vous le priez de s'intéresser à elle si la chose est faisable. Si vous n'avez personne, il faut s'en consoler ; mais voyez, monsieur. Au reste, je vous prie de compter sur l'intérêt que je prends à notre infortunée, et sur quelque prudence que je tiens de l'expérience. La joie que votre dernière lettre lui a causée lui a donné un petit mouvement dans le pouls ; mais ce ne sera rien.

J'ai l'honneur d'être, avec les sentimens les plus respectueux, monsieur, votre très-humble et très-obéissante servante,

Signé, MOREAU MADIN.

A Paris, ce 3 mars 1760.

L'idée de madame Madin de se faire adresser à un des amis du généreux protecteur de Sœur Suzanne, étoit une suggestion de satan, au moyen de laquelle ses suppôts espéroient amener insensiblement leur ami de Normandie, à s'adresser à moi, et à me mettre dans la confidence de toute cette affaire ; ce qui réussit parfaitement, comme vous verrez par la suite de cette correspondance.

Lettre de Sœur Suzanne à M. le marquis de Croismare.

MONSIEUR, maman Madin m'a remis les deux réponses dont vous m'avez honorée, et m'a fait part aussi de la lettre que vous lui avez écrite.

J'accepte, j'accepte. C'est cent fois mieux que je ne mérite ; oui, cent fois, mille fois mieux. J'ai si peu de monde, si peu d'expérience, et je sens si bien tout ce qu'il me faudroit pour répondre dignement à votre confiance ; mais j'espère tout de votre indulgence, de mon zèle et de ma reconnoissance. Ma place me fera, et maman Madin dit que cela vaut mieux que si j'étois faite à ma place. Mon Dieu ! que je suis pressée d'être guérie, d'aller me jeter aux pieds de mon bienfaiteur, et de le servir auprès de sa chère fille en tout ce qui dépendra de moi ! On me dit que ce ne sera guère avant un mois. Un mois ! c'est bien du temps. Mon cher monsieur, conservez-moi votre bienveillance. Je ne me sens pas de joie ; mais ils ne veulent pas que j'écrive, ils m'empêchent de lire, ils me tiennent au lit, ils me noyent de tisane, ils me font mourir de faim, et tout cela pour mon bien. Dieu soit loué ! C'est pourtant bien malgré moi que je leur obéis.

Je suis, avec un cœur reconnoissant, monsieur,

    votre très-humble et très-
    soumise servante,

  Signé, SUZANNE SAULIER.

    A Paris, ce 3 mars 1760.

Lettre de M. le marquis de Croismare à madame Madin.

Quelques incommodités que je ressens depuis quelques jours m'ont empêché, madame, de vous faire réponse plus-tôt, pour vous marquer le plaisir que j'ai d'apprendre la convalescence de mademoiselle Saulier. J'ose espérer que bientôt vous aurez la bonté de m'instruire de son parfait rétablissement, que je souhaite avec ardeur. Mais je suis mortifié de ne pouvoir contribuer à l'exécution du projet que vous méditez en sa faveur, que sans le connoître je ne puis trouver que très-bon par la prudence dont vous êtes capable, et par l'intérêt que vous y prenez. Je n'ai été que très-peu répandu à Paris, et parmi un petit nombre de personnes aussi peu répandues que moi : et les connoissances telles que vous les désireriez ne sont pas faciles à trouver. Continuez, je vous supplie, à me donner des nouvelles de mademoiselle Saulier, dont les intérêts me seront toujours chers.

J'ai l'honneur d'être, madame, votre très-humble et très-obéissant serviteur.

Ce 31 Mars 1760.

Lettre de madame Madin à M. le marquis de Croismare.

Monsieur, j'ai fait une faute, peut-être, de ne me pas expliquer sur le projet que j'avois; mais j'étois si pressée d'aller en avant! Voici donc ce qui m'avoit passé par la tête. D'abord il faut que vous sachiez que le cardinal de Fleury protégeoit la famille. Ils perdirent tous beaucoup à sa mort, sur-tout ma Suzanne, qui lui avoit été présentée dans sa première jeunesse. Le vieux cardinal aimoit les jolis enfans; les graces de celle-ci l'avoient frappé; et il s'étoit chargé de son sort. Mais quand il ne fut plus, on disposa d'elle comme vous savez; et les protecteurs crurent s'acquitter envers la cadette, en mariant les aînées à deux de leurs créatures. L'un de ces protégés a un emploi considérable à Alby, l'autre la recette des aides de Castres, à trois lieues de Montpellier. Ce sont des gens durs; mais leur état dépend absolument de ceux qui les ont placés. J'avois donc pensé que si l'on avoit eu quelqu'accès auprès de madame la marquise de Castries, qui est Fleury de son nom, et qui s'est mise en quatre dans le procès de mon enfant, et qu'on lui eût peint la triste situation d'une jeune personne exposée à toutes les suites de la misère, dans un pays étranger et lointain, cette dame, qu'on dit compatissante, eût agi auprès de son mari ou de M.

le duc de Fleury son frère, et nous eussions pu arracher par ce moyen une petite pension de ces deux beaux-frères, qui ont emporté tout le bien de la maison, et qui ne songent guère à nous secourir. En vérité, monsieur, cela vaut bien la peine que nous revenions tous les deux là-dessus : voyez. Avec cette petite pension, ce que je viens de lui assurer, et ce qu'elle tiendroit de vos bontés, elle seroit bien pour le présent, et point mal pour l'avenir ; et je la verrois partir avec moins de regret. Mais je ne connois ni M. le marquis de Castries, ni madame son épouse, ni personne qui les approche ; et ce fut l'enfant qui me suggéra de m'adresser à vous. Au reste, je ne saurois vous dire que sa convalescence aille comme je le désirerois. Elle s'étoit blessée au-dessus des reins, comme je crois vous l'avoir dit ; la douleur de cette chûte, qui s'étoit dissipée, s'est fait ressentir ; c'est un point qui revient et qui passe. Il est accompagné d'un léger frisson en dedans, mais au pouls il n'y a pas la moindre fièvre ; le médecin hoche de la tête, et n'a pas un air qui me plaise. Elle ira dimanche prochain à la messe ; elle le veut ; et je viens de lui envoyer une grande capote qui l'enveloppera jusqu'au bout du nez, et sous laquelle elle pourra, je crois, passer une demi-heure sans péril dans une petite église borgne du quartier. Elle soupire après le moment de son départ, et je suis sûre qu'elle ne demandera rien à Dieu avec plus de ferveur que d'achever sa guérison, et de lui conserver les bontés de son bienfaiteur. Si elle se trouvoit en état de partir entre Pâques et Quasimodo, je ne manquerai pas de vous en prévenir. Au reste, monsieur, son absence ne m'empêcheroit pas d'agir, si je découvrois parmi mes connoissances quelqu'un qui pût quelque chose auprès de madame de Castries ou de monsieur son mari.

Je suis, avec une reconnoissance sans bornes pour elle et pour moi, monsieur,

Votre très-humble et très-obéissante servante,

Signé, Moreau Madin.

A Versailles, ce 25 mars 1760.

P. S. Je lui ai défendu de vous écrire, de crainte de vous importuner ; il n'y a que cette considération qui puisse la retenir.

Lettre de M. le marquis de Croismare à madame Madin.

Madame, votre projet pour mademoiselle Saulier me paroît très-louable, et me plaît d'autant plus, que je souhaiterois ardemment de la voir, dans son infortune, assurée d'un état un peu passable. Je ne désespère pas de trouver quelque ami qui puisse agir auprès de madame de Castries ; mais cela demande du temps et des précautions, tant pour éviter d'éventer le secret, que pour m'assurer la discrétion des personnes auxquelles je pense que je pourrois m'adresser. Je ne perdrai point cela de vue : en attendant, si mademoiselle Saulier persiste dans les mêmes sentimens, et si santé est assez rétablie, rien ne doit l'empêcher de partir ; elle me trouvera toujours dans les mêmes dispositions que je lui ai marquées, et dans le même zèle à lui adoucir, s'il se peut, l'amertume de son sort. La situation de mes affaires et les malheurs du temps, m'obligent de me tenir fort retiré à la campagne avec mes enfans, pour ménager un peu; ainsi nous y vivons avec simplicité. C'est pourquoi mademoiselle Saulier pourra se dispenser de faire de la dépense en habillemens, ni si propres ni si chers ; le commun peut suffire en ce pays. C'est dans cette campagne et dans cet état uni et simple qu'elle me trouvera, et où je souhaite qu'elle puisse goûter quelque douceur et quelqu'agrément, malgré les précautions gênantes que je serai obligé d'observer à son égard. Vous aurez la bonté, madame, de m'instruire de son départ ; et de peur qu'elle n'eût égaré l'adresse que je lui avois envoyée, c'est chez M. Gassion, vis-à-vis la place royale, à Caën. Cependant si je suis instruit à temps du jour de son arrivée, elle trouvera quelqu'un pour la conduire ici sans s'arrêter.

J'ai l'honneur d'être, madame, votre très-humble et très-obéissant serviteur.

Ce 31 mars, 1766.

Lettre de madame Madin à M. le marquis de Croismare.

Si elle persiste dans ses sentimens, monsieur! En pouvez-vous douter? Qu'a-t-elle de mieux à faire que d'aller passer des jours heureux et tranquilles auprès d'un homme de bien, et dans une famille honnête? N'est-elle pas trop heureuse, que vous vous soyez ressouvenu d'elle? Et où donneroit-elle de la tête, si l'asyle que vous avez eu la générosité de lui offrir venoit à lui manquer? C'est elle-même, monsieur, qui parle ainsi; et je ne fais que vous répéter ses discours. Elle voulut encore aller à la messe le jour de Pâques; c'étoit bien contre mon avis; et cela lui réussit fort mal. Elle en revint avec de la fièvre; et depuis ce malheureux jour elle ne s'est pas bien portée. Monsieur, je ne vous l'enverrai point qu'elle ne soit en parfaite santé. Elle sent à-présent de la chaleur au-dessus des reins, à l'endroit où elle s'est blessée dans sa chûte; je viens d'y regarder, et je n'y vois rien du tout. Mais son médecin me dit avant-hier, comme nous en deseendions ensemble, qu'il craignoit qu'il n'y eût un commencement de pulsation ; qu'il falloit attendre ce que cela deviendroit. Cependant elle ne manque point d'appétit, elle dort, l'embonpoint se soutient. Je lui trouve seulement, par intervalle, un peu plus de couleur aux joues et plus de vivacité dans les yeux qu'elle n'en a naturellement. Et puis ce sont des impatiences qui me désespèrent. Elle se lève, elle essaie de marcher; mais pour peu qu'elle penche du côté malade, c'est un cri aigu à percer le cœur. Malgré cela, j'espère, et j'ai profité du temps pour arranger son petit trousseau.

C'est une robe de callemande d'Angleterre, qu'elle pourra porter simple jusqu'à la fin des chaleurs, et qu'elle doublera pour son hiver, avec une autre de coton bleu qu'elle porte actuellement.

Quinze chemises garnies de maris, les unes en batiste, les autres en mousseline. Vers la mi-juin, je lui enverrai de quoi en faire six autres, d'une pièce de toile qu'on me blanchit à Senlis.

Plusieurs jupons blancs, dont deux de moi, de basin, garnis en mousseline.

Deux justes pareils, que j'avois fait faire pour la plus jeune de mes filles, et qui se sont trouvés lui aller à merveille. Cela lui fera des habillemens de toilette pour l'été.

Quelques corsets, tabliers et mouchoirs de col.
Deux douzaines de mouchoirs de poche.

Plusieurs cornettes de nuit.

Six dormeuses de jour festonnées, avec huit paires de manchettes à un rang, et trois à deux rangs.

Six paires de bas de coton fin.

C'est tout ce que j'ai pu faire de mieux. Je lui portai cela le lendemain des fêtes, et je ne saurois vous dire avec quelle sensibilité elle le reçut. Elle regardoit une chose, en essayoit une autre, me prenoit les mains, et me les baisoit. Mais elle ne put jamais retenir ses larmes, quand elle vit les justes de ma fille. Eh ! lui dis-je, de quoi pleurez-vous ? Est-ce que vous ne l'avez pas toujours été ? *Il est vrai,* me répondit-elle ; puis elle ajouta : « A-présent que j'espère être heu-
» reuse, il me semble que j'aurois de la peine à
» mourir. Maman, est-ce que cette chaleur de
» côté ne se dissipera point ? Si l'on y mettoit
» quelque chose » ? Je suis charmée, monsieur, que vous ne désapprouviez pas mon projet, et que vous voyiez jour à le faire réussir. J'abandonne tout à votre prudence ; mais je crois devoir vous avertir que M. le marquis de Castries fera la campagne, et qu'on part ; que madame de Castries ira dans ses terres ; et que dans sept ou huit mois d'ici nous serons bien oubliés. Tout passe si vîte d'intérêt dans ce pays-ci ; on ne parle déjà plus guère de nous, bientôt on n'en parlera plus du tout. Ne craignez pas qu'elle

égare l'adresse que vous lui avez envoyée. Elle n'ouvre pas une fois ses Heures pour prier, sans la regarder; elle oublieroit plutôt son nom de Saulier que celui de M. Gassion. Je lui demandai si elle ne vouloit pas vous écrire, elle me répondit qu'elle vous avoit commencé une longue lettre qui contiendroit tout ce qu'elle ne pourroit guère se dispenser de vous dire, si Dieu lui faisoit la grace de guérir et de vous voir; mais qu'elle avoit le pressentiment qu'elle ne vous verroit jamais. « Cela dure trop, maman, *ajouta-t-* » *elle*, je ne profiterai ni de vos bontés ni des » siennes : ou monsieur le marquis changera de » sentiment, ou je n'en reviendrai pas ». Quelle folie! lui dis-je. Savez-vous bien que si vous vous entretenez dans ces idées tristes, ce que vous craignez vous arrivera ? Elle dit : *Que la volonté de Dieu soit faite.* Je la priai de me montrer ce qu'elle vous avoit écrit ; j'en fus effrayée, c'est un volume. Voilà, lui dis-je en colère, ce qui vous tue. Elle me répondit : « Que » voulez-vous que je fasse ? Ou je m'afflige, » ou je m'ennuie ». Et quand avez-vous pu griffonner tout cela ? « Un peu dans un temps, un » peu dans un autre. Que je vive ou que je meure, » je veux qu'on sache tout ce que j'ai souffert... ». Je lui ai défendu de continuer. Son médecin en a fait autant. Je vous prie, monsieur, de joindre votre autorité à mes prières; elle vous regarde comme son cher maître, et il est sûr qu'elle vous obéira. Cependant, comme je conçois que les heures sont bien longues pour elle, et qu'il faut qu'elle s'occupe, ne fût-ce que pour l'empêcher d'écrire davantage, de rêver et de se chagriner, je lui ai fait porter un tambour, et je lui ai proposé de commencer une veste pour vous. Cela lui a plu extrêmement, et elle s'est mise tout-de-suite à l'ouvrage. Dieu veuille qu'elle n'ait pas le temps de l'achever ici. Un mot, s'il vous plaît, qui défende d'écrire et de trop travailler. J'avois résolu de retourner ce soir à Versailles ; mais j'ai de l'inquiétude : ce commencement de pulsation me chiffonne, et je veux être demain auprès d'elle, lorsque son médecin reviendra. J'ai malheureusement quelque foi aux pressentimens des malades ; ils se sentent. Quand je perdis M. Madin, tous les médecins m'assuroient qu'il en reviendroit ; il disoit, lui, qu'il n'en reviendroit pas ; et le pauvre homme ne disoit que trop vrai. Je resterai, et j'aurai l'honneur de vous écrire : s'il falloit que je la perdisse, je crois que je ne m'en consolerois jamais. Vous seriez trop heureux, vous, monsieur, de ne l'avoir point vue. C'est à-présent que les misérables qui l'ont déterminée à s'enfuir sentent la perte qu'ils ont faite ; mais il est trop tard.

J'ai l'honneur d'être, avec des sentimens de respect et de reconnoissance pour elle et pour moi, monsieur,

votre très-humble et très-obéissante servante,

Signé, Moreau Madin.

A Paris, ce 13 Avril 1760.

Réponse de M. le marquis de Croismare à madame Madin.

Je partage, madame, avec une vraie sensibilité, votre inquiétude sur la maladie de mademoiselle Saulier. Son état infortuné m'avoit toujours infiniment touché; mais le détail que vous avez eu la bonté de me faire de ses qualités et de ses sentimens, me prévient tellement en sa faveur, qu'il me seroit impossible de n'y pas prendre le plus vif intérêt : ainsi, loin que je puisse changer de sentimens à son égard, chargez-vous, je vous prie, de lui répéter ceux que je vous ai marqués par mes lettres, et qui ne souffriront aucune altération. J'ai cru qu'il étoit prudent de ne lui point écrire, afin de lui ôter toute occasion de s'occuper à faire une réponse. Il n'est pas douteux que tout genre d'occupation lui est préjudiciable dans son état d'infirmité ; et si j'avois quelque pouvoir sur elle, je m'en servirois pour le lui interdire. Je ne puis mieux m'adresser qu'à vous-même, madame, pour lui faire connoître ce que je pense à cet égard. Ce n'est pas que je ne fusse charmé de recevoir de ses nouvelles par elle-même ; mais je ne pourrois approuver en elle une action de pure bienséance, qui pût contribuer au retardement de sa guérison. L'intérêt que vous y prenez, madame, me dispense de vous prier encore une fois de la modérer sur ce point. Soyez toujours persuadée de ma sincère affection pour elle, et de l'estime particulière, et de la considération véritable avec laquelle j'ai l'honneur d'être, madame, votre très-humble et très-obéissant serviteur.

Ce 25 avril 1760.

P. S. J'écris dans le moment à un de mes amis, à qui vous pourrez vous adresser pour madame de Castries. Il se nomme monsieur Grimm, secrétaire des commandemens de M. le duc d'Orléans, et demeure rue Neuve de Luxembourg, près la rue Saint-Honoré, à Paris. Je lui donne avis que vous prendrez la peine de passer chez lui, et lui marque que je vous ai d'extrêmes obligations, et que je ne desire rien tant que de vous en marquer ma reconnoissance. Il ne dîne pas ordinairement chez lui.

Lettre de madame Madin à M. le marquis de Croismare.

Monsieur, combien j'ai souffert depuis que je n'ai pas eu l'honneur de vous écrire! Je n'ai jamais pu prendre sur moi de vous faire part de ma peine, et j'espère que vous me saurez gré de n'avoir pas mis votre ame sensible à une épreuve aussi cruelle. Vous savez combien elle m'étoit chère. Imaginez-vous, monsieur, que je l'aurai vue près de quinze jours de suite pencher vers sa fin, au milieu des douleurs les plus aiguës. Enfin, Dieu a pris, je crois, pitié d'elle et de moi. La pauvre malheureuse est encore; mais ce ne peut être pour long-temps. Ses forces sont épuisées, elle ne parle presque plus, ses yeux ont peine à s'ouvrir. Il ne lui reste que sa patience, qui ne l'a point abandonnée. Si celle-là n'est pas sauvée, que deviendrons-nous? L'espoir que j'avois de sa guérison a disparu tout-d'un-coup. Il s'étoit formé un abcès au côté, qui faisoit un progrès sourd depuis sa chûte. Elle n'a pas voulu souffrir qu'on l'ouvrît à temps; et quand elle a pu s'y résoudre, il étoit trop tard. Elle sent arriver son dernier moment; elle m'éloigne; et je vous avoue que je ne suis pas en état de soutenir ce spectacle. Elle fut administrée hier entre dix et onze heures du soir. Ce fut elle qui le demanda. Après cette triste cérémonie, je restai seule à côté de son lit. Elle m'entendit soupirer, elle chercha ma main, je la lui donnai ; elle la prit, la porta contre ses lèvres, et m'attirant vers elle, elle me dit, si bas que j'avois peine à l'entendre : » Maman, encore une grace ». Laquelle, mon enfant ? « Me bénir, et vous en aller ». Elle ajouta : « Monsieur le marquis.... ne manquez pas de » le remercier ». Ces paroles auront été ses dernières. J'ai donné des ordres, et je me suis retirée chez une amie, où j'attends de moment en moment. Il est une heure après minuit. Peut-être avons-nous à-présent une amie au ciel.

Je suis avec respect, monsieur,

Votre très-humble et très-obéissante servante,

Signé, Moreau Madin.

La lettre précédente est du 7 mai ; mais elle n'est point datée.

Lettre de madame Madin à M. le marquis de Croismare.

La chère enfant n'est plus ; ses peines sont finies ; et les nôtres ont peut-être encore long-temps à durer. Elle a passé de ce monde dans celui où nous sommes tous attendus, mercredi dernier, entre trois et quatre du matin. Comme sa vie avoit été innocente, ses derniers instans ont été tranquilles, malgré tout ce qu'on a fait pour les troubler. Permettez que je vous remercie du tendre intérêt que vous avez pris à son sort; c'est le seul devoir qui me reste à lui rendre. Voilà toutes les lettres dont vous nous avez honorées. J'avois gardé les unes, et j'ai trouvé les autres parmi des papiers qu'elle m'a remis quelques jours avant sa mort; ils contiennent, à ce qu'elle m'a dit, l'histoire de sa vie chez ses parens, dans les trois maisons religieuses où elle a demeuré, et ce qui s'est passé depuis sa sortie. Il n'y a pas d'apparence que je les lise si-tôt; je ne saurois rien voir de ce qui lui appartenoit, rien même de ce que mon amitié lui avoit destiné, sans ressentir une douleur profonde.

Si je suis jamais assez heureuse, monsieur, pour vous être utile, je serai très-flattée de votre souvenir.

Je suis, avec les sentimens de respect et de reconnoissance qu'on doit aux hommes miséricordieux et bienfaisans, monsieur,

Votre très-humble, et très-obéissante servante,

Signé, MOREAU MADIN.

Ce 10 mai 1760.

Lettre de M. le marquis de Croismare à madame Madin.

Je sais, madame, ce qu'il en coûte à un cœur sensible et bienfaisant, de perdre l'objet de son attachement, et l'heureuse occasion de lui dispenser des faveurs si dignement acquises, et par l'infortune, et par les aimables qualités, telles qu'ont été celles de la chère demoiselle qui cause aujourd'hui vos regrets. Je les partage, madame, avec la plus tendre sensibilité. Vous l'avez connue, et c'est ce qui vous rend sa séparation plus difficile à supporter. Sans avoir eu ce bonheur, ses malheurs m'avoient vivement touché, et je goûtois par avance le plaisir de pouvoir contribuer à la tranquillité de ses jours. Si le ciel en a ordonné autrement, et a voulu me priver de cette satisfaction tant desirée, je dois l'en bénir ; mais je ne puis y être insensible. Vous avez du-moins la consolation d'en avoir agi à son égard avec les sentimens les plus nobles, et la conduite la plus généreuse. Je les ai admirés, et mon ambition eût été de vous imiter. Il ne me reste plus que le desir ardent d'avoir l'honneur de vous connoître, et de vous exprimer de vive voix combien j'ai été enchanté de votre grandeur d'ame, et avec quelle considération respectueuse j'ai l'honneur d'être, madame, votre très-humble et très-obéissant serviteur.

Ce 18 mai 1760.

Tout ce qui a rapport à la mémoire de notre infortunée m'est devenu extrêmement cher ; ne seroit-ce point exiger de vous un trop grand sacrifice, que celui de me communiquer les petits mémoires qu'elle a fait de ses différens malheurs ? Je vous demande cette grace, madame, avec d'autant plus de confiance, que vous m'aviez annoncé que je pouvois y avoir quelque droit. Je serai fidèle à vous les renvoyer, ainsi que toutes vos lettres, par la première occasion, si vous le jugez à propos. Vous auriez la bonté de me les envoyer par le carrosse de voiture de Caën, qui loge au Grand-Cerf, rue Saint-Denis à Paris, et part tous les lundis.

Ainsi finit l'histoire de l'infortunée Sœur Suzanne de la Marre, dite Saulier. Il est bien triste que les mémoires de sa vie n'aient pas été mis au net; ils auroient formé une lecture très-intéressante. Après tout, monsieur le marquis de Croismare doit savoir gré à la perfidie de ses amis de lui avoir fourni une occasion de secourir l'infortune avec une noblesse, un intérêt, une simplicité vraiment dignes de lui : le rôle qu'il joue dans cette correspondance n'est pas le moins touchant du roman.

On nous blâmera, peut-être, d'avoir hâté la fin de Sœur Suzanne avec bien peu d'humanité ; mais ce parti étoit devenu nécessaire à cause des avis que nous reçûmes du château de Lasson, qu'on y meubloit un appartement pour recevoir mademoiselle de Croismare, que son père vouloit faire sortir du couvent, où elle avoit été depuis la mort de sa mère. Ces avis ajoutoient qu'on attendoit de Paris une femme-de-chambre, qui devoit en-même-temps jouer le rôle de gouvernante auprès de la jeune personne; et que M. de Croismare s'occupoit à pourvoir d'ailleurs la bonne qui avoit été jusqu'alors auprès de sa fille. Ces avis ne nous laissèrent pas le choix sur le parti qui nous restoit à prendre; et ni la jeunesse, ni la beauté, ni l'innocence de Sœur Suzanne, ni son ame douce, sensible et tendre, capable de toucher les cœurs les moins enclins à la compassion, ne put la sauver d'une mort inévitable. Mais comme nous avions tous pris les sentimens de madame Madin pour cette intéressante créature, les regrets que nous causa sa mort, ne furent guère moins vifs que ceux de son respectable protecteur.

FIN DE LA RELIGIEUSE.

CONTES.

LES DEUX AMIS

DE BOURBONNE.

Il y avoit ici deux hommes, qu'on pourroit appeler les Oreste et Pylade de Bourbonne. L'un se nommoit Olivier, et l'autre Félix; ils étoient nés le même jour, dans la même maison, et des deux sœurs. Ils avoient été nourris du même lait; car l'une des mères étant morte en couche, l'autre se chargea des deux enfans. Ils avoient été élevés ensemble; ils étoient toujours séparés des autres; ils s'aimoient comme on existe, comme on vit sans s'en douter; ils le sentoient à tout moment, et ils ne se l'étoient peut-être jamais dit. Olivier avoit une fois sauvé la vie à Félix, qui se piquoit d'être grand nageur, et qui avoit failli de se noyer; ils ne s'en souvenoient ni l'un ni l'autre. Cent fois Félix avoit tiré Olivier des aventures fâcheuses où son caractère impétueux l'avoit engagé; et jamais celui-ci n'avoit songé à l'en remercier : ils s'en retournoient ensemble à la maison, sans se parler, ou en parlant d'autre chose.

Lorsqu'on tira pour la milice, le premier billet

fatal étant tombé sur Félix, Olivier dit : L'autre est pour moi. Ils firent leur temps de service ; ils revinrent au pays : plus chers l'un à l'autre qu'ils ne l'étoient encore auparavant, c'est ce que je ne saurois vous assurer : car, petit frère, si les bienfaits réciproques cimentent les amitiés réfléchies, peut-être ne font-ils rien à celles que j'appellerois volontiers des amitiés animales et domestiques. A l'armée, dans une rencontre, Olivier étant menacé d'avoir la tête fendue d'un coup de sabre, Félix se mit machinalement au-devant du coup, et en resta balafré : on prétend qu'il étoit fier de cette blessure ; pour moi, je n'en crois rien. A Hastenbeck, Olivier avoit retiré Félix d'entre la foule des morts, où il étoit demeuré. Quand on les interrogeoit, ils parloient quelquefois des secours qu'ils avoient reçus l'un de l'autre, jamais de ceux qu'ils avoient rendus l'un à l'autre. Olivier disoit de Félix, Félix disoit d'Olivier ; mais ils ne se louoient pas. Au bout de quelque temps de séjour au pays, ils aimèrent ; et le hasard voulut que ce fût la même fille. Il n'y eut entre eux aucune rivalité ; le premier qui s'apperçut de la passion de son ami se retira : ce fut Félix. Olivier épousa ; et Félix, dégoûté de la vie sans savoir pourquoi, se précipita dans toutes sortes de métiers dangereux ; le dernier fut de se faire contrebandier. Vous n'ignorez pas, petit frère, qu'il y a quatre tribunaux en France, Caën, Rheims, Valence et Toulouse, où les contrebandiers sont jugés ; et que le plus sévère des quatre, c'est celui de Rheims, où préside un nommé Coleau, l'ame la plus féroce que la nature ait encore formée. Félix fut pris les armes à la main, conduit devant le terrible Coleau, et condamné à mort, comme cinq cents autres qui l'avoient précédé. Olivier apprit le sort de Félix. Une nuit, il se lève d'à côté de sa femme, et, sans lui rien dire, il s'en va à Rheims. Il s'adresse au juge Coleau ; il se jette à ses pieds, et lui demande la grace de voir et d'embrasser Félix. Coleau le regarde, se tait un moment, et lui fait signe de s'asseoir. Olivier s'assied. Au bout d'une demi-heure, Coleau tire sa montre et dit à Olivier : Si tu veux voir et embrasser ton ami vivant, dépêche-toi, il est en chemin ; et si ma montre va bien, avant qu'il soit dix minutes il sera pendu. Olivier, transporté de fureur, se lève, décharge sur la nuque du cou au juge Coleau un énorme coup de bâton, dont il l'étend presque mort ; court vers la place, arrive, crie, frappe le bourreau, frappe les gens de la justice, soulève la populace indignée de ces exécutions. Les pierres volent ; Félix délivré s'enfuit ; Olivier songe à son salut : mais un soldat de maréchaussée lui avoit percé les flancs d'un coup de baïonnette, sans qu'il s'en fût apperçu. Il gagna la porte de la ville, mais il ne put aller plus loin ; des voituriers charitables le jetèrent sur leur charrette, et le déposèrent à la porte de sa maison un moment avant qu'il expirât ; il n'eut que le temps de dire à sa femme : Femme, approche, que je t'embrasse; je me meurs, mais le balafré est sauvé.

Un soir que nous allions à la promenade, selon notre usage, nous vîmes au-devant d'une chaumière une grande femme debout, avec quatre petits enfans à ses pieds ; sa contenance triste et ferme attira notre attention, et notre attention fixa la sienne. Après un moment de silence, elle nous dit : Voilà quatre petits enfans, je suis leur mère, et je n'ai plus de mari. Cette manière haute de solliciter la commisération étoit bien faite pour nous toucher. Nous lui offrîmes nos secours, qu'elle accepta avec honnêteté : c'est à cette occasion que nous avons appris l'histoire de son mari Olivier et de Félix son ami. Nous avons parlé d'elle, et j'espère que notre recommandation ne lui aura pas été inutile. Vous voyez, petit frère, que la grandeur d'ame et les hautes qualités sont de toutes les conditions et de tous les pays ; que tel meurt obscur, à qui il n'a manqué qu'un autre théâtre ; et qu'il ne faut pas aller jusques chez les Iroquois pour trouver deux amis.

Dans le temps que le brigand Testalunga infestoit la Sicile avec sa troupe, Romano, son ami et son confident, fut pris. C'étoit le lieutenant de Testalunga et son second. Le père de ce Romano fut arrêté et emprisonné pour crimes. On lui promit sa grace et sa liberté, pourvû que Romano trahît et livrât son chef Testalunga. Le combat entre la tendresse filiale et l'amitié jurée fut violent. Mais Romano père persuada son fils de donner la préférence à l'amitié, honteux de devoir la vie à une trahison. Romano se rendit à l'avis de son père. Romano père fut mis à mort; et jamais les tortures les plus cruelles ne purent arracher de Romano fils la délation de ses complices.

———

Vous avez désiré, petit frère, de savoir ce qu'est devenu Félix; c'est une curiosité si simple, et le motif en est si louable, que nous nous sommes un peu reproché de ne l'avoir pas eue. Pour réparer cette faute, nous avons pensé d'abord à M. Papin, docteur en théologie, et curé de Sainte-Marie à Bourbonne : mais maman s'est ravisée; et nous avons donné la préférence au subdélégué Aubert, qui est un bon homme, bien rond, et qui nous a envoyé le récit suivant, sur la vérité duquel vous pouvez compter.

« Le nommé Félix vit encore. Echappé des
» mains de la justice, il se jeta dans les forêts
» de la province, dont il avoit appris à connoître
» les tours et les détours pendant qu'il faisoit la
» contrebande, cherchant à s'approcher peu-à-
» peu de la demeure d'Olivier, dont il ignoroit
» le sort.

« Il y avoit au fond d'un bois, où vous vous
» êtes promenée quelquefois, un charbonnier dont
» la cabane servoit d'asyle à ces sortes de gens ;
» c'étoit aussi l'entrepôt de leurs marchandises et
» de leurs armes : ce fut là que Félix se rendit,
» non sans avoir couru le danger de tomber dans
» les embûches de la maréchaussée, qui le suivoit
» à la piste. Quelques-uns de ses associés y avoient
» porté la nouvelle de son emprisonnement à
» Rheims ; et le charbonnier et la charbonnière
» le croyoient justicié, lorsqu'il leur apparut.

« Je vais vous raconter la chose, comme je la
» tiens de la charbonnière, qui est décédée ici il
» n'y a pas long-temps.

« Ce furent ses enfans, en rodant autour de
» la cabane, qui le virent les premiers. Tandis
» qu'il s'arrêtoit à caresser le plus jeune, dont il
» étoit le parrain, les autres entrèrent dans la
» cabane en criant, Félix ! Félix ! Le père et la
» mère sortirent, en répétant le même cri de
» joie ; mais ce misérable étoit si harrassé de fa-
» tigue et de besoin, qu'il n'eut pas la force de
» répondre, et qu'il tomba presque défaillant entre
« leurs bras.

« Ces bonnes gens le secoururent de ce qu'ils
» avoient ; lui donnèrent du pain, du vin, quel-
» ques légumes : il mangea, et s'endormit.

« A son réveil, son premier mot fut Olivier !
» Enfans, ne savez-vous rien d'Olivier ? Non, lui

» répondirent-ils. Il leur raconta l'aventure de
» Rheims ; il passa la nuit et le jour suivant avec
» eux. Il soupiroit, il prononçoit le nom d'Oli-
» vier ; il le croyoit dans les prisons de Rheims;
» il vouloit y aller, il vouloit aller mourir avec
» lui ; et ce ne fut pas sans peine que le char-
» bonnier et la charbonnière le détournèrent de ce
» dessein.

« Sur le milieu de la seconde nuit, il prit un
» fusil, il mit un sabre sous son bras, et s'adres-
» sant à voix basse au charbonnier.... Charbon-
» nier !.... Félix !.... Prends ta cognée, et mar-
» chons.... Où ?... Belle demande ! chez Oli, er.
» Ils vont ; mais tout en sortant de la forêt, les
» voilà enveloppés d'un détachement de maré-
» chaussée.

« Je m'en rapporte à ce que m'en a dit la char-
» bonnière ; mais il est inouï que deux hommes à
» pied aient pu tenir contre une vingtaine d'hom-
» mes à cheval : apparemment que ceux-ci étoient
» épars, et qu'ils vouloient se saisir de leur proie
» en vie. Quoi qu'il en soit, l'action fut très-chaude ;
» il y eut cinq chevaux d'estropiés et sept cavaliers
» de hachés ou sabrés. Le pauvre charbonnier resta
» mort sur la place d'un coup de feu à la tempe ;
» Félix regagna la forêt ; et comme il est d'une
» agilité incroyable, il couroit d'un endroit à l'au-
» tre ; en courant, il chargeoit son fusil, tiroit,
» donnoit un coup de sifflet. Ces coups de sifflet,

» ces coups de fusil donnés, tirés à différens in-
» tervalles et de différens côtés, firent craindre
» aux cavaliers de maréchaussée qu'il n'y eût là
» une horde de contrebandiers ; et ils se retirèrent
» en diligence.

« Lorsque Félix les vit éloignés, il revint sur le
» champ de bataille ; il mit le cadavre du char-
» bonnier sur ses épaules, et reprit le chemin de
» la cabane, où la charbonnière et ses enfans dor-
» moient encore. Il s'arrête à la porte, il étend le
» cadavre à ses pieds, et s'assied le dos appuyé
» contre un arbre, et le visage tourné vers l'en-
» trée de la cabane. Voilà le spectacle qui atten-
» doit la charbonnière au sortir de sa baraque.

« Elle s'éveille, elle ne trouve point son mari
» à côté d'elle ; elle cherche des yeux Félix, point
» de Félix. Elle se lève, elle sort, elle voit, elle
» crie, elle tombe à la renverse. Ses enfans ac-
» courent, ils voient, ils crient ; ils se roulent sur
» leur père, ils se roulent sur leur mère. La char-
» bonnière, rappelée à elle-même par le tumulte
» et les cris de ses enfans, s'arrache les cheveux,
» se déchire les joues. Félix, immobile au pied de
» son arbre, les yeux fermés, la tête renversée en
» arrière, leur disoit d'une voix éteinte : Tuez-
» moi. Il se faisoit un moment de silence ; ensuite
» la douleur et les cris reprenoient, et Félix leur
» redisoit : Tuez-moi ; enfans, par pitié, tuez-moi.

« Ils passèrent ainsi trois jours et trois nuits à

» se désoler ; le quatrième, Félix dit à la charbon-
» nière : Femme, prends ton bissac, mets-y du
» pain, et suis-moi. Après un long circuit à tra-
» vers nos montagnes et nos forêts, ils arrivèrent
» à la maison d'Olivier, qui est située, comme
» vous savez, à l'extrémité du bourg, à l'endroit
» où la voie se partage en deux routes, dont l'une
» conduit en Franche-Comté et l'autre en Lorraine.

« C'est là que Félix va apprendre la mort d'O-
» livier, et se trouver entre les veuves de deux
» hommes massacrés à son sujet. Il entre, et dit
» brusquement à la femme Olivier : Où est Oli-
» vier ? Au silence de cette femme, à son vête-
» ment, à ses pleurs, il comprit qu'Olivier n'étoit
» plus. Il se trouva mal ; il tomba, et se fendit la
» tête contre la huche à pétrir le pain. Les deux
» veuves le relevèrent ; son sang couloit sur elles ;
» et tandis qu'elles s'occupoient à l'étancher avec
» leurs tabliers, il leur disoit : Et vous êtes leurs
» femmes, et vous me secourez! Puis il défailloit,
» puis il revenoit, et disoit en soupirant : Que ne
» me laissoit-il ? Pourquoi s'en venir à Rheims ?
» Pourquoi l'y laisser venir ?... Puis sa tête se
» perdoit, il entroit en fureur, il se rouloit à terre
» et déchiroit ses vêtemens. Dans un de ces accès,
» il tira son sabre, et il alloit s'en frapper ; mais
» les deux femmes se jetèrent sur lui, crièrent au
» secours ; les voisins accoururent : on le lia avec
» des cordes, et il fut saigné sept à huit fois. Sa

» fureur tomba avec l'épuisement de ses forces;
» et il resta comme mort pendant trois ou quatre
» jours, au bout desquels la raison lui revint. Dans
» le premier moment il tourna ses yeux autour de
» lui, comme un homme qui sort d'un profond
» sommeil, et il dit : Où suis-je ? Femmes, qui
» êtes-vous ? La charbonnière lui répondit : Je
» suis la charbonnière. Il reprit : Ah! oui, la char-
» bonnière.... Et vous ?... La femme Olivier se
» tut. Alors il se mit à pleurer, il se tourna du
» côté de la muraille, et dit en sanglotant : Je
» suis chez Olivier.... ce lit est celui d'Olivier...
» et cette femme qui est là, c'étoit la sienne ! Ah!

« Ces deux femmes en eurent tant de soin, elles
» lui inspirèrent tant de pitié, elles le prièrent si
» instamment de vivre; elles lui remontrèrent d'une
» manière si touchante qu'il étoit leur unique res-
» source, qu'il se laissa persuader.

« Pendant tout le temps qu'il resta dans cette
» maison, il ne se coucha plus. Il sortoit la nuit,
» il erroit dans les champs, il se rouloit sur a terre,
» il appeloit Olivier; une des femmes le suivoit, et
» le ramenoit au point du jour.

» Plusieurs personnes le savoient dans la maison
» d'Olivier; et parmi ces personnes il y en avoit
» de mal intentionnées. Les deux veuves l'averti-
» tirent du péril qu'il couroit : c'étoit une après-
» midi, il étoit assis sur un banc, son sabre sur
» ses genoux, les coudes appuyés sur une table,

» et ses deux poings sur ses deux yeux. D'abord il
» ne répondit rien. La femme Olivier avoit un
» garçon de dix-sept à dix-huit ans, la charbon-
» nière une fille de quinze. Tout-à-coup il dit à
» la charbonnière : La charbonnière, va chercher
» ta fille, et amène-la ici. Il avoit quelques fau-
» chées de prés, il les vendit. La charbonnière
» revint avec sa fille, le fils d'Olivier l'épousa :
» Félix leur donna l'argent de ses prés, les em-
» brassa, leur demanda pardon en pleurant ; et
» ils allèrent s'établir dans la cabane où ils sont
» encore, et où ils servent de père et de mère aux
» autres enfans. Les deux veuves demeurèrent en-
» semble ; et les enfans d'Olivier eurent un père
» et deux mères.

« Il y a à-peu-près un an et demi que la char-
» bonnière est morte ; la femme Olivier la pleure
» encore tous les jours.

« Un soir qu'elles épioient Félix (car il y en
» avoit une des deux qui le gardoit toujours à vue),
» elles le virent qui fondoit en larmes ; il tournoit
» en silence ses bras vers la porte qui le séparoit
» d'elles, et il se remettoit ensuite à faire son sac.
» Elles ne lui dirent rien, car elles comprenoient
» de reste combien son départ étoit nécessaire.
» Ils soupèrent tous les trois sans parler. La nuit il
» se leva ; les femmes ne dormoient point : il s'a-
» vança vers la porte sur la pointe des pieds. Là
» il s'arrêta, regarda vers le lit des deux femmes,

essuya ses yeux de ses mains, et sortit. Les
» deux femmes se serrèrent dans les bras l'une de
» l'autre, et passèrent le reste de la nuit à pleurer.
» On ignore où il se réfugia ; mais il n'y a guère
» eu de semaines qu'il ne leur ait envoyé quelques
» secours.

« La forêt où la fille de la charbonnière vit avec
» le fils d'Olivier appartient à un M. Leclerc de
» Rançonnières, homme fort riche, et seigneur
» d'un autre village de ces cantons, appelé Cour-
» celles. Un jour que M. de Rançonnières ou de
» Courcelles, comme il vous plaira, faisoit une
» chasse dans sa forêt, il arriva à la cabane du fils
» d'Olivier ; il y entra, il se mit à jouer avec les
» enfans, qui sont jolis ; il les questionna ; la figure
» de la femme, qui n'est pas mal, lui revint ; le
» ton ferme du mari, qui tient beaucoup de son
» père, l'intéressa ; il apprit l'aventure de leurs
» parens, il promit de solliciter la grace de Félix ;
» il la sollicita, et l'obtint.

» Félix passa au service de M. de Rançonnières,
» qui lui donna une place de garde-chasse.

« Il y avoit environ deux ans qu'il vivoit dans
» le château de Rançonnières, envoyant aux veuves
» une bonne partie de ses gages, lorsque l'atta-
» chement à son maître et la fierté de son carac-
» tère l'impliquèrent dans une affaire qui n'étoit
» rien dans son origine, mais qui eut les suites les
» plus fâcheuses.

» M. de Rançonnières avoit pour voisin à Cour-
» celles , un M. Fourmont , conseiller au présidial
» de Lh.... Les deux maisons n'étoient séparées
» que par une borne ; cette borne gênoit la porte
» de M. de Rançonnières , et en rendoit l'entrée
» difficile aux voitures. M. de Rançonnières la fit
» reculer de quelques pieds du côté de M. Four-
» mont ; celui-ci renvoya la borne d'autant sur M.
» de Rançonnières ; et puis voilà de la haine , des
» insultes , un procès entre les deux voisins. Le
» procès de la borne en suscita deux ou trois au-
» tres plus considérables. Les choses en étoient là,
» lorsqu'un soir M. de Rançonnières , revenant de
» la chasse , accompagné de son garde Félix, fit
» rencontre , sur le grand chemin , de M. Four-
» mont le magistrat , et de son frère le militaire.
» Celui-ci dit à son frère : Mon frère, si l'on cou-
» poit le visage à ce vieux boug... là , qu'en pen-
» sez-vous ? Ce propos ne fut pas entendu de M.
» de Rançonnières ; mais il le fut malheureusement
» de Félix, qui, s'adressant fièrement au jeune hom-
» me , lui dit : Mon officier , seriez-vous assez
» brave pour vous mettre seulement en devoir de
» faire ce que vous avez dit ? Au même instant il
» pose son fusil à terre , et met la main sur la garde
» de son sabre, car il n'alloit jamais sans son sabre.
» Le jeune militaire tire son épée , s'avance sur
» Félix ; M. de Rançonnières accourt, s'interpose ,
» saisit son garde. Cependant le militaire s'empare

» du fusil qui étoit à terre, tire sur Félix, le man-
» que; celui-ci riposte d'un coup de sabre, fait
» tomber l'épée de la main au jeune homme, et
» avec l'épée la moitié du bras: et voilà un procès
» criminel en sus de trois ou quatre procès civils;
» Félix confiné dans les prisons; une procédure
» effrayante; et à la suite de cette procédure, un
» magistrat dépouillé de son état et presque désho-
» noré, un militaire exclu de son corps, M. de
» Rançonnières mort de chagrin, et Félix, dont la
» détention duroit toujours, exposé à tout le res-
» sentiment des Fourmont. Sa fin eût été malheu-
» reuse, si l'amour ne l'eût secouru; la fille du
» geolier prit de la passion pour lui, et facilita
» son évasion : si cela n'est pas vrai, c'est du-
» moins l'opinion publique. Il s'en est allé en Prusse,
» où il sert aujourd'hui dans le régiment des Gardes.
» On dit qu'il y est aimé de ses camarades, et
» même connu du roi. Son nom de guerre est le
» Triste : la veuve Olivier m'a dit qu'il continuoit
» à la soulager.

« Voilà, madame, tout ce que j'ai pu recueillir
» de l'histoire de Félix. Je joins à mon récit une
» lettre de monsieur Papin, notre curé. Je ne sais
» ce qu'elle contient; mais je crains bien que le
» pauvre prêtre, qui a la tête un peu étroite et
» le cœur assez mal tourné, ne vous parle d'O-
» livier et de Félix d'après ses préventions. Je vous
» conjure, madame, de vous en tenir aux faits sur

» la vérité desquels vous pouvez compter, et à la
» bonté de votre cœur qui vous conseillera mieux
» que le premier casuiste de Sorbonne, qui n'est
» pas M. Papin ».

Lettre de M. Papin, docteur en théologie, et curé de Sainte-Marie à Bourbonne.

J'IGNORE, madame, ce que M. le subdélégué a pu vous conter d'Olivier et de Félix, ni quel intérêt vous pouvez prendre à deux brigands, dont tous les pas dans ce monde ont été trempés de sang. La providence qui a châtié l'un, a laissé à l'autre quelques momens de répit, dont je crains bien qu'il ne profite pas; mais que la volonté de Dieu soit faite ! Je sais qu'il y a des gens ici (et je ne serois point étonné que M. le subdélégué fût de ce nombre) qui parlent de ces deux hommes comme de modèles d'une amitié rare ; mais qu'est-ce aux yeux de Dieu que la plus sublime vertu, dénuée des sentimens de la piété, du respect dû à l'église et à ses ministres, et de la soumission à la loi du souverain ? Olivier est mort à la porte de sa maison, sans sacremens ; quand je fus appelé auprès de Félix, chez les deux veuves, je n'en pus jamais tirer autre chose que le nom d'Olivier ; aucun signe de religion, aucune marque de repentir. Je n'ai pas mémoire que celui-ci se soit présenté une fois au tribunal de la pénitence. La femme

O *

d'Olivier est une arrogante qui m'a manqué en plus d'une occasion ; sous prétexte qu'elle sait lire et écrire, elle se croit en état d'élever ses enfans ; et on ne les voit ni aux écoles de la paroisse, ni à mes instructions. Que madame juge, d'après cela, si des gens de cette espèce sont bien dignes de ses bontés ! L'évangile ne cesse de nous recommander la commisération pour les pauvres ; mais on double le mérite de sa charité par un bon choix des misérables ; et personne ne connoît mieux les vrais indigens, que le pasteur commun des indigens et des riches. Si madame daignoit m'honorer de sa confiance, je placerois peut-être les marques de sa bienfaisance d'une manière plus utile pour les malheureux, et plus méritoire pour elle.

Je suis avec respect, etc.

Madame de*** remercia M. le subdélégué Aubert de ses attentions, et envoya ses aumônes à M. Papin, avec le billet qui suit :

« Je vous suis très-obligée, monsieur, de vos
» sages conseils. Je vous avoue que l'histoire de
» ces deux hommes m'avoit touchée ; et vous con-
» viendrez que l'exemple d'une amitié aussi rare
» étoit bien faite pour séduire une ame honnête et
» sensible : mais vous m'avez éclairée, et j'ai conçu
» qu'il valoit mieux porter ses secours à des vertus
» chrétiennes et malheureuses, qu'à des vertus
» naturelles et payennes. Je vous prie d'accepter

» la somme modique que je vous envoye, et de la
» distribuer d'après une charité mieux entendue
» que la mienne.

« J'ai l'honneur d'être, etc. ».

On pense bien que la veuve Olivier et Félix n'eurent aucune part aux aumônes de madame de **.*. Félix mourut; et la pauvre femme auroit péri de misère avec ses enfans, si elle ne s'étoit réfugiée dans la forêt, chez son fils aîné, où elle travaille, malgré son grand âge, et subsiste comme elle peut à côté de ses enfans et de ses petits enfans.

Et puis il y a trois sortes de contes.... Il y en a bien davantage, me direz-vous.... A-la-bonne-heure; mais je distingue le conte à la manière d'Homère, de Virgile, du Tasse, et je l'appelle le conte merveilleux. La nature y est exagérée; la vérité y est hypothétique : et si le conteur a bien gardé le module qu'il a choisi, si tout répond à ce module, et dans les actions, et dans les discours, il a obtenu le dégré de perfection que le genre de son ouvrage comportoit; et vous n'avez rien de plus à lui demander. En entrant dans son poëme, vous mettez le pied dans une terre inconnue, où rien ne se passe comme dans celle que vous habitez, mais où tout se fait en grand comme les choses se font autour de vous en petit. Il y a le conte plaisant à la façon de La

Fontaine, de Vergier, de l'Arioste, d'Hamilton, où le conteur ne se propose ni l'imitation de la nature, ni la vérité, ni l'illusion ; il s'élance dans les espaces imaginaires. Dites à celui-ci : Soyez gai, ingénieux, varié, original, même extravagant, j'y consens ; mais séduisez-moi par les détails ; que le charme de la forme me dérobe toujours l'invraisemblance du fond : et si ce conteur fait ce que vous exigez ici, il a tout fait. Il y a enfin le conte historique, tel qu'il est écrit dans les Nouvelles de Scarron, de Cervantes, de Marmontel... Au diable le conte et le conteur historiques ! c'est un menteur plat et froid.... Oui, s'il ne sait pas son métier. Celui-ci se propose de vous tromper ; il est assis au coin de votre âtre ; il a pour objet la vérité rigoureuse ; il veut être cru ; il veut intéresser, toucher, entraîner, émouvoir, faire frissonner la peau et couler les larmes ; effets qu'on n'obtient point sans éloquence et sans poésie. Mais l'éloquence est une sorte de mensonge, et rien de plus contraire à l'illusion que la poésie ; l'une et l'autre exagèrent, surfont, amplifient, inspirent la méfiance : comment s'y prendra donc ce conteur-ci pour vous tromper ? Le voici. Il parsemera son récit de petites circonstances si liées à la chose, de traits si simples, si naturels, et toute-fois si difficiles à imaginer, que vous serez forcé de vous dire en vous-même : Ma foi, cela est vrai : on n'invente pas ces choses-là. C'est

ainsi qu'il sauvera l'exagération de l'éloquence et
de la poésie ; que la vérité de la nature couvrira
le prestige de l'art ; et qu'il satisfera à des conditions qui semblent contradictoires, d'être en-
même-temps historien et poëte, véridique et
menteur. Un exemple emprunté d'un autre art
rendra peut-être plus sensible ce que je veux vous
dire. Un peintre exécute sur la toile une tête. Toutes les formes en sont fortes, grandes et réguliè-
res ; c'est l'ensemble le plus parfait et le plus
rare. J'éprouve, en le considérant, du respect,
de l'admiration, de l'effroi. J'en cherche le mo-
dèle dans la nature, et ne l'y trouve pas ; en comparaison, tout y est foible, petit et mesquin ; c'est
une tête idéale ; je le sens, je me le dis. Mais que
l'artiste me fasse appercevoir au front de cette
tête une cicatrice légère, une verrue à l'une de
ses tempes, une coupure imperceptible à la lèvre inférieure ; et, d'idéale qu'elle étoit, à l'instant la tête devient un portrait ; une marque de
petite-vérole au coin de l'œil ou à côté du nez,
et ce visage de femme n'est plus celui de Vénus ;
c'est le portrait de quelqu'une de mes voisines. Je
dirai donc à nos conteurs historiques : Vos figures
sont belles, si vous voulez ; mais il y manque la
verrue à la tempe, la couture à la lèvre, la marque de petite-vérole à côté du nez, qui les rendroient vraies ; et, comme disoit mon ami Cail-
leau, un peu de poussière sur mes souliers, et

je ne sors pas de ma loge, je reviens de la campagne.

> Atque ita mentitur, sic veris falsa remiscet,
> Primo ne medium, medio ne discrepet imum.
>
> Hor. Art. poet.

Et puis un peu de morale après un peu de poëtique, cela va si bien ! Félix était un gueux qui n'avoit rien ; Olivier étoit un autre gueux qui n'avoit rien : dites-en autant du charbonnier, de la charbonnière, et des autres personnages de ce conte ; et concluez qu'en général il ne peut guère y avoir d'amitiés entières et solides qu'entre des hommes qui n'ont rien. Un homme alors est toute la fortune de son ami, et son ami est toute la sienne. De-là la vérité de l'expérience, que le malheur resserre les liens ; et la matière d'un petit paragraphe de plus pour la première édition du livre de l'Esprit.

AVERTISSEMENT DE L'AUTEUR.

Lorsqu'on fait un conte, c'est à quelqu'un qui l'écoute; et pour peu que le conte dure, il est rare que le conteur ne soit pas interrompu quelquefois par son auditeur. Voilà pourquoi j'ai introduit dans le récit qu'on va lire, et qui n'est pas un conte, ou qui est un mauvais conte, si vous vous en doutez, un personnage qui fasse à-peu-près le rôle du lecteur; et je commence.

Et vous concluez de là?..... Qu'un sujet aussi intéressant devoit mettre nos têtes en l'air; défrayer pendant un mois tous les cercles de la ville; y être tourné et retourné jusqu'à l'insipidité; fournir à mille disputes, à vingt brochures au-moins, et à quelques centaines de pièces de vers pour et contre; et qu'en dépit de toute la finesse, de toutes les connoissances, de tout l'esprit de l'auteur, puisque son ouvrage n'a excité aucune fermentation violente, il est médiocre, et très-médiocre.... Mais il me semble que nous lui devons pourtant une soirée assez agréable, et que cette lecture a amené.... Quoi ! une litanie d'historiettes usées qu'on se décochoit de part et d'autre, et qui ne disoient qu'une chose connue de toute éternité, c'est que l'homme et la femme sont deux bêtes très-malfaisantes.... Cependant l'épidémie vous a gagné, et vous avez payé votre écot comme un autre.... C'est que bon gré, malgré qu'on en ait, on se prête au ton donné ; qu'en entrant dans une société, d'usage on arrange à la porte d'un appartement jusqu'à sa physionomie sur celles qu'on voit ; qu'on contrefait le plaisant, quand on est triste ; le triste, quand on seroit tenté d'être plaisant ; qu'on ne veut être étranger à quoi que ce soit ; que le littérateur politique ; que le politique métaphysique ; que le métaphysicien moralise ; que le moraliste parle finance; le financier, belles-lettres ou géométrie : que, plutôt que d'écouter ou se taire, chacun bavarde de ce qu'il ignore, et que tous s'ennuyent par sotte vanité ou par politesse.... Vous avez de l'humeur... A mon ordinaire... Et je crois qu'il est à propos que je réserve mon historiette pour un moment plus favorable... C'est-à-dire que vous attendrez que je n'y sois pas... Ce n'est pas cela.... Ou que vous craigniez que je n'aye moins d'indulgence pour vous, tête-à-tête, que je n'en aurois pour un indifférent en société.... Ce n'est pas cela... Ayez donc pour agréable de me dire ce que c'est... C'est que mon historiette ne prouve pas plus que celles qui vous ont excédé... Hé ! dites toujours... Non, non ; vous en avez assez... Savez-vous que de toutes les manières qu'ils ont de me faire enrager, la vôtre m'est la plus antipathique ?... Et quelle est la mienne ?..... Celle d'être prié de la chose, que vous mourez d'envie de faire. Hé bien ! mon ami, je vous prie, je vous supplie de vouloir bien vous satisfaire.... Me satisfaire !.... Commencez, pour Dieu, commencez..... Je tâcherai d'être court.... Cela n'en sera pas plus mal.... Ici, un peu par malice, je toussai, je crachai, je développai lentement mon mouchoir, je me mouchai, j'ouvris ma tabatière, je pris une prise de tabac ; et j'entendois mon homme qui disoit entre ses dents : Si l'histoire est courte, les préliminaires sont longs... Il me prit envie d'appeler un domestique, sous prétexte de quelque commission ; mais je n'en fis rien, et je dis :

CECI N'EST PAS UN CONTE.

Il faut avouer qu'il y a des hommes bien bons, et des femmes bien méchantes.... C'est ce qu'on voit tous les jours, et quelquefois sans sortir de chez soi. Après?... Après, j'ai connu une Alsacienne belle, mais belle à faire accourir les vieillards, et à arrêter tout court les jeunes gens... Et moi aussi, je l'ai connue; elle s'appeloit madame Reymer... Il est vrai. Un nouveau débarqué de Nanci, appelé Tanié, en devint éperdûment amoureux. Il étoit pauvre; c'étoit un de ces enfans perdus, que la dureté des parens, qui ont une famille nombreuse, chasse de la maison, et qui se jettent dans le monde sans savoir ce qu'ils deviendront, par un instinct qui leur dit qu'ils n'y auront pas un sort pire que celui qu'ils fuyent. Tanié, amoureux de madame Reymer, exalté par une passion qui soutenoit son courage et ennoblissoit à ses yeux toutes ses actions, se soumettoit sans répugnance aux plus pénibles et aux plus viles, pour soulager la misère de son amie. Le jour, il alloit travailler sur les ports; à la chûte du jour, il mendioit dans les rues.... Cela étoit fort beau; mais cela ne pouvoit durer...Aussi

Tanié, las ou de lutter contre le besoin, ou plutôt de retenir dans l'indigence une femme charmante, obsédée d'hommes opulens qui la pressoient de chasser ce gueux de Tanié.... ce qu'elle auroit fait quinze jours, un mois plus tard... et d'accepter leurs richesses, résolut de la quitter, et d'aller tenter la fortune au loin. Il sollicite, il obtient son passage sur un vaisseau de roi. Le moment de son départ est venu. Il va prendre congé de madame Reymer. « Mon amie, lui dit-il,
» je ne saurois abuser plus long-temps de votre
» tendresse. J'ai pris mon parti, je m'en vais.....
» Vous vous en allez !...». « Oui...». « Et où
» allez-vous ?....». Aux îles. Vous êtes digne
» d'un autre sort, et je ne saurois l'éloigner plus
» long-temps...». Le bon Tanié !...». « Et que
» voulez-vous que je devienne ?...». La traîtresse !... « Vous êtes environnée de gens qui
» cherchent à vous plaire. Je vous rends vos pro-
» messes; je vous rends vos sermens. Voyez celui
» d'entre ces prétendans qui vous est le plus agréa-
» ble; acceptez-le, c'est moi qui vous en con-
» jure...» « Ah ! Tanié, c'est vous qui me pro-
» posez...». Je vous dispense de la pantomime de madame Reymer. Je la vois, je la sais.... « En
» m'éloignant, la seule grace que j'exige de vous,
» c'est de ne former aucun engagement qui nous
» sépare à jamais. Jurez-le-moi, ma belle amie.
» Quelle que soit la contrée de la terre que j'ha-

» biterai, il faudra que j'y sois bien malheureux,
» s'il se passe une année sans vous donner des
» preuves certaines de mon tendre attachement.
» Ne pleurez pas... ». Elles pleurent toutes quand
elles veulent... « et ne combattez pas un projet
» que les reproches de mon cœur m'ont enfin ins-
» piré, et auquel ils ne tarderont pas à me ra-
» mener ». Et voilà Tanié parti pour Saint-Domingue.... et parti tout à temps pour madame Reymer et pour lui... Qu'en savez-vous ?... Je sais, tout aussi bien qu'on le peut savoir, que quand Tanié lui conseilla de faire un choix, il étoit fait... Bon !.... Continuez votre récit.... Tanié avoit de l'esprit et une grande aptitude aux affaires. Il ne tarda pas d'être connu. Il entra au conseil souverain du Cap. Il s'y distingua par ses lumières et par son équité. Il n'ambitionnoit pas une grande fortune ; il ne la desiroit qu'honnête et rapide. Chaque année, il en envoyoit une portion à madame Reymer. Il revint au bout... de neuf à dix ans ; non, je ne crois pas que son absence ait été plus longue.... présenter à son amie un petit porte-feuille qui renfermoit le produit de ses vertus et de ses travaux..... Et heureusement pour Tanié, ce fut au moment où elle venoit de se séparer du dernier des successeurs de Tanié... Du dernier ?... Oui... Il en avoit donc eu plusieurs ?... Assurément. Allez, allez.... Mais je n'ai peut-être rien à vous dire que vous ne sa-

chiez mieux que moi.... Qu'importe, allez toujours... Madame Reymer et Tanié occupoient un assez beau logement, rue Sainte-Marguerite, à ma porte. Je faisois grand cas de Tanié, et je fréquentois sa maison, qui étoit, si-non opulente, du-moins fort aisée... Je puis vous assurer, moi, sans avoir compté avec la Reymer, qu'elle avoit mieux de quinze mille livres de rente, avant le retour de Tanié.... A qui elle dissimuloit sa fortune!... Oui.... Et pourquoi?.... C'est qu'elle étoit avare et rapace.... Passe pour rapace; mais avare! une courtisanne avare!... Il y avoit cinq à six ans que ces deux amans vivoient dans la meilleure intelligence.... Grace à l'extrême finesse de l'un et à la confiance sans bornes de l'autre... Ho! il est vrai qu'il étoit impossible à l'ombre d'un soupçon, d'entrer dans une ame aussi pure que celle de Tanié. La seule chose dont je me sois quelquefois apperçu, c'est que madame Reymer avoit bientôt oublié sa première indigence; qu'elle étoit tourmentée de l'amour du faste et de la richesse; qu'elle étoit humiliée qu'une aussi belle femme allât à pied.... Que n'alloit-elle en carrosse?... Et que l'éclat du vice lui en déroboit la bassesse. Vous riez?... Ce fut alors que M. de Maurepas forma le projet d'établir au nord une maison de commerce. Le succès de cette entreprise demandoit un homme actif et intelligent. Il jeta les yeux sur Tanié, à qui il avoit confié la conduite de plusieurs affaires importantes pendant son séjour au Cap, et qui s'en étoit toujours acquitté à la satisfaction du ministre. Tanié fut désolé de cette marque de distinction. Il étoit si content, si heureux à côté de sa belle amie ! Il aimoit ; il étoit ou il se croyoit aimé...C'est bien dit... Qu'est-ce que l'or pouvoit ajouter à son bonheur ? Rien. Cependant le ministre insistoit. Il falloit se déterminer ; il falloit s'ouvrir à madame Reymer. J'arrivai chez lui précisément sur la fin de cette scène fâcheuse. Le pauvre Tanié fondoit en larmes. « Qu'avez-vous donc, lui dis-je, mon ami » ? Il me dit en sanglotant : « C'est cette femme ». Madame Reymer travailloit tranquillement à un métier de tapisserie. Tanié se leva brusquement, et sortit. Je restai seule avec son amie, qui ne me laissa pas ignorer ce qu'elle qualifioit de la déraison de Tanié. Elle m'exagéra la modicité de son état ; elle mit à son plaidoyer tout l'art, dont un esprit délié sait pallier les sophismes de l'ambition. De quoi s'agit-il ? D'une absence de deux ou trois ans au plus....C'est bien du temps pour un homme que vous aimez et qui vous aime autant que lui...Lui, il m'aime ? S'il m'aimoit, balanceroit-il à me satisfaire ?... Mais, madame, que ne le suivez-vous ?.... Moi ! je ne vais point là ; et tout extravagant qu'il est, il ne s'est point avisé de me le proposer. Doute-t-il de moi ?...Je n'en crois rien...Après l'avoir attendu pendant douze ans, il peut bien s'en reposer deux ou trois sur ma bonne-foi. Monsieur, c'est que c'est une de ces occasions singulières qui ne se présentent qu'une fois dans la vie; et je ne veux pas qu'il ait un jour à se repentir et à me reprocher peut-être de l'avoir manquée... Tanié ne regrettera rien, tant qu'il aura le bonheur de vous plaire.... Cela est fort honnête; mais soyez sûr qu'il sera très-content d'être riche, quand je serai vieille. Le travers des femmes est de ne jamais penser à l'avenir; ce n'est pas le mien..... Le ministre étoit à Paris. De la rue Sainte-Marguerite à son hôtel, il n'y avoit qu'un pas. Tanié y étoit allé, et s'étoit engagé. Il rentra l'œil sec, mais l'ame serrée. Madame, lui dit-il, j'ai vu M. de Maurepas; il a ma parole. Je m'en irai, je m'en irai; et vous serez satisfaite.... Ah! mon ami!... Madame Reymer écarte son métier, s'élance vers Tanié, jette ses bras autour de son cou, l'accable de caresses et de propos doux.... Ah! c'est pour cette fois que je vois que je vous suis chère... Tanié lui répondoit froidement : Vous voulez être riche..... Elle l'étoit, la coquine, dix fois plus qu'elle ne méritoit.... Et vous le serez... Puisque c'est l'or que vous aimez, il faut aller vous chercher de l'or.... C'étoit le mardi; et le ministre avoit fixé son départ au vendredi, sans délai. J'allai lui faire mes adieux au moment où il luttoit avec lui-même, où il tâchoit de s'arracher des bras de la belle, indigne et cruelle Reymer. C'étoit un désordre d'idées, un désespoir, une agonie, dont je n'ai jamais vu un second exemple. Ce n'étoit pas de la plainte; c'étoit un long cri. Madame Reymer étoit encore au lit. Il tenoit une de ses mains. Il ne cessoit de dire et de répéter : Cruelle femme ! femme cruelle ! que te faut-il de plus que l'aisance dont tu jouis, et un ami, un amant tel que moi ? J'ai été lui chercher la fortune dans les contrées brûlantes de l'Amérique ; elle veut que j'aille la lui chercher encore au milieu des glaces du nord. Mon ami, je sens que cette femme est folle ; je sens que je suis un insensé ; mais il m'est moins affreux de mourir que de la contrister. Tu veux que je te quitte ; je vais te quitter. Il étoit à genoux au bord de son lit, la bouche collée sur sa main, et le visage caché dans les couvertures, qui, en étouffant son murmure, ne le rendoient que plus triste et plus effrayant. La porte de la chambre s'ouvrit ; il releva brusquement la tête ; il vit le postillon qui venoit lui annoncer que les chevaux étoient à la chaise. Il fit un cri, et recacha son visage sur les couvertures. Après un moment de silence, il se leva ; il dit à son amie : Embrassez-moi, madame ; embrasse-moi encore une fois, car tu ne me verras plus. Son pressentiment n'étoit que trop vrai. Il partit. Il arriva à Pétersbourg ; et, trois jours après, il fut attaqué d'une fièvre dont il mourut le quatrième... Je savois tout cela... Vous avez peut-être été un des successeurs de Tanié?.. Vous l'avez dit; et c'est avec cette belle abominable que j'ai dérangé mes affaires... Ce pauvre Tanié!... Il y a des gens dans le monde qui vous diront que c'est un sot...... Je ne le défendrai pas ; mais je souhaiterai au fond de mon cœur que leur mauvais destin les adresse à une femme aussi belle et aussi artificieuse que madame Reymer... Vous êtes cruel dans vos vengeances... Et puis s'il y a des femmes méchantes et des hommes très-bons, il y a aussi des femmes très-bonnes et des hommes très-méchans ; et ce que je vais ajouter n'est pas plus un conte (*) que ce qui précède.... J'en suis convaincu...

―――――

(*) Ce mot seul suffiroit pour ôter au lecteur toute confiance dans le récit qui va suivre ; et cependant il est littéralement vrai. Diderot n'ajoute rien ni aux événemens, ni au caractère des personnages qu'il met en scène. La passion de mademoiselle de la Chaux pour Gardeil, l'ingratitude monstrueuse de son amant, les détails de son entrevue avec lui, de leur conversation en présence de Diderot, qui l'avoit accompagnée chez cette bête féroce ; le désespoir touchant de cette femme trahie, délaissée par celui à qui elle avoit sacrifié son repos, sa fortune, sa réputation, sa santé, et jusqu'aux charmes mêmes par lesquels elle l'avoit séduit : tout cela est de la plus grande exactitude. Comme Diderot avoit particulièrement connu les acteurs de ce drame, et que les faits dont il avoit été

M. d'Erouville.... Celui qui vit encore ? le lieutenant-général des armées du roi ? celui qui épousa cette charmante créature appelée Lolotte ?.... Lui-même... C'est un galant homme, ami des sciences.... Et des savans. Il s'est long-temps occupé d'une histoire générale de la guerre dans tous les siècles et chez toutes les nations.... Le projet est vaste.... Pour le remplir, il avoit

---

témoin, ou que l'amitié lui avoit confiés, étoient encore récens lorsqu'il résolut de les écrire, son imagination n'avoit pas eu le temps de les altérer, en ajoutant ou en retranchant quelque circonstance, pour produire un plus grand effet : et c'est encore ici un de ces cas assez rares dans l'histoire de sa vie, où il n'a dit que ce qu'il avoit vu, et où il n'a vu que ce qui étoit.

Aux particularités curieuses qu'il avoit recueillies sur mademoiselle de la Chaux, et qu'il a consignées dans cet écrit, je n'ajouterai qu'un fait, qu'il a omis par oubli, et qui mérite d'être conservé ; c'est que cette femme si tendre, si passionnée, si intéressante par son extrême sensibilité et par ses malheurs ; si digne sur-tout d'un meilleur sort, avoit eu aussi pour amis d'Alembert et l'abbé de Condillac. Elle étoit en état d'entendre et de juger les ouvrages de ces deux philosophes ; elle avoit même donné au dernier, dont elle avoit lu l'*Essai sur l'origine des connoissances humaines*, le conseil très-sage de revenir sur ses premières pensées, et, pour me servir de son expression, *de commencer par le commencement ;* c'est-à-dire de rejeter avec Hobbes l'hypothèse ab-

348 CECI N'EST PAS UN CONTE.

appelé autour de lui quelques jeunes gens d'un mérite distingué, tels que M. de Montucla, l'auteur de l'Histoire des mathématiques..... Diable ! en avoit-il beaucoup de cette force-là ?... Mais celui qui se nommoit Gardeil, le héros de l'aventure que je vais vous raconter, ne lui cédoit guère dans sa partie. Une fureur commune pour l'étude de la langue grecque commença, entre

---

surde de la distinction des deux substances dans l'homme. J'ose dire que cette vue très-philosophique, cette seule idée de mademoiselle de la Chaux, suppose plus d'étendue, de justesse et de profondeur dans l'esprit, que toute la métaphysique de Condillac, dans laquelle il y a en effet un vice radical et destructeur, qui influe sur tout le système, et qui en rend les résultats plus ou moins vagues et incertains. On voit que mademoiselle la Chaux l'avoit senti ; et l'on regrette que Condillac, plus docile aux conseils judicieux de cette femme éclairée et d'une pénétration peu commune, n'ait pas suivi la route qu'elle lui indiquoit. Il n'auroit pas semé de tant d'erreurs celle qu'il s'est tracée, et sur laquelle on ne peut que s'égarer avec lui, comme cela arrive tous les jours à ceux qui le prennent pour guide. *Voyez*, sur ce philosophe, les réflexions préliminaires qui servent d'introduction à son article, dans l'Encyclop. Méthod., *Dict. de la philos. anc. et mod.*, tom. 2, et ce que j'en ai dit encore dans mes *Mémoires hist. et philos. sur la vie et les ouvrages de Diderot*.

NOTE DE L'ÉDITEUR.

Gardeil et moi, une liaison que le temps, la réciprocité des conseils, le goût de la retraite, et surtout la facilité de se voir, conduisirent à une assez grande intimité.... Vous demeuriez alors à l'Estrapade.. Lui, rue Sainte-Hyacinte, et son amie, mademoiselle de la Chaux, place Saint-Michel. Je la nomme de son propre nom, parce que la pauvre malheureuse n'est plus, parce que sa vie ne peut que l'honorer dans tous les esprits bien faits, et lui mériter l'admiration, les regrets et les larmes de ceux que la nature aura favorisés ou punis d'une petite portion de la sensibilité de son ame... Mais votre voix s'entrecoupe, et je crois que vous pleurez.... Il me semble encore que je vois ses grands yeux noirs, brillans et doux, et que le son de sa voix touchante retentisse dans mon oreille et trouble mon cœur. Créature charmante! créature unique! tu n'es plus! Il y a près de vingt ans que tu n'es plus; et mon cœur se serre encore à ton souvenir... Vous l'avez aimée... Non. O la Chaux! ô Gardeil! vous fûtes l'un et l'autre deux prodiges; vous, de la tendresse de la femme; vous, de l'ingratitude de l'homme. Mademoiselle de la Chaux étoit d'une famille honnête. Elle quitta ses parens, pour se jeter entre les bras de Gardeil. Gardeil n'avoit rien, mademoiselle de la Chaux jouissoit de quelque bien; et ce bien fut entièrement sacrifié aux besoins et aux fantaisies de Gardeil. Elle ne regretta ni sa fortune dissipée, ni son honneur flétri. Son amant lui tenoit lieu de tout..... Ce Gardeil étoit donc bien séduisant, bien aimable ?... Point du tout. Un petit homme bourru, taciturne et caustique ; le visage sec, le teint basanné ; en tout, une figure mince et chétive ; laid, si un homme peut l'être avec la physionomie de l'esprit... Et voilà ce qui avoit renversé la tête à une fille charmante ?.... Et cela vous surprend ?... Toujours... Vous ?.... Moi.... Mais vous ne vous rappelez plus votre aventure avec la Deschamps, et le profond désespoir où vous tombâtes lorsque cette créature vous ferma sa porte.... Laissons cela ; continuez... Je vous disois : Elle est donc bien belle ? Et vous me répondiez tristement : Non. Elle a donc bien de l'esprit ? C'est une sotte. Ce sont donc ses talens qui vous entraînent ? Elle n'en a qu'un... Et ce rare, ce sublime, ce merveilleux talent ?... C'est de me rendre plus heureux entre ses bras, que je ne le fus jamais entre les bras d'aucune autre femme... Mais mademoiselle de la Chaux....L'honnête, la sensible mademoiselle de la Chaux se promettoit secrètement, d'instinct, à son insu, le bonheur que vous connoissiez, et qui vous faisoit dire de la Deschamps : Si cette malheureuse, si cette infâme s'obstine à me chasser de chez elle, je prends un pistolet, et je me brise la cervelle dans son anti-chambre. L'avez-vous dit, ou non ?.. Je l'ai dit ; et même à-présent, je ne sais pourquoi je ne l'ai pas fait.... Convenez donc.... Je conviens de tout ce qu'il vous plaira.... Mon ami, le plus sage d'entre nous est bien heureux de n'avoir pas rencontré la femme belle ou laide, spirituelle ou sotte, qui l'auroit rendu fou à enfermer aux Petites-Maisons. Plaignons beaucoup les hommes, blâmons-les sobrement ; regardons nos années passées comme autant de momens dérobés à la méchanceté qui nous suit ; et ne pensons jamais qu'en tremblant à la violence de certains attraits de nature, sur-tout pour les ames chaudes et les imaginations ardentes. L'étincelle qui tombe fortuitement sur un baril de poudre ne produit pas un effet plus terrible. Le doigt prêt à secouer sur vous ou sur moi cette fatale étincelle est peut-être levé. M. d'Erouville, jaloux d'accélérer son ouvrage, excédoit de fatigue ses coopérateurs. La santé de Gardeil en fut altérée. Pour alléger sa tâche, mademoiselle de la Chaux apprit l'hébreu ; et tandis que son ami reposoit, elle passoit une partie de la nuit à interpréter et transcrire des lambeaux d'auteurs hébreux. Le temps de dépouiller les auteurs grecs arriva; mademoiselle de la Chaux se hâta de se perfectionner dans cette langue, dont elle avoit déjà quelque teinture ; et tandis que Gardeil dormoit, elle étoit occupée à traduire et à copier des passages de Xénophon et de Thucydide. A la connoissance du grec et de l'hébreu, elle joignit celle de l'italien et de l'anglois.

Elle posséda l'anglois au point de rendre en françois les premiers essais de métaphysique de Hume, ouvrage où la difficulté de la matière ajoutoit infiniment à celle de l'idiôme. Lorsque l'étude avoit épuisé ses forces, elle s'amusoit à graver de la musique. Lorsqu'elle craignoit que l'ennui ne s'emparât de son amant, elle chantoit. Je n'exagère rien, j'en atteste M. le Camus, docteur en médecine, qui l'a consolée dans ses peines et secourue dans son indigence; qui lui a rendu les services les plus continus; qui l'a suivie dans un grenier où sa pauvreté l'avoit reléguée; et qui lui a fermé les yeux, quand elle est morte. Mais j'oublie un de ses premiers malheurs; c'est la persécution qu'elle eut à souffrir d'une famille indignée d'un attachement public et scandaleux. On employa et la vérité et le mensonge, pour disposer de sa liberté d'une manière infamante. Ses parens et les prêtres la poursuivirent de quartier en quartier, de maison en maison, et la réduisirent plusieurs années à vivre seule et cachée. Elle passoit les journées à travailler pour Gardeil. Nous lui apparoissions la nuit; et à la présence de son amant, tout son chagrin, toute son inquiétude étoit évanouie.... Quoi! jeune, pusillanime; sensible au milieu de tant de traverses..... Elle étoit heureuse... Heureuse!.. Oui; elle ne cessa de l'être, que quand Gardeil fut ingrat... Mais il est impossible que l'ingratitude ait été la récompense de tant de qualités rares, tant de marques de tendresse, tant de sacrifices de toute espèce... Vous vous trompez. Gardeil fut ingrat. Un jour, mademoiselle de la Chaux se trouva seule dans ce monde, sans honneur, sans fortune, sans appui. Je vous en impose ; je lui restai pendant quelque temps. Le docteur le Camus lui resta toujours.... O les hommes, les hommes !... De qui parlez-vous ?.... De Gardeil... Vous regardez le méchant ; et vous ne voyez pas tout à côté l'homme de bien. Ce jour de douleur et de désespoir, elle accourut chez moi. C'étoit le matin. Elle étoit pâle comme la mort. Elle ne savoit son sort que de la veille ; et elle offroit l'image des longues souffrances. Elle ne pleuroit pas ; mais on voyoit qu'elle avoit beaucoup pleuré. Elle se jeta dans un fauteuil ; elle ne parloit pas ; elle ne pouvoit parler ; elle me tendoit les bras, et en même temps elle poussoit des cris.... Qu'est-ce qu'il y a, lui dis-je ? Est-ce qu'il est mort ?... C'est pis : il ne m'aime plus ; il m'abandonne.... Allez donc... Je ne saurois ; je la vois, je l'entends ; et mes yeux se remplissent de pleurs... Il ne vous aime plus ?.... Non..... Il vous abandonne !... Eh ! oui. Après tout ce que j'ai fait !..... Monsieur, ma tête s'embarrasse ; ayez pitié de moi ; ne me quittez pas, sur-tout ne me quittez pas. En prononçant ces mots, elle m'avoit saisi le bras, qu'elle serroit fortement, comme s'il y avoit eu près d'elle quelqu'un qui la menaçat de l'arracher et de l'entraîner.....Ne craignez rien, mademoiselle.... Je ne crains que moi.... Que faut-il faire pour vous ?.... D'abord, me sauver de moi-même.... Il ne m'aime plus ! je le fatigue ! je l'excède ! je l'ennuie ! il me hait ! il m'abandonne ! il me laisse ! il me laisse ! A ce mot répété succéda un silence profond ; et à ce silence, des éclats d'un rire convulsif plus effrayans mille fois que les accens du désespoir ou le râle de l'agonie. Ce furent ensuite des pleurs, des cris, des mots inarticulés, des regards tournés vers le ciel, des lèvres tremblantes, un torrent de douleurs qu'il falloit abandonner à son cours ; ce que je fis : et je ne commençai à m'adresser à sa raison, que quand je vis son ame brisée et stupide. Alors je repris : Il vous hait, il vous laisse! et qui est-ce qui vous l'a dit ?...Lui.... Allons, mademoiselle, un peu d'espérance et de courage. Ce n'est pas un monstre....Vous ne le connoissez pas ; vous le connoîtrez. C'est un monstre comme il n'y en a point, comme il n'y en eut jamais....Je ne saurois le croire..... Vous le verrez....Est-ce qu'il aime ailleurs ?...Non... Ne lui avez-vous donné aucun soupçon, aucun mécontentement ?... Aucun, aucun.... Qu'est-ce donc ?... Mon inutilité. Je n'ai plus rien. Je ne lui suis plus bonne à rien. Son ambition ; il a toujours été ambitieux. La perte de ma santé,

celle de mes charmes; j'ai tant souffert et tant
fatigué; l'ennui, le dégoût..... On cesse d'être
amans; mais on reste amis.... Je suis devenue
un objet insupportable; ma présence lui pèse,
ma vue l'afflige et le blesse. Si vous saviez ce
qu'il m'a dit! Oui, monsieur, il m'a dit que s'il
étoit condamné à passer vingt-quatre heures avec
moi, il se jetteroit par les fenêtres.... Mais cette
aversion n'est pas l'ouvrage d'un moment... Que
sais-je? Il est naturellement si dédaigneux! si
indifférent, si froid! Il est si difficile de lire au
fond de ces ames! et l'on a tant de répugnance
à lire son arrêt de mort! Il me l'a prononcé, et
avec quelle dureté!... Je n'y conçois rien....
J'ai une grace à vous demander, et c'est pour
cela que je suis venue : me l'accorderez-vous?..
Quelle qu'elle soit.... Ecoutez. Il vous respecte;
vous savez tout ce qu'il me doit. Peut-être rou-
gira-t-il de se montrer à vous tel qu'il est.
Non, je ne crois pas qu'il en ait ni le front ni
la force. Je ne suis qu'une femme, et vous êtes
un homme. Un homme tendre, honnête et juste
en impose. Vous lui en imposerez. Donnez-moi
le bras, et ne refusez pas de m'accompagner chez
lui. Je veux lui parler devant vous. Qui sait ce
que ma douleur et votre présence pourront faire
sur lui? Vous m'accompagnerez?... Très-volontiers.... Allons.... Je crains bien que sa douleur et votre présence n'y fassent que de l'eau

claire. Le dégoût! c'est une terrible chose que le dégoût en amour, et d'une femme!... J'envoyai chercher une chaise à porteur; car elle n'étoit guère en état de marcher. Nous arrivons chez Gardeil, à cette grande maison neuve, la seule qu'il y ait à droite dans la rue Hyacinte, en entrant par la place Saint-Michel. Là, les porteurs arrêtent; ils ouvrent. J'attends. Elle ne sort point. Je m'approche, et je vois une femme saisie d'un tremblement universel; ses dents se frappoient comme dans le frisson de la fièvre; ses genoux se battoient l'un contre l'autre. Un moment, monsieur; je vous demande pardon; je ne saurois.... Que vais-je faire là? Je vous aurai dérangé de vos affaires inutilement; j'en suis fâchée; je vous demande pardon. Cependant je lui tendois le bras. Elle le prit, elle essaya de se lever; elle ne le put. Encore un moment, monsieur, me dit-elle; je vous fais peine; vous pâtissez de mon état. Enfin elle se rassura un peu; et en sortant de la chaise, elle ajouta tout bas: Il faut entrer; il faut le voir. Que sait-on? j'y mourrai peut-être. Voilà la cour traversée; nous voilà à la porte de l'appartement; nous voilà dans le cabinet de Gardeil. Il étoit à son bureau, en robe de chambre, en bonnet de nuit. Il me fit un salut de la main, et continua le travail qu'il avoit commencé. Ensuite il vint à moi, et me dit: Convenez, monsieur, que les femmes sont bien incommodés. Je vous fais mille excuses des extravagances de mademoiselle. Puis s'adressant à la pauvre créature, qui étoit plus morte que vive: Mademoiselle, lui dit-il, que prétendez-vous encore de moi? Il me semble qu'après la manière nette et précise dont je me suis expliqué, tout doit être fini entre nous. Je vous ai dit que je ne vous aimois plus; je vous l'ai dit seul à seul; votre dessein est apparemment que je vous le répète devant monsieur : hé bien, mademoiselle, je ne vous aime plus. L'amour est un sentiment éteint dans mon cœur pour vous ; et j'ajouterai, si cela peut vous consoler, pour toute autre femme..... Mais apprenez-moi pourquoi vous ne m'aimez plus.... Je l'ignore; tout ce que je sais, c'est que j'ai commencé sans savoir pourquoi; que j'ai cessé sans savoir pourquoi; et que je sens qu'il est impossible que cette passion revienne. C'est une gourme que j'ai jetée, et dont je me crois et me félicite d'être parfaitement guéri.... Quels sont mes torts ?.... Vous n'en avez aucun.... Auriez-vous quelque objection secrète à faire à ma conduite ?.... Pas la moindre; vous avez été la femme la plus constante, la plus honnête, la plus tendre qu'un homme pût desirer.... Ai-je omis quelque chose qu'il fût en mon pouvoir de faire ?... Rien.... Ne vous ai-je pas sacrifié mes parens ?... Il est vrai.... Ma fortune ?... J'en suis au désespoir.... Ma santé ?..

Cela se peut.... Mon honneur, ma réputation, mon repos ?... Tout ce qu'il vous plaira.... Et je te suis odieuse!... Cela est dur à dire, dur à entendre ; mais puisque cela est, il faut en convenir.... Je lui suis odieuse!... Je le sens, et ne m'en estime pas davantage.... Odieuse ! ha ! dieux !... A ces mots une pâleur mortelle se répandit sur son visage ; ses lèvres se décolorèrent ; les gouttes d'une sueur froide, qui se formoient sur ses joues, se mêloient aux larmes qui descendoient de ses yeux ; ils étoient fermés ; sa tête se renversa sur le dos de son fauteuil ; ses dents se serrèrent ; tous ses membres tressailloient ; à ce tressaillement succéda une défaillance qui me parut l'accomplissement de l'espérance qu'elle avoit conçue à la porte de cette maison. La durée de cet état acheva de m'effrayer. Je lui ôtai son mantelet ; je desserrai les cordons de sa robe ; je relâchai ceux de ses jupons, et je lui jetai quelques gouttes d'eau fraîche sur le visage. Ses yeux se rouvrirent à demi ; il se fit entendre un murmure sourd dans sa gorge ; elle vouloit prononcer : Je lui suis odieuse ; et elle n'articuloit que les dernières syllabes du mot ; puis elle poussoit un cri aigu. Ses paupières s'abaissoient ; et l'évanouissement reprenoit. Gardeil, froidement assis dans son fauteuil, son coude appuyé sur sa table, et la tête appuyée sur sa main, la regardoit sans émotion, et me laissoit le soin de la secourir. Je lui dis à plusieurs reprises : Mais, monsieur, elle se meurt.... il faudroit appeler. Il me répondit en souriant et haussant les épaules : Les femmes ont la vie dure; elles ne meurent pas pour si peu; ce n'est rien; cela se passera. Vous ne les connoissez pas; elles font de leurs corps tout ce qu'elles veulent.... Elle se meurt, vous dis-je. En effet, son corps étoit comme sans force et sans vie; il s'échappoit de dessus son fauteuil; et elle seroit tombée à terre de droite ou de gauche, si je ne l'avois retenue. Cependant Gardeil s'étoit levé brusquement; et en se promenant dans son appartement, il disoit d'un ton d'impatience et d'humeur : Je me serois bien passé de cette maussade scène; mais j'espère que ce sera la dernière. A qui diable en veut cette créature ? Je l'ai aimée; je me battrois la tête contre le mur qu'il n'en seroit ni plus ni moins. Je ne l'aime plus; elle le sait à-présent, ou elle ne le saura jamais. Tout est dit..... Non, monsieur, tout n'est pas dit. Qoui ! vous croyez qu'un homme de bien n'a qu'à dépouiller une femme de tout ce qu'elle a, et la laisser.... Que voulez-vous que je fasse ? je suis aussi gueux qu'elle..... Ce que je veux que vous fassiez ? que vous associiez votre misère à celle où vous l'avez réduite..... Cela vous plaît à dire. Elle n'en seroit pas mieux, et j'en serois beaucoup plus mal.... En useriez-vous ainsi avec un ami qui vous auroit tout sacrifié ?..

Un ami ? un ami ! je n'ai pas grande foi aux amis ; et cette expérience m'a appris à n'en avoir aucune aux passions. Je suis fâché de ne l'avoir pas su plus-tôt... Et il est juste que cette malheureuse femme soit la victime de l'erreur de votre cœur... Et qui vous a dit qu'un mois, un jour plus tard, je ne l'aurois pas été, moi, tout aussi cruellement, de l'erreur du sien ?..... Qui me l'a dit ? tout ce qu'elle a fait pour vous, et l'état où vous la voyez... Ce qu'elle a fait pour moi !... Oh ! pardieu, il est acquitté de reste par la perte de mon temps.... Ah ! monsieur Gardeil, quelle comparaison de votre temps et de toutes les choses sans prix que vous lui avez enlevées !... Je n'ai rien fait, je ne suis rien, j'ai trente ans ; il est temps ou jamais de penser à soi, et d'apprécier toutes ces fadaises-là ce qu'elles valent. Cependant la pauvre demoiselle étoit un peu revenue à elle-même. A ces derniers mots, elle reprit avec assez de vivacité : Qu'a-t-il dit de la perte de son temps ? J'ai appris quatre langues, pour le soulager dans ses travaux ; j'ai lu mille volumes ; j'ai écrit, traduit, copié les jours et les nuits ; j'ai épuisé mes forces, usé mes yeux, brûlé mon sang ; j'ai contracté une maladie fâcheuse, dont je ne guérirai peut-être jamais. La cause de son dégoût, il n'ose l'avouer ; mais vous allez la connoître A l'instant elle arrache son fichu ; elle sort un de ses bras de sa robe ; elle met son épaule à nu ; et, me montrant une tache érysipélateuse : La raison de son changement, la voilà, me dit-elle, la voilà; voilà l'effet des nuits que j'ai veillées. Il arrivoit le matin avec ses rouleaux de parchemin. M. d'Erouville, me disoit-il, est très-pressé de savoir ce qu'il y a là-dedans; il faudroit que cette besogne fût faite demain ; et elle l'étoit. Dans ce moment, nous entendîmes le pas de quelqu'un qui s'avançoit vers la porte; c'étoit un domestique qui annonçoit l'arrivée de M. d'Erouville. Gardeil en pâlit. J'invitai mademoiselle de la Chaux à se rajuster et à se retirer.... Non, dit-elle, non; je reste. Je veux démasquer l'indigne. J'attendrai M d'Erouville, je lui parlerai..... Et à quoi cela servira-t-il ?... A rien, me répondit-elle ; vous avez raison.... Demain vous en seriez désolée. Laissez-lui tous ses torts ; c'est une vengeance digne de vous.... Mais est-elle digne de lui ? Est-ce que vous ne voyez pas que cet homme-là n'est... Partons, monsieur, partons vîte ; car je ne puis répondre ni de ce que je ferois, ni de ce que je dirois. Mademoiselle de la Chaux répara en un clin-d'œil le désordre que cette scène avoit mis dans ses vêtemens, s'élança comme un trait hors du cabinet de Gardeil. Je la suivis, et j'entendis la porte qui se fermoit sur nous avec violence. Depuis, j'ai appris qu'on avoit donné son signalement au portier. Je la conduisis chez elle, où je trouvai le docteur le Camus, qui nous attendoit.

La Religieuse.   Q

La passion qu'il avoit prise pour cette jeune fille différoit peu de celle qu'elle ressentoit pour Gardeil. Je lui fis le récit de notre visite; et tout à travers les signes de sa colère, de sa douleur, de son indignation.... il n'étoit pas trop difficile de démêler sur son visage que votre peu de succès ne lui déplaisoit pas trop.... Il est vrai.... Voilà l'homme. Il n'est pas meilleur que cela... Cette rupture fut suivie d'une maladie violente, pendant laquelle le bon, l'honnête, le tendre et délicat docteur lui rendoit des soins qu'il n'auroit pas eus pour la plus grande dame de France. Il venoit trois, quatre fois par jour. Tant qu'il y eut du péril, il coucha dans sa chambre, sur un lit de sangle. C'est un bonheur qu'une maladie dans les grands chagrins.... En nous rapprochant de nous, elle écarte le souvenir des autres. Et puis c'est un prétexte pour s'affliger sans indiscrétion, sans crainte..... Cette réflexion, juste d'ailleurs, n'étoit pas applicable à mademoiselle de la Chaux.

Pendant sa convalescence, nous arrrangeâmes l'emploi de son temps. Elle avoit de l'esprit, de l'imagination, du goût, des connoissances, plus qu'il n'en falloit pour être admise à l'académie des inscriptions. Elle nous avoit tant et tant entendus métaphysiquer, que les matières les plus abstraites lui étoient devenues familières; et sa première tentative littéraire fut la traduction des *Essais sur l'entendement humain*, de Hume. Je la revis ; et en vérité elle m'avoit laissé bien peu de chose à rectifier. Cette traduction fut imprimée en Hollande, et bien accueillie du public.

Ma Lettre sur les Sourds et Muets parut presque en même temps. Quelques objections très-fines qu'elle me proposa donnèrent lieu à une addition qui lui fut dédiée. Cette addition n'est pas ce que j'ai fait de plus mal.

La gaîté de mademoiselle de la Chaux étoit un peu revenue. Le docteur nous donnoit quelquefois à manger ; et ces dîners n'étoient pas trop tristes. Depuis l'éloignement de Gardeil, la passion de le Camus avoit fait de merveilleux progrès. Un jour, à table, au dessert, qu'il s'en expliquoit avec toute l'honnêteté, toute la sensibilité, toute la naïveté d'un enfant, toute la finesse d'un homme d'esprit, elle lui dit, avec une franchise qui me plut infiniment, mais qui déplaira peut-être à d'autres : Docteur, il est impossible que l'estime que j'ai pour vous s'accroisse jamais. Je suis comblée de vos services ; et je serois aussi noire que le monstre de la rue Hyacinte, si je n'étois pénétrée de la plus vive reconnoissance. Votre tour d'esprit me plaît on ne sauroit davantage. Vous me parlez de votre passion avec tant de délicatesse et de grace, que je serois, je crois, fâchée que vous ne m'en parlassiez plus. La seule idée de perdre votre société, ou d'être privée de votre amitié, suffiroit pour me rendre malheureuse. Vous êtes un homme de bien, s'il en fut jamais. Vous êtes d'une bonté et d'une douceur de caractère incomparables. Je ne crois pas qu'un cœur puisse tomber en de meilleures mains. Je prêche le mien du matin au soir en votre faveur; mais a beau prêcher qui n'a envie de bien faire. Je n'en avance pas davantage. Cependant vous souffrez; et j'en ressens une peine cruelle. Je ne connois personne qui soit plus digne que vous du bonheur que vous sollicitez; et je ne sais ce que je n'oserois pas pour vous rendre heureux. Tout le possible, sans exception. Tenez, docteur, j'irois.... oui, j'irois jusqu'à coucher.... jusques-là inclusivement. Voulez-vous coucher avec moi ? vous n'avez qu'à dire. Voilà tout ce que je puis faire pour votre service; mais vous voulez être aimé, et c'est ce que je ne saurois. Le docteur l'écoutoit, lui prenoit la main, la baisoit, la mouilloit de ses larmes; et moi, je ne savois si je devois rire ou pleurer. Mademoiselle de la Chaux connoissoit bien le docteur; et le lendemain que je lui disois : Mais, mademoiselle, si le docteur vous eût prise au mot ? elle me répondit : J'aurois tenu parole; mais cela ne pouvoit arriver; mes offres n'étoient pas de nature à pouvoir être acceptées par un homme tel que lui.... Pourquoi non ? Il me semble qu'à la place du docteur, j'aurois espéré que le reste viendroit après.... Oui; mais à la place du docteur, mademoiselle de la

Chaux ne vous auroit pas fait la même proposition.

La traduction de Hume ne lui avoit pas rendu grand argent. Les Hollandois impriment tant qu'on veut, pourvu qu'ils ne payent rien... Heureusement pour nous; car, avec les entraves qu'on donne à l'esprit, s'ils s'avisent une fois de payer les auteurs, ils attireront chez eux tout le commerce de la librairie.... Nous lui conseillâmes de faire un ouvrage d'agrément, auquel il y auroit plus d'honneur et plus de profit. Elle s'en occupa pendant quatre à cinq mois, au bout desquels elle m'apporta un petit roman historique, intitulé : *Les trois Favorites*. Il y avoit de la légéreté de style, de la finesse et de l'intérêt; mais, sans qu'elle s'en fût doutée, car elle étoit incapable d'aucune malice, il étoit parsemé d'une multitude de traits applicables à la maîtresse du souverain, la marquise de Pompadour; et je ne lui dissimulai pas que, quelque sacrifice qu'elle fît, soit en adoucissant, soit en supprimant ces endroits, il étoit presque impossible que cet ouvrage parût sans la compromettre, et que le chagrin de gâter ce qui étoit bien né la garantiroit pas d'un autre.

Elle sentit toute la justesse de mon observation, et n'en fut que plus affligée. Le bon docteur prévenoit tous ses besoins; mais elle usoit de sa bienfaisance avec d'autant plus de réserve, qu'elle se sentoit moins disposée à la sorte de reconnoissance qu'il en pouvoit espérer. D'ailleurs, le docteur n'étoit pas riche alors; et il n'étoit pas trop fait pour le devenir. De temps en temps, elle tiroit son manuscrit de son porte-feuille; et elle me disoit tristement: Hé bien! il n'y a donc pas moyen d'en rien faire; et il faut qu'il reste là. Je lui donnai un conseil singulier; ce fut d'envoyer l'ouvrage tel qu'il étoit, sans adoucir, sans changer, à madame de Pompadour même, avec un bout de lettre qui la mît au fait de cet envoi. Cette idée lui plut. Elle écrivit une lettre charmante de tous points, mais, sur-tout par un ton de vérité auquel il étoit impossible de se refuser. Deux ou trois mois s'écoulèrent, sans qu'elle entendît parler de rien; et elle tenoit la tentative pour infructueuse, lorsqu'une croix de Saint-Louis se présenta chez elle avec une réponse de la marquise. L'ouvrage y étoit loué comme il le méritoit; on remercioit du sacrifice; on convenoit des applications, on n'en étoit point offensé; et l'on invitoit l'auteur à venir à Versailles, où l'on trouveroit une femme reconnaissante et disposée à rendre les services qui dépendroient d'elle. L'envoyé, en sortant de chez mademoiselle de la Chaux, laissa adroitement sur sa cheminée un rouleau de cinquante louis.

Nous la pressâmes, le docteur et moi, de profiter de la bienveillance de madame de Pompadour; mais nous avions affaire à une fille, dont la modestie et la timidité égaloient le mérite. Comment se présenter là avec ses haillons ? Le docteur leva tout-de-suite cette difficulté. Après les habits, ce furent d'autres prétextes, et puis d'autres prétextes encore. Le voyage de Versailles fut différé de jour en jour, jusqu'à ce qu'il ne convenoit presque plus de le faire. Il y avoit déjà du temps, que nous ne lui en parlions pas, lorsque le même émissaire revint, avec une seconde lettre remplie des reproches les plus obligeans, et une autre gratification équivalente à la première, et offerte avec le même ménagement. Cette action généreuse de madame de Pompadour n'a point été connue. J'en ai parlé à M. Collin, son homme de confiance et le distributeur de ses graces secrètes. Il l'ignoroit ; et j'aime à me persuader que ce n'est pas la seule que sa tombe recèle.

Ce fut ainsi que mademoiselle de la Chaux manqua deux fois l'occasion de se tirer de la détresse.

Depuis, elle transporta sa demeure sur les extrémités de la ville ; et je la perdis tout-à-fait de vue. Ce que j'ai sû du reste de sa vie, c'est qu'il n'a été qu'un tissu de chagrins, d'infirmités et de misère. Les portes de sa famille lui furent opiniâtrément fermées. Elle sollicita inutilement l'intercession de ces saints personnages qui l'avoient persécutée avec tant de zèle.... Cela est dans la règle.... Le docteur ne l'abandonna point. Elle mourut sur la paille, dans un grenier, tandis que le petit tygre de la rue Hyacinte, le seul amant qu'elle ait eu, exerçoit la médecine à Montpellier ou à Toulouse, et jouissoit, dans la plus grande aisance, de la réputation méritée d'habile homme, et de la réputation usurpée d'honnête homme.... Mais cela est encore à-peu-près dans la règle. S'il y a un bon et honnête Tanié, c'est à une Reymer que la providence l'envoye ; s'il y a une bonne et honnête de la Chaux, elle deviendra le partage d'un Gardeil, afin que tout soit fait pour le mieux.

Mais on me dira peut-être que c'est aller trop vite, que de prononcer définitivement sur le caractère d'un homme, d'après une seule action ; qu'une règle aussi sévère réduiroit le nombre des gens de bien au point d'en laisser moins sur la terre, que l'évangile du chrétien n'admet d'élus dans le ciel ; qu'on peut être inconstant en amour, se piquer même de peu de religion avec les femmes, sans être dépourvu d'honneur et de probité ; qu'on n'est le maître ni d'arrêter une passion qui s'allume, ni d'en prolonger une qui s'éteint ; qu'il y a déjà assez d'hommes dans les maisons et les rues qui méritent à juste titre le nom de coquins, sans inventer des crimes imaginaires, qui les multiplieroient à l'infini. On me demandera si je n'ai jamais ni trahi, ni trompé, ni délaissé aucune femme sans sujet. Si je voulois répondre à ces questions, ma réponse ne demeureroit pas sans réplique, et ce seroit une dispute à ne finir qu'au jugement dernier. Mais mettez la main sur la conscience, et dites-moi, vous, monsieur l'apologiste des trompeurs et des infidèles, si vous prendriez le docteur de Toulouse pour votre ami ?.... Vous hésitez ? Tout est dit; et sur ce, je prie Dieu de tenir en sa sainte garde toute femme à qui il vous prendra fantaisie d'adresser votre hommage.

SUR L'INCONSÉQUENCE
DU JUGEMENT PUBLIC
DE
NOS ACTIONS PARTICULIÈRES.

Rentrons-nous ?.... C'est de bonne heure.... Voyez-vous ces nuées ?.... Ne craignez rien ; elles disparoîtront d'elles-mêmes, et sans le secours de la moindre haleine de vent..... Vous croyez ?..... J'en ai fait souvent l'observation en été, dans les temps chauds. La partie basse de l'atmosphère, que la pluie a dégagée de son humidité, va reprendre une portion de la vapeur épaisse qui forme le voile obscur qui vous dérobe le ciel. La masse de cette vapeur se distribuera à-peu-près également dans toute la masse de l'air ; et, par cette exacte distribution, ou combinaison, comme il vous plaira de dire, l'atmosphère deviendra transparente et lucide. C'est une opération de nos laboratoires, qui s'exécute en grand au-dessus de nos têtes. Dans quelques heures, des points azurés commenceront à percer à travers les nuages raréfiés ; les nuages se raréfieront de plus en plus ; les points azurés se multiplieront et s'étendront ; bientôt vous ne saurez ce que sera devenu le crêpe noir qui vous effrayoit ; et vous serez surpris et récréé de la limpidité de l'air, de la pureté du ciel, et de la beauté du jour.... Mais cela est vrai ; car tandis que vous parliez, je regardois, et le phénomène sembloit s'exécuter à vos ordres... Ce phénomène n'est qu'une espèce de dissolution de l'eau par l'air... Comme la vapeur, qui ternit la surface extérieure d'un verre que l'on remplit d'eau glacée, n'est qu'une espèce de précipitation... Et ces énormes ballons qui nagent ou restent suspendus dans l'atmosphère ne sont qu'une surabondance d'eau que l'air saturé ne peut dissoudre.... Ils demeurent là comme les morceaux de sucre au fond d'une tasse de café qui n'en sauroit plus prendre.... Fort bien.... Et vous me promettez donc à notre retour... Une voûte aussi étoilée que vous l'ayez jamais vue.... Puisque nous continuons notre promenade, pourriez-vous me dire, vous qui connoissez tous ceux qui fréquentent ici, quel est ce personnage long, sec et mélancolique, qui s'est assis, qui n'a pas dit un mot, et qu'on a laissé seul dans le salon, lorsque le reste de la compagnie s'est dispersé ?.... C'est un homme dont je respecte vraiment la douleur.... Et vous le nommez ?.... Le chevalier Desroches.... Ce Desroches qui, devenu possesseur d'une fortune immense à la mort d'un père avare, s'est fait un nom par sa dissipation, ses galanteries, et la diversité de ses états ?.... Lui-même.... Ce fou qui a subi toutes sortes de métamorphoses, et qu'on a vu successivement en petit collet, en robe de palais et en uniforme ?.... Oui, ce fou.... Qu'il est changé !.... Sa vie est un tissu d'événemens singuliers. C'est une des plus malheureuses victimes des caprices du sort et des jugemens inconsidérés des hommes. Lorsqu'il quitta l'église pour la magistrature, sa famille jeta les hauts cris; et tout le sot public; qui ne manque jamais de prendre le parti des pères contre les enfans, se mit à clabauder à l'unisson.... Ce fut bien un autre vacarme, lorsqu'il se retira du tribunal pour entrer au service.... Cependant que fit-il ? un trait de vigueur dont nous nous glorifierions l'un et l'autre, et qui le qualifia la plus mauvaise tête qu'il y eût : et puis vous êtes étonné que l'effréné bavardage de ces gens-là m'importune, m'impatiente, me blesse !.... Ma foi, je vous avoue que j'ai jugé Desroches comme tout le monde.... Et c'est ainsi que de bouche en bouche, échos ridicules les unes des autres, un galant homme est traduit pour un plat homme, un homme d'esprit pour un sot, un homme honnête pour un coquin, un homme de courage pour un insensé, et réciproquement. Non, ces impertinens jaseurs ne valent pas la peine que l'on compte leur approbation, leur improbation pour quelque chose dans la conduite de sa vie. Ecoutez, morbleu ; et mourez de honte. Desroches entre conseiller au parlement très-jeune ; des circonstances favorables le conduisent rapidement à la grand'chambre ; il est de tournelle à son tour, et l'un des rapporteurs dans une affaire criminelle. D'après ses conclusions, le malfaiteur est condamné au dernier supplice. Le jour de l'exécution, il est d'usage que ceux qui ont décidé la sentence du tribunal se rendent à l'hôtel-de-ville, afin d'y recevoir les dernières dispositions du malheureux, s'il en a quelques-unes à faire, comme il en arriva cette fois-là. C'étoit en hiver. Desroches et son collègue étoient assis devant le feu, lorsqu'on leur annonça l'arrivée du patient. Cet homme, que la torture avoit disloqué, étoit étendu et porté sur un matelas. En entrant, il se relève, il tourne ses regards vers le ciel, il s'écrie : Grand Dieu ! tes jugemens sont justes. Le voilà sur son matelas, aux pieds de Desroches. Et c'est vous, monsieur, qui m'avez condamné, lui dit-il en l'apostrophant d'une voix forte ! Je suis coupable du crime dont on m'accuse ; oui, je le suis, je le confesse. Mais vous n'en savez rien. Puis, reprenant toute la procédure, il démontra clair comme le jour qu'il n'y avoit ni solidité dans les preuves, ni justice dans la sentence. Desroches, saisi d'un tremblement universel, se lève, déchire sur lui sa robe magistrale, et renonce pour jamais à la périlleuse fonction de prononcer sur la vie des hommes. Et voilà ce qu'ils appellent un fou ! Un homme qui se connoît, et qui craint d'avilir l'habit ecclésiastique par de mauvaises mœurs, ou de se trouver un jour souillé du sang de l'innocent.... C'est qu'on ignore ces choses-là.... C'est qu'il faut se taire, quand on ignore.... Mais pour se taire, il faut se méfier.... Et quel inconvénient à se méfier ?.... De refuser de la croyance à vingt personnes qu'on estime, en faveur d'un homme qu'on ne connoît pas.... Hé, monsieur, je ne vous demande pas tant de garans, quand il s'agit d'assurer le bien ! mais le mal.... Laissons cela ; vous m'écartez de mon récit, et me donnez de l'humeur.... Cependant il falloit être quelque chose. Il acheta une compagnie.... C'est-à-dire qu'il laissa le métier de condamner ses semblables pour celui de les tuer sans aucune forme de procès.... Je n'entends pas comment on plaisante en pareil cas.... Que voulez-vous ! vous êtes triste, et je suis gai.... C'est la suite de son histoire qu'il faut savoir, pour apprécier la valeur du caquet public.... Je la saurois, si vous vouliez.... Cela sera long.... Tant mieux.... Desroches fait la campagne de 1745, et se montre bien. Echappé aux dangers de la guerre, à deux cent mille coups de fusil, il vient se faire casser la jambe par un cheval ombrageux, à douze ou quinze lieues d'une maison de campagne, où il s'étoit proposé de passer son quartier d'hiver; et Dieu sait comment cet accident fut arrangé par nos agréables.... C'est qu'il y a certains personnages dont on s'est fait une habitude de rire, et qu'on ne plaint de rien.... Un homme qui a la jambe fracassée, cela est en effet très-plaisant! Hé bien! messieurs les rieurs impertinens, riez bien; mais sachez qu'il eût peut-être mieux valu pour Desroches d'avoir été emporté par un boulet de canon, ou d'être resté sur le champ de bataille, le ventre crevé d'un coup de bayonnette. Cet accident lui arriva dans un méchant petit village, où il n'y avoit d'asyle supportable que le presbytère ou le château. On le transporta au château, qui appartenoit à une jeune veuve appelée madame de la Carlière, la dame du lieu.... Qui n'a pas entendu parler de madame de la Carlière? Qui n'a pas entendu parler de ses complaisances sans bornes pour un vieux mari jaloux, à qui la cupidité de ses parens l'avoit sacrifiée à l'âge de quatorze ans.... à cet âge, où l'on prend le plus sérieux des engagemens, parce qu'on mettra du rouge et qu'on aura de belles boucles? Madame de la Carlière fut, avec son premier mari, la femme de la conduite la plus réservée et la plus honnête.... Je le crois, puisque vous me le dites.... Elle reçut et traita le chevalier Desroches avec toutes les attentions imaginables. Ses affaires la rappeloient à la ville; malgré ses affaires et les pluies continuelles d'un vilain automne, qui, en gonflant les eaux de la Marne, qui coule dans son voisinage, l'exposoit à ne sortir de chez elle qu'en bateau, elle prolongea son séjour à sa terre, jusqu'à l'entière guérison de Desroches. Le voilà guéri ; le voilà à côté de madame de la Carlière, dans une même voiture qui les ramène à Paris ; et le chevalier, lié de reconnoissance, et attaché d'un sentiment plus doux à sa jeune, riche et belle hospitalière.... Il est vrai que c'étoit une créature céleste ; elle ne parut jamais au spectacle sans faire sensation... Et c'est là que vous l'avez vue ?.... Il est vrai.... Pendant la durée d'une intimité de plusieurs années, l'amoureux chevalier, qui n'étoit pas indifférent à madame de la Carlière, lui avoit proposé plusieurs fois de l'épouser ; mais la mémoire récente des peines qu'elle avoit endurées sous la tyrannie d'un premier époux, et plus encore cette réputation de légéreté que le chevalier s'étoit faite par une multitude d'aventures galantes, effrayoient madame de la Carlière, qui ne croyoit pas à la conversion des hommes de ce caractère. Elle étoit alors en procès avec les héritiers de son mari.... N'y eut-il pas encore des propos à l'occasion de ce procès-là ?.... Beaucoup, et de toutes les couleurs. Je vous laisse à penser si Desroches, qui avoit conservé nombre d'amis dans la magistrature, s'endormit sur les intérêts de madame de la

Carlière.... Et si nous l'en supposions reconnoissante !.... Il étoit sans cesse à la porte des juges.... Le plaisant, c'est que, parfaitement guéri de sa fracture, il ne les visitoit jamais sans un brodequin à la jambe. Il prétendoit que ses sollicitations, appuyées de son brodequin, en devenoient plus touchantes. Il est vrai qu'il le plaçoit tantôt d'un côté, tantôt d'un autre, et qu'on en faisoit quelquefois la remarque.... et que, pour le distinguer d'un parent du même nom, on l'appela Desroches-le-Brodequin. Cependant, à l'aide du bon droit et du brodequin pathétique du chevalier, madame de la Carlière gagna son procès.... Et devint madame Desroches en titre....
Comme vous y allez ! Vous n'aimez pas les détails communs, et je vous en fais grace. Ils étoient d'accord; ils touchoient au moment de leur union, lorsque madame de la Carlière, après un repas d'apparat, au milieu d'un cercle nombreux, composé des deux familles et d'un certain nombre d'amis, prenant un maintien auguste et un ton solemnel, s'adressa au chevalier, et lui dit : « Mon» sieur Desroches, écoutez-moi. Aujourd'hui, » nous sommes libres l'un et l'autre ; demain, » nous ne le serons plus; et je vais devenir maî» tresse de votre bonheur ou de votre malheur; » vous, du mien. J'y ai bien réfléchi. Daignez y » penser aussi sérieusement. Si vous vous sentez » ce même penchant à l'inconstance, qui vous a

» dominé jusqu'à-présent ; si je ne suffisois pas à
» toute l'étendue de vos desirs, ne vous engagez
» pas ; je vous en conjure par vous-même et par
» moi. Songez que moins je me crois faite pour
» être négligée, plus je ressentirois vivement une
» injure. J'ai de la vanité, et beaucoup. Je ne
» sais pas haïr ; mais personne ne sait mieux mé-
» priser, et je ne reviens point du mépris. De-
» main, aux pieds des autels, vous jurerez de
» m'appartenir, et de n'appartenir qu'à moi. Son-
» dez-vous ; interrogez votre cœur, tandis qu'il
» en est encore temps ; songez qu'il y va de ma
» vie. Monsieur, on me blesse aisément ; et la
» blessure de mon ame ne cicatrise point, elle
» saigne toujours. Je ne me plaindrai point, parce
» que la plainte importune d'abord, finit par
» aigrir le mal ; et parce que la pitié est un sen-
» timent qui dégrade celui qui l'inspire. Je ren-
» fermerai ma douleur ; et j'en périrai. Cheva-
» lier, je vais vous abandonner ma personne et
» mon bien, vous résigner mes volontés et mes
» fantaisies ; vous serez tout au monde pour moi;
» mais il faut que je sois tout au monde pour
» vous ; je ne puis être satisfaite à moins. Je suis,
» je crois, l'unique pour vous dans ce moment ;
» et vous l'êtes certainement pour moi ; mais il
» est très-possible que nous rencontrions, vous
» une femme qui soit plus aimable, moi quelqu'un
» qui me le paroisse. Si la supériorité de mérite,

» réelle ou présumée, justifioit l'inconstance, il
» n'y auroit plus de mœurs. J'ai des mœurs; je veux
» en avoir, je veux que vous en ayez. C'est par tous
» les sacrifices imaginables, que je prétends vous
» acquérir, et vous acquérir sans réserve. Voilà
» mes droits, voilà mes titres; et je n'en rabat-
» trai jamais rien. Je ferai tout pour que vous ne
» soyez pas seulement un inconstant, mais pour
» qu'au jugement des hommes sensés, au juge-
» ment de votre propre conscience, vous soyez
» le dernier des ingrats. J'accepte le même re-
» proche, si je ne réponds pas à vos soins, à vos
» égards, à votre tendresse, au-delà de vos espé-
» rances. J'ai appris ce dont j'étois capable, à côté
» d'un époux qui me rendoit les devoirs d'une
» femme ni faciles ni agréables. Vous savez à-pré-
» sent ce que vous avez à attendre de moi. Voyez
» ce que vous avez à craindre de vous. Parlez-moi,
» chevalier, parlez-moi nettement. Ou je devien-
» drai votre épouse, ou je resterai votre amie;
» l'alternative n'est pas cruelle. Mon ami, mon
» tendre ami, je vous en conjure, ne m'exposez
» pas à détester, à fuir le père de mes enfans,
» et peut-être, dans un accès de désespoir, à re-
» pousser leurs innocentes caresses. Que je puisse,
» toute ma vie, avec un nouveau transport, vous
» retrouver en eux, et me réjouir d'avoir été leur
» mère. Donnez-moi la plus grande marque de
» confiance qu'une femme honnête ait sollicitée

» d'un galant homme ; refusez-moi, si vous croyez
» que je me mette à un trop haut prix. Loin d'en
» être offensée, je jetterai mes bras autour de vo-
» tre cou ; et l'amour de celles que vous avez cap-
» tivées, et les fadeurs que vous leur avez débi-
» tées, ne vous auront jamais valu un baiser aussi
» sincère, aussi doux que celui que vous aurez
» obtenu de votre franchise et de ma reconnois-
» sance..... ». Je crois avoir entendu dans le temps une parodie bien comique de ce discours... Et par quelque bonne amie de madame de la Carlière ?.... Ma foi, je me la rappelle ; vous avez deviné.... Et cela ne suffiroit pas à rencogner un homme au fond d'une forêt, loin de toute cette décente canaille, pour laquelle il n'y a rien de sacré. J'irai ; cela finira par là. Rien n'est plus sûr, j'irai. L'assemblée, qui avoit commencé par sourire, finit par verser des larmes. Desroches se précipita aux genoux de madame de la Carlière ; se répandit en protestations honnêtes et tendres ; n'omit rien de ce qui pouvoit agraver ou excuser sa conduite passée ; compara madame de la Carlière aux femmes qu'il avoit connues et délaissées ; tira de ce parallèle juste et flatteur des motifs de la rassurer, de se rassurer lui-même contre un penchant à la mode, une effervescence de jeunesse, le vice des mœurs générales plutôt que le sien ; ne dit rien qu'il ne pensât et qu'il ne se promît de faire. Madame de la Car-

lière le regardoit, l'écoutoit, cherchoit à le pénétrer dans ses discours, dans ses mouvemens, et interprétoit tout à son avantage.... Pourquoi non, s'il étoit vrai ?.... Elle lui avoit abandonné une de ses mains, qu'il baisoit, qu'il pressoit contre son cœur, qu'il baisoit encore, qu'il mouilloit de ses larmes. Tout le monde partageoit leur tendresse; toutes les femmes sentoient comme madame de la Carlière, tous les hommes comme le chevalier... C'est l'effet de ce qui est honnête, de ne laisser à une grande assemblée qu'une pensée et qu'une ame. Comme on s'estime, comme on s'aime tous dans ces momens ! Par exemple, que l'humanité est belle au spectacle ! Pourquoi faut-il qu'on se sépare si vîte ! Les hommes sont si bons et si heureux, lorsque l'honnête réunit leurs suffrages, les confond, les rend uns !.... Nous jouissions de ce bonheur, qui nous assimiloit, lorsque madame de la Carlière, transportée d'un mouvement d'ame exaltée, se leva, et dit à Desroches : « Chevalier, » je ne vous crois pas encore ; mais tout-à-l'heure » je vous croirai. »..... La petite comtesse jouoit sublimement cet enthousiasme de sa belle cousine... Elle est bien plus faite pour le jouer que pour le sentir. « Les sermons prononcés aux pieds des » autels ». Vous riez ?....Ma foi, je vous en demande pardon ; mais je vois encore la petite comtesse hissée sur la pointe de ses pieds ; et j'entends son ton emphatique... Allez, vous êtes un scélérat,

un corrompu comme tous ces gens-là, et je me tais.... Je vous promets de ne plus rire.... Prenez-y garde.... Hé bien ! les sermens prononcés aux pieds des autels.... « ont été suivis de tant de parjures,
» que je ne fais aucun compte de la promesse
» solemnelle de demain. La présence de Dieu est
» moins redoutable pour nous que le jugement
» de nos semblables. Monsieur Desroches, appro-
» chez. Voilà ma main ; donnez-moi la vôtre, et
» jurez-moi une fidélité, une tendresse éternelle ;
» attestez-en les hommes qui nous entourent. Per-
» mettez que, s'il arrive que vous me donniez
» quelques sujets légitimes de me plaindre, je vous
» dénonce à ce tribunal, et vous livre à son indi-
» gnation. Consentez qu'ils se rassemblent à ma
» voix, et qu'ils vous appellent traître, ingrat,
» perfide, homme faux, homme méchant. Ce sont
» mes amis et les vôtres. Consentez qu'au moment
» où je vous perdrois, il ne vous en reste aucun.
» Vous, mes amis, jurez-moi de le laisser seul ».
A l'instant le salon retentit des cris mêlés : Je promets ! je permets ! je consens ! nous le jurons ! Et au milieu de ce tumulte délicieux, le chevalier, qui avoit jeté ses bras autour de madame de la Carlière, la baisoit sur le front, sur les yeux, sur les joues.... Mais, chevalier !.... Mais, madame, la cérémonie est faite; je suis votre époux, vous êtes ma femme.... Au fond des bois, assurément ; ici, il manque une petite formalité d'usage. En attendant

mieux, tenez, voilà mon portrait; faites-en ce qu'il vous plaira. N'avez-vous pas ordonné le vôtre? Si vous l'avez, donnez-le-moi.... Desroches présenta son portrait à madame de la Carlière, qui le mit à son bras, et qui se fit appeler, le reste de la journée, madame Desroches.... Je suis bien pressé de savoir ce que cela deviendra.... Un moment de patience. Je vous ai promis d'être long; et il faut que je tienne parole. Mais.... Il est vrai : c'étoit dans le temps de votre grande tournée, et vous étiez alors absent du royaume.... Deux ans, deux ans entiers, Desroches et sa femme furent les époux les plus unis, les plus heureux. On crut Desroches vraîment corrigé ; et il l'étoit en effet. Ses amis de libertinage, qui avoient entendu parler de la scène précédente, et qui en avoient plaisanté, disoient que c'étoit réellement le prêtre qui portoit malheur, et que madame de la Carlière avoit découvert, au bout de deux mille ans, le secret d'esquiver à la malédiction du sacrement. Desroches eut un enfant de madame de la Carlière, que j'appellerai madame Desroches, jusqu'à ce qu'il me convienne d'en user autrement. Elle voulut absolument le nourrir. Ce fut un long et périlleux intervalle pour un jeune homme d'un tempérament ardent, et peu fait à cette espèce de régime. Tandis que madame Desroches étoit à ses fonctions, son mari se répandoit dans la société; et il eut le malheur de trouver un jour sur son chemin une de ces femmes séduisantes, artificieuses, secrètement irritées de voir ailleurs une concorde qu'elles ont exclue de chez elles, et dont il semble que l'étude et la consolation soient de plonger les autres dans la misère qu'elles éprouvent.... C'est votre histoire, mais ce n'est pas la sienne. Desroches, qui se connoissoit, qui connoissoit sa femme, qui la respectoit, qui la redoutoit... c'est presque la même chose... passoit ses journées à côté d'elle. Son enfant, dont il étoit fou, étoit presque aussi souvent entre ses bras qu'entre ceux de la mère, dont il s'occupoit, avec quelques amis communs, à soulager la tâche honnête, mais pénible, par la variété des amusemens domestiques.... Cela est fort beau.... Certainement. Un de ses amis s'étoit engagé dans les opérations du gouvernement. Le ministère lui redevoit une somme considérable, qui faisoit presque toute sa fortune, et dont il sollicitoit inutilement la rentrée. Il s'en ouvrit à Desroches. Celui-ci se rappela qu'il avoit été autrefois fort bien avec une femme assez puissante par ses liaisons, pour finir cette affaire. Il se tut. Mais, dès le lendemain, il vit cette femme, et lui parla. On fut enchanté de retrouver et de servir un galant homme qu'on avoit tendrement aimé, et sacrifié à des vues ambitieuses. Cette première entrevue fut suivie de plusieurs autres. Cette femme étoit charmante. Elle avoit des torts; et la manière dont elle s'en expliquoit n'étoit point équivoque. Desroches fut quelque temps in-

La Religieuse. R

certain de ce qu'il feroit.... Ma foi, je ne sais pas pourquoi.... Mais, moitié goût, désœuvrement ou foiblesse, moitié crainte qu'un misérable scrupule... Sur un amusement assez indifférent pour sa femme.... ne ralentît la vivacité de la protectrice de son ami, et n'arrêtât le succès de sa négociation; il oublia un moment madame Desroches, et s'engagea dans une intrigue que sa complice avoit le plus grand intérêt de tenir secrète, et dans une correspondance nécessaire et suivie. On se voyoit peu, mais on s'écrivoit souvent. J'ai dit cent fois aux amans : N'écrivez point ; les lettres vous perdront; tôt ou tard le hazard en détournera une de son adresse. Le hazard combine tous les cas possibles ; et il ne lui faut que du temps pour amener la chance fatale.... Aucuns ne vous ont cru?.... Et tous se sont perdus, et Desroches, comme cent mille qui l'ont précédé, et cent mille qui le suivront. Celui-ci gardoit les siennes dans un de ces petits coffrets cerclés en dessus et par les côtés de lames d'acier. A la ville, à la campagne, le coffret étoit sous la clef d'un secrétaire. En voyage, il étoit déposé dans une des malles de Desroches, sur le devant de la voiture. Cette fois-ci, il étoit sur le devant. Ils partent; ils arrivent. En mettant pied à terre, Desroches donne à un domestique le coffret à porter dans son appartement, où l'on n'arrivoit qu'en traversant celui de sa femme. Là, l'anneau casse, le coffret tombe, le dessus se sépare du reste, et voilà une multitude de lettres éparses aux pieds de madame Desroches. Elle en ramasse quelques-unes, et se convainc de la perfidie de son époux. Elle ne se rappela jamais cet instant sans frisson. Elle me disoit qu'une sueur froide s'étoit échappée de toutes les parties de son corps, et qu'il lui avoit semblé qu'une griffe de fer lui serroit le cœur et tirailloit ses entrailles. Que va-t-elle devenir ? Que fera-t-elle ? Elle se recueillit ; elle rappela ce qui lui restoit de raison et de force. Entre ces lettres, elle fit choix de quelques-unes des plus significatives ; elle rajusta le fond du coffret, et ordonna au domestique de le placer dans l'appartement de son maître, sans parler de ce qui venoit d'arriver, sous peine d'être chassé sur-le-champ. Elle avoit promis à Desroches qu'il n'entendroit jamais une plainte de sa bouche ; elle tint parole. Cependant la tristesse s'empara d'elle ; elle pleuroit quelquefois ; elle vouloit être seule, chez elle ou à la promenade ; elle se faisoit servir dans son appartement ; elle gardoit un silence continu ; il ne lui échappoit que quelques soupirs involontaires. L'affligé mais tranquille Desroches traitoit cet état de vapeurs, quoique les femmes qui nourrissent n'y soient pas sujettes. En très-peu de temps, la santé de sa femme s'affoiblit, au point qu'il fallut quitter la campagne, et s'en revenir à la ville. Elle obtint de son mari de faire la route dans une voiture séparée. De retour ici, elle mit dans ses procédés tant de réserve et d'adresse, que Desroches, qui ne s'étoit point apperçu de la soustraction des lettres, ne vit dans les légers dédains de sa femme, son indifférence, ses soupirs échappés, ses larmes retenues, son goût pour la solitude, que les symptômes accoutumés de l'indisposition qu'il lui croyoit. Quelquefois il lui conseilloit d'interrompre la nourriture de son enfant; c'étoit précisément le seul moyen d'éloigner, tant qu'il lui plairoit, un éclaircissement entre elle et son mari. Desroches continuoit donc de vivre à côté de sa femme, dans la plus entière sécurité sur le mystère de sa conduite, lorsqu'un matin elle lui apparut grande, noble, digne, vêtue du même habit, et parée des mêmes ajustemens qu'elle avoit portés dans la cérémonie domestique de la veille de son mariage. Ce qu'elle avoit perdu de fraîcheur et d'embonpoint; ce que la peine secrète dont elle étoit consumée lui avoit ôté de charmes, étoit réparé avec avantage par la noblesse de son maintien. Desroches écrivoit à son amie, lorsque sa femme entra. Le trouble, les saisit l'un et l'autre; mais, tous les deux également habiles et intéressés à dissimuler, ce trouble ne fit que passer. Oh ma femme! s'écria Desroches en la voyant, et en chiffonnant, comme de distraction, le papier qu'il avoit écrit, que vous êtes belle! Quels sont donc vos projets du jour?.... Mon projet, monsieur, est de rassembler les deux familles. Nos amis, nos parens sont invités; et je compte sur vous.... Certainement. A quelle

heure me desirez-vous ?.... A quelle heure je vous
desire ? mais... à l'heure accoutumée.... Vous avez
un éventail et des gants, est-ce que vous sortez ?..
Si vous le permettez.... Et pourroit-on savoir où
vous allez ?.... Chez ma mère.... Je vous prie de lui
présenter mon respect.... Votre respect ?.... Assurément... Madame Desroches ne rentra qu'à l'heure
de se mettre à table. Les convives étoient arrivés.
On l'attendoit. Aussi-tôt qu'elle parut, ce fut la
même exclamation que celle de son mari. Les hommes, les femmes l'entourèrent en disant tous à-la-
fois : Mais voyez donc, qu'elle est belle ! Les femmes
rajustoient quelque chose qui s'étoit dérangé à sa
coiffure. Les hommes, placés à distance, et immobiles d'admiration, répétoient entre eux : Non,
Dieu ni la nature n'ont rien fait, n'ont rien pu faire
de plus imposant, de plus grand, de plus beau, de
plus noble, de plus parfait.... Mais, ma femme, lui
disoit Desroches, vous ne me paroissez pas assez
sensible à l'impression que vous faites sur nous. De
grace, ne souriez pas ; un souris, accompagné de
tant de charmes, nous raviroit à tous le sens commun. Madame Desroches répondit d'un léger mouvement d'indignation, détourna la tête, et porta
son mouchoir à ses yeux, qui commençoient à s'hu-
mecter. Les femmes, qui remarquent tout, se de-
mandoient tout bas : Qu'a-t-elle donc ? on diroit
qu'elle ait envie de pleurer. Desroches, qui les
devinoit, portoit la main à son front, et leur faisoit

signe que la tête de madame étoit un peu affectée...
En effet on m'écrivit au loin qu'il se répandoit un
bruit sourd que la belle madame Desroches, ci-
devant la belle madame de la Carlière, étoit devenue folle.... On servit. La gaîté se montroit sur tous
les visages, excepté sur celui de madame de la Carlière. Desroches la plaisante légèrement sur son air
de dignité. Il ne faisoit pas assez de cas de sa raison
ni de celle de ses amis, pour craindre le danger
d'un de ses souris. Ma femme, si tu voulois sourire. Madame de la Carlière affecta de ne pas entendre, et garda son air grave. Les femmes dirent
que toutes les physionomies lui alloient si bien,
qu'on pouvoit lui en laisser le choix. Le repas est
achevé. On rentre dans le salon. Le cercle est formé. Madame de la Carlière.... Vous voulez dire
madame Desroches ?.... Non ; il ne me plaît plus
de l'appeler ainsi. Madame de la Carlière sonne ;
elle fait signe. On lui apporte son enfant. Elle le
reçoit en tremblant. Elle découvre son sein, lui
donne à téter, et le rend à la gouvernante, après
l'avoir regardé tristement, baisé et mouillé d'une
larme qui tomba sur le visage de l'enfant. Elle dit,
en essuyant cette larme : Ce ne sera pas la dernière.
Mais ces mots furent prononcés si bas, qu'on les
entendit à-peine. Ce spectacle attendrit tous les
assistans, et établit dans le salon un silence profond.
Ce fut alors que madame de la Carlière se leva ;
et s'adressant à la compagnie, dit ce qui suit, ou

l'équivalent : « Mes parens, mes amis, vous y étiez
» tous le jour que j'engageai ma foi à monsieur
» Desroches, et qu'il m'engagea la sienne. Les
» conditions auxquelles je reçus sa main et lui
» donnai la mienne, vous vous les rappelez sans
» doute. Monsieur Desroches, parlez. Ai-je été
» fidelle à mes promesses? »..Jusqu'au scrupule....
« Et vous, monsieur, vous m'avez trompée, vous
» m'avez trahie »…. Moi, madame!.... « Vous,
» monsieur »…. Qui sont les malheureux, les indignes…. « Il n'y a de malheureux ici que moi, et
» d'indignes que vous »… Madame, ma femme...
» Je ne la suis plus »… Madame... « Monsieur,
» n'ajoutez pas le mensonge et l'arrogance à la per-
» fidie. Plus vous vous défendrez, plus vous serez
» confus. Epargnez-vous vous-même »... En ache-
vant ces mots elle tira les lettres de sa poche, en
présenta de côté quelques-unes à Desroches, et
distribua les autres aux assistans. On les prit, mais
on ne les lisoit pas. « Messieurs, mesdames, disoit
» madame de la Carlière, lisez, et jugez-nous.
» Vous ne sortirez point d'ici sans avoir prononcé ».
Puis s'adressant à Desroches : « Vous, monsieur,
» vous devez connoître l'écriture ». On hésita encore ; mais, sur les instances réitérées de madame
de la Carlière, on lut. Cependant Desroches, tremblant, immobile, s'étoit appuyé la tête contre une
glace, le dos tourné à la compagnie, qu'il n'osoit
regarder. Un de ses amis en eut pitié, le prit par

la main, et l'entraîna hors du salon.... Dans les détails qu'on me fit de cette scène, on me disoit qu'il avoit été bien plat, et sa femme honnêtement ridicule.... L'absence de Desroches mit à l'aise. On convint de sa faute ; on aprouva le ressentiment de madame de la Carlière, pourvu qu'elle ne le poussât pas trop loin. On s'attroupa autour d'elle ; on la pressa, on la supplia, on la conjura. L'ami qui avoit entraîné Desroches entroit et sortoit, l'instruisant de ce qui se passoit. Madame de la Carlière resta ferme dans une résolution, dont elle ne s'étoit point encore expliquée. Elle ne répondoit que le même mot à tout ce qu'on lui représentoit. Elle disoit aux femmes : « Mesdames, je ne blâme
» point votre indulgence ». Aux hommes : « Mes-
» sieurs, cela ne se peut ; la confiance est perdue,
» et il n'y a point de ressource ». On ramena le mari. Il étoit plus mort que vif. Il tomba plutôt qu'il ne se jeta aux pieds de sa femme ; il y restoit sans parler. Madame de la Carlière lui dit : « Mon-
» sieur, relevez-vous ». Il se releva, et elle ajouta :
« Vous êtes un mauvais époux. Etes-vous, n'êtes-
» vous pas un galant homme, c'est ce que je vais
» savoir. Je ne puis ni vous aimer ni vous estimer ;
» c'est vous déclarer que nous ne sommes pas faits
» pour vivre ensemble. Je vous abandonne ma
» fortune. Je n'en réclame qu'une partie suffisante
» pour ma subsistance étroite et celle de mon en-
» fant. Ma mère est prévenue. J'ai un logement

» préparé chez elle ; et vous permettrez que je
» l'aille occuper sur-le-champ. La seule grace que
» je demande, et que je suis en droit d'obtenir,
» c'est de m'épargner un éclat qui ne changeroit
» pas mes desseins, et dont le seul effet seroit d'ac-
» célérer la cruelle sentence que vous avez pronon-
» cée contre moi. Souffrez que j'emporte mon en-
» fant, et que j'attende à côté de ma mère qu'elle
» me ferme les yeux ou que je ferme les siens. Si
» vous avez de la peine, soyez sûr que ma douleur
» et le grand âge de ma mère la finiront bientôt ».
Cependant les pleurs couloient de tous les yeux ;
les femmes lui tenoient les mains ; les hommes s'é-
toient prosternés. Mais ce fut lorsque madame de
la Carlière s'avança vers la porte, tenant son enfant
entre ses bras, qu'on entendit des sanglots et des
cris. Le mari crioit : Ma femme ! ma femme ! écoutez-moi ; vous ne savez pas. Les hommes crioient,
les femmes crioient : Madame Desroches ! madame !
Le mari crioit : Mes amis, la laisserez-vous aller ?
Arrêtez-la, arrêtez-la donc ; qu'elle m'entende,
que je lui parle. Comme on le pressoit de se jeter
au-devant d'elle : Non, disoit-il, je ne saurois, je
n'oserois : moi, porter une main sur elle ! la toucher ! je n'en suis pas digne. Madame de la Carlière partit. J'étois chez sa mère lorsqu'elle y arriva, brisée des efforts qu'elle s'étoit faits. Trois
de ses domestiques l'avoient descendue de sa voiture, et la portoient par la tête et par les pieds ; sui-

voit la gouvernante, pâle comme la mort, avec l'enfant endormi sur son sein. On déposa cette malheureuse femme sur un lit de repos, où elle resta longtemps sans mouvement, sous les yeux de sa vieille et respectable mère, qui ouvroit la bouche sans crier, qui s'agitoit autour d'elle, qui vouloit secourir sa fille, et qui ne le pouvoit. Enfin la connoissance lui revint ; et ses premiers mots, en levant les paupières, furent : « Je ne suis donc pas morte ! C'est une chose bien douce que d'être morte ! » Ma mère, mettez-vous là, à côté de moi, et » mourons toutes deux. Mais, si nous mourons, qui » aura soin de ce pauvre petit. » ? Alors elle prit les deux mains sèches et tremblantes de sa mère dans une des siennes ; elle posa l'autre sur son enfant ; elle se mit à répandre un torrent de larmes. Elle sanglotoit : elle vouloit se plaindre ; mais sa plainte et ses sanglots étoient interrompus d'un hoquet violent. Lorsqu'elle put articuler quelques paroles, elle dit : Seroit-il possible qu'il souffrît autant que moi ! Cependant on s'occupoit à consoler Desroches, et à lui persuader que le ressentiment d'une faute aussi légère que la sienne ne pourroit durer ; mais qu'il falloit accorder quelques instans à l'orgueil d'une femme fière, sensible et blessée ; et que la solemnité d'une cérémonie extraordinaire engageoit presque d'honneur à une démarche violente. C'est un peu notre faute, disoient les hommes... Vraiment oui, disoient les femmes; si nous eussions vu sa sublime momerie du même œil que le public et la comtesse, rien de ce qui nous désole à-présent ne seroit arrivé.... C'est que les choses d'un certain appareil nous en imposent, et que nous nous laissons aller à une sotte admiration, lorsqu'il n'y auroit qu'à hausser les épaules et rire... Vous verrez, vous verrez le beau train que cette dernière scène va faire, et comme on nous y tympanisera tous..... Entre nous, cela prétoit..... De ce jour, madame de la Carlière reprit son nom de veuve, et ne souffrit jamais qu'on l'appelât madame Desroches. Sa porte, long-temps fermée à tout le monde, le fut pour toujours à son mari. Il écrivit, on brûla ses lettres sans les ouvrir. Madame de la Carlière déclara à ses parens et à ses amis, qu'elle cesseroit de voir le premier qui intercéderoit pour lui. Les prêtres s'en mêlèrent sans fruit. Pour les grands, elle rejeta leur médiation avec tant de hauteur et de fermeté, qu'elle en fut bientôt délivrée..... Ils dirent sans-doute que c'étoit une impertinente, une prude renforcée...... Et les autres le répétèrent tous d'après eux. Cependant elle étoit absorbée dans la mélancolie ; sa santé s'étoit détruite avec une rapidité inconcevable. Tant de personnes étoient confidentes de cette séparation inattendue, et du motif singulier qui l'avoit amenée, que ce fut bientôt l'entretien général. C'est ici que je vous prie de détourner vos yeux, s'il se peut, de madame de la Carlière, pour les fixer sur le public, sur cette foule imbécille qui nous juge, qui dispose de notre honneur, qui nous porte aux nues, ou qui nous traîne dans la fange, et qu'on respecte d'autant plus, qu'on a moins d'énergie et de vertu. Esclaves du public, vous pourrez être les fils adoptifs du tyran; mais vous ne verrez jamais le quatrième jour des ides.... Il n'y avoit qu'un avis sur la conduite de madame de la Carlière; c'étoit une folle à enfermer.... Le bel exemple à donner et à suivre!... C'est à séparer les trois quarts des maris de leurs femmes.... Les trois quarts, dites-vous?... Est-ce qu'il y en a deux sur cent qui soient fidèles, à la rigueur?... Madame de la Carlière est très-aimable, sans contredit; elle avoit fait ses conditions, d'accord; c'est la beauté, la vertu, l'honnêteté même. Ajoutez que le chevalier lui doit tout. Mais aussi, vouloir, dans tout un royaume, être l'unique à qui son mari s'en tienne strictement, la prétention est par trop ridicule. Et puis l'on continuoit : Si le Desroches en est si féru, que ne s'adresse-t-il aux loix, et que ne met-il cette femme à la raison? Jugez de ce qu'ils auroient dit, si Desroches ou son ami avoit pu s'expliquer; mais tout les réduisoit au silence. Ces derniers propos furent très-inutilement rebattus aux oreilles du chevalier. Il eût tout mis en œuvre pour recouvrer sa femme, excepté la violence. Cependant madame de la Carlière étoit une femme vénérée ; et du centre de ces voix qui la blâmoient, il s'en élevoit quelques-unes qui hazardoient un mot de défense ; mais un mot bien timide, bien foible, bien réservé, moins de conviction que l'honnêteté.... Dans les circonstances les plus équivoques, le parti de l'honnêteté se grossit sans cesse de transfuges.... C'est bien vu... Le malheur qui dure réconcilie avec tous les hommes, et la perte des charmes d'une belle femme la réconcilie avec toutes les autres..... Encore mieux.... En effet, lorsque la belle madame de la Carlière ne présenta plus que son squelette, le propos de la commisération se mêla à celui du blâme. S'éteindre à la fleur de son âge, passer ainsi, et cela par la trahison d'un homme qu'elle avoit bien averti, qui devoit la connoître, et qui n'avoit qu'un seul moyen d'acquitter tout ce qu'elle avoit fait pour lui ; car, entre nous, lorsque Desroches l'épousa, c'étoit un cadet de Bretagne, qui n'avoit que la cape et l'épée...... La pauvre madame de la Carlière ! cela est pourtant bien triste.... Mais aussi, pourquoi ne pas retourner avec lui ?... Ah ! pourquoi ? C'est que chacun a son caractère, et qu'il seroit peut-être à souhaiter que celui-là fût plus commun ; nos seigneurs et maîtres y regarderoient à deux fois..... Tandis qu'on s'amusoit ainsi pour et contre, en faisant du filet ou en brodant une veste, et que la balance penchoit insensiblement en faveur de madame de la Carlière, Desroches étoit tombé dans un état déplorable d'esprit et de corps; mais on ne le voyoit pas; il s'étoit retiré à la campagne, où il attendoit, dans la douleur et dans l'ennui, un sentiment de pitié qu'il avoit inutilement sollicité par toutes les voies de la soumission. De son côté, réduite au dernier dégré d'appauvrissement et de foiblesse, madame de la Carlière fut obligée de remettre à une mercenaire la nourriture de son enfant. L'accident qu'elle redoutoit, d'un changement de lait, arriva; de jour en jour l'enfant dépérit, et mourut. Ce fut alors qu'on dit : Savez-vous? cette pauvre madame de la Carlière a perdu son enfant..... Elle doit en être inconsolable..... Qu'appelez-vous inconsolable? C'est un chagrin qui ne se conçoit pas. Je l'ai vue; cela fait pitié ! on n'y tient pas... Et Desroches?... Ne me parlez pas des hommes; ce sont des tigres. Si cette femme lui étoit un peu chère, est-ce qu'il seroit à sa campagne? est-ce qu'il n'auroit pas accouru? est-ce qu'il ne l'obséderoit pas dans les rues, dans les églises, à sa porte? C'est qu'on se fait ouvrir une porte quand on le veut bien; c'est qu'on y reste, qu'on y couche, qu'on y meurt..... C'est que Desroches n'avoit omis aucune de ces choses, et qu'on l'ignoroit; car le point important n'est pas de savoir, mais de parler. On parloit donc...

L'enfant est mort... Qui sait si ce n'auroit pas été un monstre comme son père?... La mère se meurt..... Et le mari, que fait-il pendant ce temps-là?... Belle question! Le jour, il court la forêt à la suite de ses chiens, et il passe la nuit à crapuler avec des espèces de brutes comme lui.... Fort bien.... Autre événement. Desroches avoit obtenu les honneurs de son état, lorsqu'il épousa. Madame de la Carlière avoit exigé qu'il quittât le service, et qu'il cédât son régiment à son frère cadet....Est-ce que Desroches avoit un cadet?..... Non, mais bien madame de la Carlière...Hé bien?... Hé bien, le jeune homme est tué à la première bataille; et voilà qu'on s'écrie de tous côtés : Le malheur est entré dans cette maison avec ce Desroches! A les entendre, on eût cru que le coup, dont le jeune officier avoit été tué, étoit parti de la main de Desroches. C'étoit un déchaînement, un déraisonnement aussi général qu'inconcevable. A mesure que les peines de madame de la Carlière se succédoient, le caractère de Desroches se noircissoit, sa trahison s'exagéroit; et, sans en être ni plus ni moins coupable, il en devenoit de jour en jour plus odieux. Vous croyez que c'est tout? Non, non. La mère de madame de la Carlière avoit ses soixante-seize ans passés. Je conçois que la mort de son petit-fils et le spectacle assidu de la douleur de sa fille suffisoient pour abréger ses jours; mais elle étoit décrépite, mais elle étoit infirme. N'importe : on oublia sa vieillesse et ses infirmités ; et Desroches fut encore responsable de sa mort. Pour le coup, on trancha le mot ; et ce fut un misérable, dont madame de la Carlière ne pouvoit se rapprocher, sans fouler aux pieds toute pudeur ; le meurtrier de sa mère, de son frère, de son fils !... Mais, d'après cette belle logique, si madame de la Carlière fût morte, sur-tout après une maladie longue et douloureuse, qui eût permis à l'injustice et à la haine publiques de faire tous leurs progrès ; ils auroient dû le regarder comme l'exécrable assassin de toute une famille..... C'est ce qui arriva, et ce qu'il firent.... Bon !... Si vous ne m'en croyez pas, adressez-vous à quelques-uns de ceux qui sont ici ; et vous verrez comment ils s'en expliqueront. S'il est resté seul dans le salon, c'est qu'au moment où il s'est présenté, chacun lui a tourné le dos.... Pourquoi donc ? On sait qu'un homme est coquin ; mais cela n'empêche pas qu'on ne l'accueille...... L'affaire est un peu récente ; et tous ces gens-là sont les parens ou les amis de la défunte.... Madame de la Carlière mourut, la seconde fête de la Pentecôte dernière ; et savez-vous où ? A Saint-Eustache, à la messe de la paroisse, au milieu d'un peuple nombreux.... Mais quelle folie ! On meurt dans son lit. Qui est-ce qui s'est jamais avisé de mourir à l'église ? Cette femme avoit projeté d'être bizarre jusqu'au bout.... Oui, bizarre; c'est le mot. Elle se trouvoit un peu mieux. Elle s'étoit confessée la veille. Elle se croyoit assez de force pour aller recevoir le sacrement à l'église, au-lieu de l'appeler chez elle. On la porte dans une chaise. Elle entend l'office, sans se plaindre et sans paroître souffrir. Le moment de la communion arrive. Ses femmes lui donnent le bras, et la conduisent à la sainte table. Le prêtre la communie; elle s'incline comme pour se recueillir, et elle expire.... Elle expire!... Oui, elle expire bizarrement, comme vous l'avez dit.... Et Dieu sait le tumulte..... Laissons cela; on le conçoit de reste; et venons à la suite.... C'est que cette femme en devint cent fois plus intéressante, et son mari cent fois plus abominable.... Cela va sans dire.... Et ce n'est pas tout?... Non. Le hazard voulut que Desroches se trouvât sur le passage de madame de la Carlière, lorsqu'on la transféroit morte de l'église dans sa maison.... Tout semble conspirer contre ce pauvre diable... Il approche; il reconnoît sa femme; il pousse des cris. On demande qui est cet homme. Du milieu de la foule il s'élève une voix indiscrète (c'étoit celle d'un prêtre de la paroisse), qui dit : C'est l'assassin de cette femme. Desroches ajoute, en se tordant les bras, en s'arrachant les cheveux. Oui, oui, je le suis. A l'instant, on s'attroupe autour de lui; on le charge d'imprécations : on ramasse des pierres; et c'étoit un homme assommé sur la place, si quelques honnêtes gens ne l'avoient sauvé de la fureur de la populace irritée.... Et quelle avoit été sa conduite pendant la maladie de sa femme?.... Aussi bonne qu'elle pouvoit l'être. Trompé, comme nous tous, par madame de la Carlière, qui déroboit aux autres, et qui peut-être se dissimuloit à elle-même sa fin prochaine.... J'entends; il n'en fut pas moins un barbare, un inhumain.... Une bête féroce, qui avoit enfoncé peu à peu un poignard dans le sein d'une femme divine, son épouse et sa bienfaitrice, et qu'il avoit laissé périr sans se montrer, sans donner le moindre signe d'intérêt et de sensibilité.... Et cela pour n'avoir pas su ce qu'on lui cachoit... Et ce qui étoit ignoré de ceux mêmes qui vivoient autour d'elle.... Et qui étoient à portée de la voir tous les jours..... Précisément; et voilà ce ce que c'est que le jugement public de nos actions particulières; voilà comme une faute légère.... Oh! très-légère.... s'aggrave à leurs yeux par une suite d'événemens qu'il étoit de toute impossibilité de prévoir et d'empêcher..... Même par des circonstances tout-à-fait étrangères à la première origine; telles que la mort du frère de madame de la Carlière, par la cession du régiment de Desroches.... C'est qu'ils sont, en bien comme en mal, alternativement panégyristes ridicules ou censeurs absurdes. L'événement est toujours la mesure de leur éloge et de leur blâme. Mon ami, écoutez-les, s'ils ne vous ennuient pas; mais ne les croyez point, et ne les répétez jamais, sous peine d'appuyer une impertinence de la vôtre. A quoi pensez-vous donc? vous rêvez.... Je change la thèse, en supposant un procédé plus ordinaire à madame de la Carlière. Elle trouve les lettres; elle boude. Au bout de quelques jours, l'humeur amène une explication, et l'oreiller un raccommodement, comme c'est l'usage. Malgré les excuses, les protestations et les sermens renouvelés, le caractère léger de Desroches le rentraîne dans une seconde erreur. Autre bouder, autre explication, autre raccommodement, autres sermens, autres parjures; et ainsi de suite pendant une trentaine d'années, comme c'est l'usage. Cependant Desroches est un galant homme, qui s'occupe à réparer, par des égards multipliés, par une complaisance sans bornes, une assez petite injure.... Comme il n'est pas toujours d'usage... Point de séparation, point d'éclat; ils vivent ensemble comme nous vivons tous; et la belle-mère, et la mère, et le frère, et l'enfant, seroient morts, qu'on n'en auroit pas sonné le mot....... Ou qu'on n'en auroit parlé que pour plaindre un infortuné poursuivi par le sort et accablé de malheurs...... Il est vrai..... D'où je conclus que vous n'êtes pas loin d'accorder à cette vilaine bête, à cent mille mauvaises têtes, et à autant de mauvaises langues, tout le mépris qu'elle mérite. Mais tôt ou tard le sens commun lui revient, et le discours de l'avenir rectifie le bavardage du présent.... Ainsi vous croyez qu'il y aura un moment où la chose sera vue telle qu'elle est, madame de la Carlière accusée, et Desroches absous?.... Je ne pense pas même que ce moment soit éloigné; premièrement, parce que les absens ont tort, et qu'il n'y a pas d'absent plus absent qu'un mort; secondement, c'est qu'on parle, on dispute; les aventures les plus usées reparoissent en conversation, et sont pesées avec moins de partialité : c'est qu'on verra peut-être encore dix ans ce pauvre Desroches, comme vous l'avez vu, traînant de maison en maison sa malheureuse existence; qu'on se rapprochera de lui; qu'on l'interrogera; qu'on l'écoutera; qu'il n'aura plus aucune raison de se taire; qu'on saura le fond de son histoire; qu'on réduira sa première sottise à rien.... A ce qu'elle vaut..... et que nous sommes assez jeunes tous deux pour entendre traiter la belle, la grande, la vertueuse, la digne madame de la Carlière, d'inflexible et hautaine bégueule; car ils se poussent tous les uns les autres : et comme ils n'ont point de règles dans leurs jugemens, ils n'ont pas plus de mesure dans leur expression.... Mais si vous aviez une fille à marier, la donneriez-vous à Desroches?.... Sans délibérer, parce que le hazard l'avoit engagé

dans un de ces pas glissans dont ni vous, ni moi, ni personne ne peut se promettre de se tirer ; parce que l'amitié, l'honnêteté, la bienfaisance, toutes les circonstances possibles avoient préparé sa faute et son excuse ; parce que la conduite qu'il a tenue depuis sa séparation volontaire d'avec sa femme, a été irrépréhensible ; et que, sans approuver les maris infidèles, je ne prise pas autrement les femmes qui mettent tant d'importance à cette rare qualité. Et puis j'ai mes idées, peut-êtres justes, à-coup-sûr bizarres, sur certaines actions, que je regarde moins comme des vices de l'homme que comme des conséquences de nos législations absurdes, sources de mœurs aussi absurdes qu'elles, et d'une dépravation que j'appellerois volontiers artificielles. Cela n'est pas trop clair, mais cela s'éclaircira peut-être une autre fois ; et regagnons notre gîte. J'entends d'ici les cris enroués de deux ou trois de nos vieilles brelandières qui vous appellent ; sans compter que voilà le jour qui tombe, et la nuit qui s'avance avec ce nombreux cortège d'étoiles que je vous avois promis...
Il est vrai.

SUR LES FEMMES.

J'aime Thomas ; je respecte la fierté de son ame et la noblesse de son caractère : c'est un homme de beaucoup d'esprit ; c'est un homme de bien ; ce n'est donc pas un homme ordinaire. A en juger par sa dissertation sur les femmes, il n'a pas assez éprouvé une passion que je prise davantage pour les peines dont elle nous console, que pour les plaisirs qu'elle nous donne. Il a beaucoup pensé, mais il n'a pas senti. Sa tête s'est tourmentée, mais son cœur est demeuré tranquille. J'aurois écrit avec moins d'impartialité et de sagesse ; mais je me serois occupé avec plus d'intérêt et de chaleur du seul être de la nature qui nous rende sentiment pour sentiment, et qui soit heureux du bonheur qu'il nous fait. Cinq ou six pages de verve répandues dans son ouvrage auroient rompu la continuité de ses observations délicates, et en auroient fait un ouvrage charmant. Mais il a voulu que son livre ne fût d'aucun sexe ; et il n'y a malheureusement que trop bien réussi. C'est un hermaphrodite, qui n'a ni le nerf de l'homme ni la molesse de la femme. Cependant peu de nos écrivains du jour auroient été capables d'un travail où l'on remarque de l'érudition, de la raison, de la finesse, du style, de l'harmonie; mais pas assez de variété, de cette souplesse propre à se prêter à l'infinie diversité d'un être extrême dans sa force et dans sa foiblesse, que la vue d'une souris ou d'une araignée fait tomber en syncope, et qui sait quelquefois braver les plus grandes terreurs de la vie. C'est sur-tout dans la passion de l'amour, les accès de la jalousie, les transports de la tendresse maternelle, les instans de la superstition, la manière dont elles partagent les émotions épidémiques et populaires, que les femmes étonnent, belles comme les séraphins de Clopstock, terribles comme les diables de Milton. J'ai vu l'amour, la jalousie, la superstition, la colère, portés dans les femmes à un point que l'homme n'éprouva jamais. Le contraste de mouvemens violens, avec la douceur de leurs traits, les rend hideuses; elles en sont plus défigurées. Les distractions d'une vie occupée et contentieuse rompent nos passions. La femme couve les siennes : c'est un point fixe, sur lequel son oisiveté ou la frivolité de ses fonctions tient son regard sans cesse attaché. Ce point s'étend sans mesure; et, pour devenir folle, il ne manqueroit à la femme passionnée que l'entière solitude qu'elle recherche. La soumission à un maître qui lui déplaît est pour elle un supplice. J'ai vu une femme honnête frissonner d'horreur à l'approche de son époux; je l'ai vu se plonger dans le bain, et ne se croire jamais assez lavée de la souillure du devoir. Cette sorte de répugnance nous est presque inconnue; Notre organe est plus indulgent. Plusieurs femmes mourront, sans avoir éprouvé l'extrême de la volupté. Cette sensation, que je regarderois volontiers comme une épilepsie passagère, est rare pour elles, et ne manque jamais d'arriver quand nous l'appelons. Le souverain bonheur les fuit entre les bras de l'homme qu'elles adorent. Nous le trouvons à côté d'une femme complaisante qui nous déplaît. Moins maîtresses de leurs sens que nous, la récompense en est moins prompte et moins sûre pour elles. Cent fois leur attente est trompée. Organisées tout au contraire de nous, le mobile qui sollicite en elles la volupté est si délicat, et la source en est si éloignée, qu'il n'est pas extraordinaire qu'elle ne vienne point ou qu'elle s'égare. Si vous entendez une femme médire de l'amour, et un homme de lettres déprécier la considération publique; dites de l'une que ses charmes passent, et de l'autre que son talent se perd. Jamais un homme ne s'est assis, à Delphes, sur le sacré trépied. Le rôle de Pythie ne convient qu'à une femme. Il n'y a qu'une tête de femme qui puisse s'exalter au point de pressentir sérieusement l'approche d'un dieu, de s'agiter, de s'écheveler, d'écumer, de s'écrier : *Je le sens, je le sens, le voilà, le dieu*, et d'en trouver le vrai discours. Un solitaire, brûlant dans ses idées ainsi que dans ses expressions, disoit aux hérésiarques de son temps : *Adressez-vous aux femmes ; elles reçoivent promptement, parce qu'elles sont ignorantes ; elles répandent avec facilité, parce qu'elles sont légères ; elles retiennent long-temps, parce qu'elles sont têtues.* Impénétrables dans la dissimulation, cruelles dans la vengeance, constantes dans leurs projets, sans scrupules sur les moyens de réussir, animées d'une haine profonde et secrette contre le despotisme de l'homme, il semble qu'il y ait entre elles un complot tacite de domination, une sorte de ligue, telle que celle qui subsiste entre les prêtres de toutes les nations. Elles en connoissent les articles, sans se les être communiqués. Naturellement curieuses, elles veulent savoir, soit pour user, soit pour abuser de tout. Dans les temps de révolution, la curiosité les prostitue aux chefs de parti. Celui qui les devine est leur implacable ennemi. Si vous les aimez, elles vous perdront, elles se perdront elles-mêmes ; si vous croisez leurs vues ambitieuses, elles ont au fond du cœur ce que le poëte a mis dans la bouche de Roxane :

Malgré tout mon amour, si, dans cette journée,
Il ne m'attache à lui par un juste hyménée;
S'il ose m'alléguer une odieuse loi ;
Quand je fais tout pour lui, s'il ne fait rien pour moi;
Dès le même moment, sans songer si je l'aime,
Sans consulter enfin si je me perds moi-même,
J'abandonne l'ingrat, et le laisse rentrer
Dans l'état malheureux d'où je l'ai su tirer.

Toutes méritent d'entendre ce qu'un autre poëte, moins élégant, adresse à l'une d'entre elles :

> C'est ainsi que, toujours en proie à leur délire,
> Vos pareilles ont su soutenir leur empire;
> Car vous n'aimez jamais ; votre cœur insolent
> Tend bien moins à l'amour qu'à gouverner l'amant.
> Qu'il vous laisse régner, tout vous paroîtra juste;
> Mais vous mépriseriez l'amour le plus auguste,
> S'il ne sacrifioit aux charmes de vos yeux
> Son bonheur, son devoir, la justice et les dieux.

Elles simuleront l'ivresse de la passion, si elles ont un grand intérêt à vous tromper; elles l'éprouveront, sans s'oublier. Le moment où elles seront toutes à leur projet sera quelquefois celui même de leur abandon. Elles s'en imposent mieux que nous sur ce qui leur plaît. L'orgueil est plus leur vice que le nôtre. Une jeune femme Samoïède dansoit nue, avec un poignard à la main. Elle paroissoit s'en frapper ; mais elle esquivoit aux coups qu'elle se portoit avec une prestesse si singulière, qu'elle avoit persuadé à ses compatriotes que c'étoit un dieu qui la rendoit invulnérable ; et voilà sa personne sacrée. Quelques voyageurs Européens assistèrent à cette danse religieuse ; et, quoique bien convaincus que cette femme n'étoit qu'une saltinbanque très-adroite, elle trompa leurs yeux par la célérité de ses mouvemens. Le lendemain, ils la supplièrent de danser encore une fois. *Non, leur dit-elle, je ne danserai point ; le dieu ne le veut pas ; et je me blesserois.* On insista. Les habitans de la contrée joignirent leur vœu à celui des Européens. Elle dansa. Elle fut démasquée. Elle s'en apperçut ; et à l'instant la voilà étendue à terre, le poignard dont elle était armée plongé dans ses intestins. *Je l'avois bien prévu, disoit-elle à ceux qui la secouroient, que le dieu ne le vouloit pas, et que je me blesserois.* Ce qui me surprend, ce n'est pas qu'elle ait préféré la mort à la honte, c'est qu'elle se soit laissé guérir. Et de nos jours, n'avons-nous pas vu une de ces femmes qui figuroient en bourrelet l'enfance de l'église, les pieds et les mains cloués sur une croix, le côté percé d'une lance, garder le ton de son rôle au milieu des convulsions de la douleur, sous la sueur froide qui découloit de ses membres, les yeux obscurcis du voile de la mort, et s'adressant au directeur de ce troupeau de fanatiques, lui dire, non d'une voix souffrante : *Mon père, je veux dormir*, mais d'une voix enfantine : *Papa, je veux faire dodo ?* Pour un seul homme, il y a cent femmes capables de cette force et de cette présence d'esprit. C'est cette même femme, ou une de ses compagnes, qui disoit au jeune Dudoyer, qu'elle regardoit tendrement, tandis qu'avec une tenaille il arrachoit les clous qui lui traversoient les deux pieds : *Le dieu de qui nous tenons le don des prodiges ne nous a pas toujours accordé celui de la sainteté.* Madame de

Staal est mise à la Bastille avec la duchesse du Maine, sa maîtresse ; la première s'apperçoit que madame du Maine a tout avoué. A l'instant elle pleure, elle se roule à terre, elle s'écrie : *Ah ! ma pauvre maîtresse est devenue folle !* N'attendez rien de pareil d'un homme. La femme porte au-dedans d'elle-même un organe susceptible de spasmes terribles, disposant d'elle, et suscitant dans son imagination des fantômes de toute espèce. C'est dans le délire histérique qu'elle revient sur le passé, qu'elle s'élance dans l'avenir, que tous les temps lui sont présens. C'est de l'organe propre à son sexe que partent toutes ses idées extraordinaires. La femme, histérique dans la jeunesse, se fait dévote dans l'âge avancé ; la femme à qui il reste quelque énergie dans l'âge avancé, étoit histérique dans sa jeunesse. Sa tête parle encore le langage de ses sens lorsqu'ils sont muets. Rien de plus contigu que l'extase, la vision, la prophétie, la révélation, la poésie fougueuse et l'histérisme. Lorsque la prussienne Carsh lève son œil vers le ciel enflammé d'éclairs, elle voit Dieu dans le nuage ; elle le voit qui secoue d'un pan de sa robe noire des foudres, qui vont chercher la tête de l'impie ; elle voit la tête de l'impie. Cependant la recluse dans sa cellule se sent élever dans les airs ; son ame se répand dans le sein de la divinité ; son essence se mêle à l'essence divine, elle se pâme ; elle se meurt ; sa poitrine s'élève et s'abaisse avec rapidité; ses compagnes, attroupées autour d'elle, coupent les lacets de son vêtement qui la serre. La nuit vient; elle entend les chœurs célestes; sa voix s'unit à leurs concerts. Ensuite elle redescend sur la terre; elle parle de joies ineffables; on l'écoute; elle est convaincue; elle persuade. La femme dominée par l'histérisme éprouve je ne sais quoi d'infernal ou de céleste. Quelquefois elle m'a fait frissonner. C'est dans la fureur de la bête féroce qui fait partie d'elle-même, que je l'ai vue, que je l'ai entendue. Comme elle sentoit! comme elle s'exprimoit! Ce qu'elle disoit n'étoit point d'une mortelle. La Guyon a, dans son livre *des Torrens*, des lignes d'une éloquence dont il n'y a point de modèles. C'est Sainte Thérèse qui a dit des démons : *Qu'ils sont malheureux! ils n'aiment point.* Le quiétisme est l'hypocrisie de l'homme pervers, et la vraie religion de la femme tendre. Il y eut cependant un homme d'une honnêteté de caractère et d'une simplicité de mœurs si rares, qu'une femme aimable pût, sans conséquence, s'oublier à côté de lui, et s'épancher en Dieu; mais cet homme fut le seul; et il s'appeloit Fénélon. C'est une femme qui se promenoit dans les rues d'Alexandrie, les pieds nus, la tête échevelée, une torche dans une main, une aiguière dans l'autre, et qui disoit : *Je veux brûler le ciel avec cette torche, et éteindre l'enfer avec cette eau, afin que l'homme* n'aime son *Dieu* que pour *lui-même.* Ce rôle ne va qu'à une femme. Mais cette imagination fougueuse, cet esprit qu'on croiroit incoërcible, un mot suffit pour l'abattre. Un médecin dit aux femmes de Bordeaux, tourmentées de vapeurs effrayantes, qu'elles sont menacées du mal caduc; et les voilà guéries. Un médecin secoue un fer ardent aux yeux d'une troupe de jeunes filles épileptiques; et les voilà guéries. Les magistrats de Milet ont déclaré que la première femme qui se tuera sera exposée nue sur la place publique; et voilà les Milésiennes réconciliées avec la vie. Les femmes sont sujettes à une férocité épidémique. L'exemple d'une seule en entraîne une multitude. Il n'y a que la première qui soit criminelle; les autres sont malades. O femmes, vous êtes des enfans bien extraordinaires! Avec un peu de douleur et de sensibilité, hé! monsieur Thomas, que ne vous laissiez-vous aller à ces deux qualités, qui ne vous sont pas étrangères? Quel attendrissement ne nous auriez-vous pas inspiré, en nous montrant les femmes assujetties comme nous aux infirmités de l'enfance; plus contraintes et plus négligées dans leur éducation, abandonnées aux mêmes caprices du sort, avec une ame plus mobile, des organes plus délicats, et rien de cette fermeté naturelle ou acquise qui nous y prépare; réduites au silence dans l'âge adulte, sujettes à un mal-aise qui les dispose à devenir épouses et mères ; alors tristes, inquiètes, mélancoliques, à côté de parens allarmés, non-seulement sur la santé et la vie de leur enfant, mais encore sur son caractère : car c'est à cet instant critique qu'une jeune fille devient ce qu'elle restera toute sa vie, pénétrante ou stupide, triste ou gaie, sérieuse ou légère, bonne ou méchante, l'espérance de sa mère trompée ou réalisée. Pendant une longue suite d'années, chaque lune ramènera le même mal-aise. Le moment qui la délivrera du despotisme de ses parens est arrivé ; son imagination s'ouvre à un avenir plein de chimères ; son cœur nage dans une joie secrète. Réjouis-toi bien, malheureuse créature ; le temps auroit sans cesse affoibli la tyrannie que tu quittes ; le temps accroîtra sans cesse la tyrannie sous laquelle tu vas passer. On lui choisit un époux. Elle devient mère. L'état de grossesse est pénible presque pour toutes les femmes. C'est dans les douleurs, au péril de leur vie, aux dépens de leurs charmes, et souvent au détriment de leur santé, qu'elles donnent naissance à des enfans. Le premier domicile de l'enfant et les deux réservoirs de sa nourriture, les organes qui caractérisent le sexe, sont sujets à deux maladies incurables. Il n'y a peut-être pas de joie comparable à celle de la mère qui voit son premier né ; mais ce moment sera payé bien cher. Le père se soulage du soin des garçons sur un mercenaire ; la mère demeure chargée de la garde

de ses filles. L'âge avance ; la beauté passe ; arrivent les années de l'abandon, de l'humeur et de l'ennui. C'est par le mal-aise que Nature les a disposées à devenir mères ; c'est par une maladie longue et dangereuse qu'elle leur ôte le pouvoir de l'être. Qu'est-ce alors qu'une femme ? Négligée de son époux, délaissée de ses enfans, nulle dans la société, la dévotion est son unique et dernière ressource. Dans presque toutes les contrées, la cruauté des loix civiles s'est réunie contre les femmes à la cruauté de la nature. Elles ont été traitées comme des enfans imbécilles. Nulle sorte de vexations que, chez les peuples policés, l'homme ne puisse exercer impunément contre la femme. La seule représaille qui dépende d'elle est suivie du trouble domestique, et punie d'un mépris plus ou moins marqué, selon que la nation a plus ou moins de mœurs. Nulle sorte de vexations, que le sauvage n'exerce contre sa femme. La femme, malheureuse dans les villes, est plus malheureuse encore au fond des forêts. Ecoutez le discours d'une Indienne des rives de l'Orénoque ; et écoute-le, si vous pouvez, sans en être ému. Le missionnaire jésuite, Gumilla, lui reprochoit d'avoir fait mourir une fille dont elle étoit accouchée, en lui coupant le nombril trop court : « Plût à Dieu, Père, lui dit-elle, plût à
» Dieu qu'au moment où ma mère me mit au
» monde, elle eût eu assez d'amour et de com-

» passion, pour épargner à son enfant tout ce que
» j'ai enduré et tout ce que j'endurerai jusqu'à
» la fin de mes jours ! Si ma mère m'eût étouffée
» en naissant, je serois morte ; mais je n'aurois
» pas senti la mort ; et j'aurois échappé à la plus
» malheureuse des conditions. Combien j'ai souf-
» fert ! et qui sait ce qui me reste à souffrir jus-
» qu'à ce que je meure ? Représente-toi bien,
» Père, les peines qui sont réservées à une In-
» dienne parmi ces Indiens. Ils nous accompa-
» gnent dans les champs avec leur arc et leurs
» flèches. Nous y allons, nous, chargées d'un en-
» fant qui pend à nos mamelles, et d'un autre
» que nous portons dans une corbeille. Ils vont
» tuer un oiseau, ou prendre un poisson. Nous
» bêchons la terre, nous ; et après avoir supporté
» toute la fatigue de la culture, nous supportons
» toute celle de la moisson. Ils reviennent le soir
» sans aucun fardeau ; nous, nous leur appor-
» tons des racines pour leur nourriture, et du
» maïs pour leur boisson. De retour chez eux,
» ils vont s'entretenir avec leurs amis ; nous, nous
» allons chercher du bois et de l'eau pour prépa-
» rer leur souper. Ont-ils mangé, ils s'endor-
» ment ; nous, nous passons presque toute la
» nuit à moudre le maïs et à leur faire la chicha ;
» et quelle est la récompense de nos veilles ? Ils
» boivent leur chicha, ils s'enivrent ; et quand
» ils sont ivres, ils nous traînent par les cheveux,

» et nous foulent aux pieds. Ah! Père, plût à
» Dieu que ma mère m'eût étouffée en naissant!
» Tu sais toi-même si nos plaintes sont justes.
» Ce que je te dis, tu le vois tous les jours.
» Mais notre plus grand malheur, tu ne saurois
» le connoître. Il est triste pour la pauvre In-
» dienne de servir son mari comme une esclave,
» aux champs accablée de sueurs, et au logis
» privée du repos; mais il est affreux de le voir,
» au bout de vingt ans, prendre une autre femme
» plus jeune, qui n'a point de jugement. Il s'at-
» tache à elle. Elle nous frappe, elle frappe nos
» enfans, elle nous commande, elle nous traite
» comme ses servantes; et au moindre murmure
» qui nous échapperoit, une branche d'arbre le-
» vée.... Ah! Père, comment veux-tu que nous
» supportions cet état? Qu'a de mieux à faire
» une Indienne, que de soustraire son enfant à
» une servitude mille fois pire que la mort?
» Plût à Dieu, Père, je te le répète, que ma
» mère m'eût assez aimée pour m'enterrer lorsque
» je naquis! mon cœur n'auroit pas tant à souf-
» frir, ni mes yeux à pleurer »!

Femmes, que je vous plains! Il n'y avoit qu'un
dédommagement à vos maux; et si j'avois été législateur, peut-être l'eussiez-vous obtenu. Af-
franchies de toute servitude, vous auriez été
sacrées en quelqu'endroit que vous eussiez paru.
Quand on écrit des femmes, il faut tremper sa

plume dans l'arc-en-ciel, et jeter sur sa ligne la poussière des aîles du papillon : comme le petit chien du pélerin, à chaque fois qu'on secoue la patte, il faut qu'il en tombe des perles ; et il n'en tombe point de celles de M. Thomas. Il ne suffit pas de parler des femmes, et d'en parler bien ; Monsieur Thomas, faites encore que j'en voye. Suspendez-les sous mes yeux, comme autant de thermomètres des moindres vicissitudes des mœurs et des usages. Fixez, avec le plus de justesse et d'impartialité que vous pourrez, les prérogatives de l'homme et de la femme ; mais n'oubliez pas que, faute de réflexion et de principes, rien ne pénètre jusqu'à une certaine profondeur de conviction dans l'entendement des femmes ; que les idées de justice, de vertu, de vice, de bonté, de méchanceté, nagent à la superficie de leur ame ; qu'elles ont conservé l'amour-propre et l'intérêt personnel avec toute l'énergie de nature ; et que, plus civilisées que nous en dehors, elles sont restées de vraies sauvages en dedans, toutes machiavélistes, du plus au moins. Le symbole des femmes en général est celle de l'Apocalypse, sur le front de laquelle il est écrit : MYSTÈRE. Où il y a un mur d'airain pour nous, il n'y a souvent qu'une toile d'araignée pour elles. On a demandé si les femmes étoient faites pour l'amitié. Il y a des femmes qui sont hommes, et des hommes qui sont femmes ; et j'avoue que je ne ferai jamais

mon ami d'un homme-femme. Si nous avons plus de raison que les femmes, elles ont bien plus d'instinct que nous. La seule chose qu'on leur ait apprise, c'est à bien porter la feuille de figuier qu'elles ont reçue de leur première aïeule. Tout ce qu'on leur a dit et répété dix-huit à dix-neuf ans de suite se réduit à ceci : Ma fille, prenez garde à votre feuille de figuier ; votre feuille de figuier va bien, votre feuille de figuier va mal. Chez une nation galante, la chose la moins sentie est la valeur d'une déclaration. L'homme et la femme n'y voyent qu'un échange de jouissances. Cependant, que signifie ce mot si légèrement prononcé, si frivolement interprété : *Je vous aime ?* Il signifie réellement : « Si vous voulez me sacri-
» fier votre innocence et vos mœurs ; perdre le
» respect que vous vous portez à vous-même, et
» que vous obtenez des autres ; marcher les yeux
» baissés dans la société, du-moins jusqu'à ce
» que, par l'habitude du libertinage, vous en
» ayiez acquis l'effronterie ; renoncer à tout état
» honnête ; faire mourir vos parens de douleur,
» et m'accorder un moment de plaisir ; je vous en
» serois vraîment obligé ». Mères, lisez ces lignes à vos jeunes filles : c'est, en abrégé, le commentaire de tous les discours flatteurs qu'on leur adressera ; et vous ne pouvez les en prévenir de trop bonne heure. On a mis tant d'importance à la galanterie, qu'il semble qu'il ne reste aucune vertu

à celle qui a franchi ce pas. C'est comme la fausse dévote et le mauvais prêtre, en qui l'incrédulité est presque le sceau de la dépravation. Après avoir commis le grand crime, ils ne peuvent avoir horreur de rien. Tandis que nous lisons dans des livres, elles lisent dans le grand livre du monde. Aussi leur ignorance les dispose-t-elle à recevoir promptement la vérité, quand on la leur montre. Aucune autorité ne les a subjuguées. Au-lieu que la vérité trouve à l'entrée de nos crânes un Platon, un Aristote, un Epicure, un Zénon, en sentinelles, et armés de piques pour la repousser. Elles sont rarement systématiques, toujours à la dictée du moment. Thomas ne dit pas un mot des avantages du commerce des femmes pour un homme de lettres ; et c'est un ingrat. L'ame des femmes n'étant pas plus honnête que la nôtre, mais la décence ne leur permettant pas de s'expliquer avec notre franchise, elles se sont fait un ramage, avec lequel on dit honnêtement tout ce qu'on veut quand on a été sifflé dans leur volière. Ou les femmes se taisent, ou souvent elles ont l'air de n'oser dire ce qu'elles disent. On s'apperçoit aisément que Jean-Jacques a perdu bien des momens aux genoux des femmes, et que Marmontel en a beaucoup employés entre leurs bras. On soupçonneroit volontiers Thomas et d'Alembert d'avoir été trop sages. Elles nous accoutument encore à mettre de l'agrément et de la clarté dans les matières les plus sèches et les plus épineuses. On leur adresse sans cesse la parole ; on veut en être écouté ; on craint de les fatiguer ou de les ennuyer ; et l'on prend une facilité particulière de s'exprimer, qui passe de la conversation dans le style. Quand elles ont du génie, je leur en crois l'empreinte plus originale qu'en nous.

TABLE DU TOME XII.

La Religieuse. . . . . page 1
Avertissement de l'Éditeur. 255
Extrait de la Correspondance littéraire de
   M***, année 1770. 267
Les deux Amis de Bourbonne. 315
Avertissement de l'Auteur. 335
Ceci n'est pas un Conte. 339
Sur l'Inconséquence du Jugement public de
   nos Actions particulières. 371
Sur les Femmes. 407

FIN DU TOME DOUZIÈME.